Carter Henderson

Am Anfang stand die Idee

Carter Henderson

Am Anfang stand die Idee

Strategien erfolgreicher Firmengründer

Übersetzt von
Brigitte Ringelmann

ECON Verlag
Düsseldorf · Wien · New York

Titel der amerikanischen Originalausgabe
Winners, The Successful Strategies Entrepreneurs Use to Build New Businesses
Originalverlag: Holt, Rinehart and Winston, New York
Übersetzt von Brigitte Ringelmann

CIP-Kurztitelaufnahme der Deutschen Bibliothek

Henderson, Carter:
Am Anfang stand die Idee : Strategien erfolgreicher
Firmengründer/Carter Henderson.
[Übers. von Brigitte Ringelmann].
Düsseldorf; Wien; New York: ECON Verlag, 1987.
Einheitssacht.: Winners ⟨dt.⟩
ISBN 3-430-14284-9

Gesetzt aus der Aldus der Fa. Linotype GmbH
Satz: ICS Communikations-Service GmbH, Bergisch Gladbach
Papier: Papierfabrik Schleipen GmbH, Bad Dürkheim
Druck und Bindearbeiten: Bercker, Kevelaer
Printed in Germany
ISBN 3-430-14284-9

Für meine drei Musen
Alexandra, Dorothy und Vicky

Inhaltsverzeichnis

Danksagung

Dieses Buch wäre nicht zustande gekommen ohne die Mithilfe von mehr als hundert Unternehmern, die während unzähliger Stunden meine Interviews, die auf Band aufgezeichnet wurden, über sich ergehen ließen und meine Telefonate und Briefe, ihre Erfolgsstrategien beim Aufbau neuer Unternehmen betreffend, beantworteten.

Über fünfzig Wirtschaftsprüfer, Bankiers, Betriebswirtschaftsprofessoren, Steuerberater, Risikounternehmer und andere Experten, die wissen, was einen Erfolgsunternehmer ausmacht, lieferten wertvolle Beiträge zu diesem Buch, wofür ich ihnen sehr danke. Mein besonderer Dank gilt außerdem meinem Lektor Jack Macrae III. für die kritische Korrektur meiner ersten Manuskriptentwürfe, meiner Herausgeberin Shelly Perron für ihre scharfe Urteilskraft, der Steuerberatungsfirma Deloitte Haskins & Sells für die Durchsicht meines Manuskripts kurz vor seiner Fertigstellung und meinen Verlagsagenten Eric und Maureen Lasher, die mich immer wieder darin bestärkten, die Geschichte amerikanischer Unternehmer – der unermüdlichen Kräfte in unserem System der freien Marktwirtschaft – zu erzählen.

1 Das große Abenteuer

> »Wir haben das Zeitalter der Großindustrie und der Konzerne erlebt, aber ich glaube, daß jetzt das Zeitalter des Unternehmers, das Zeitalter des Individualisten angebrochen ist. Von dort kommt Amerikas Wohlstand, und von dort wird er auch in Zukunft kommen.«
>
> *Präsident* RONALD REAGAN *in der St. John's University am 28. März 1985*

Es geschieht jeden Tag. Tausende von Amerikanern nehmen ihren ganzen Mut zusammen für das größte Abenteuer überhaupt – sie machen sich selbständig.

Viele scheitern. Einer überraschend großen Anzahl ist jedoch Erfolg beschieden. Frauen und Männern jeden Alters, Rasse, Gestalt und Größe gelingt es, finanziell unabhängig zu werden, eine befriedigende Tätigkeit zu finden und zum Teil über ihre kühnsten Träume hinaus reich zu werden.

- Suzy Bass, eine zierliche Frau, geschiedene Mutter zweier Kinder, die ohne Brille kaum sehen kann, hatte praktisch keine Ahnung von Geschäften, als sie den Eilauslieferservice für Eis Flash Cubes in Austin, Texas, aufzog, dessen Jahresumsatz sich auf annähernd 400 000 Dollar beläuft.
- Herb Colvin, ein stattlicher Schwarzer, kündigte seinen Job, verkaufte sein Auto und gründete zusammen mit seiner Frau Carole die Firma Suncoast Supply in Tampa, Florida, deren Umsatz innerhalb von zwei Jahren von Null auf 1 200 000 Dollar stieg und sich noch immer im Aufwärtstrend befindet.
- Chris Nguyen kam mit achtzehn Jahren aus Südvietnam in die Vereinigten Staaten ohne Geld in der Tasche, mit wenig Erfahrung in geschäftlichen Dingen und geringer Sprachgewandtheit im Englischen, was ihn aber nicht davon abhalten konnte, eine Firma zur Herstellung von Frühlingsrollen in Omaha, Nebraska, zu gründen. 1984 erwirtschaftete er einen Bruttoumsatz von 4 Millionen Dollar.

- Ed Lowe war im väterlichen Betrieb für Sand- und Kiesbeförderung tätig, als ihn eines Tages eine Nachbarin um etwas bat, das sie auf den Boden der Katzentoilette streuen könnte. Ed empfahl ihr poröse Lehmkörner, und damit war Kitty Litter geboren. Heute beläuft sich der Jahresumsatz von Lowe's, Inc. in South Bend, Indiana, auf 85 Millionen Dollar, und Ed ist schon wieder auf der Suche nach neuen unternehmerischen Abenteuern (wobei ihm seine Firma jährlich 1 Million Dollar für geschäftliche Experimente zur Verfügung stellt).

Das sind einige der Senkrechtstarter, die Sie auf den folgenden Seiten kennenlernen werden einschließlich der Unternehmersuperstars wie Frederick Smith von Federal Express, Mary Kay Ash von Mary Kay Cosmetics, Bill McGowan von MCI Communications, John Hanson von Winnebago Industries, Xavier Roberts, der die Cabbage Patch Kids schuf, und die beiden Steves (Jobs und Wozniak), die Gründer von Apple Computer. Sie werden die Unternehmerstrategien nachvollziehen können, die diese und andere Erfolgsunternehmer anwendeten, um ihr eigenes Unternehmen aufzubauen.

Ebenso werden Sie angesehene Fachleute kennenlernen, die zahlreichen Erfolgsunternehmern hilfreich zur Seite gestanden haben bei der Ausarbeitung eines Unternehmensplans, der Beschaffung von Startkapital, der Entwicklung neuartiger Produkte, der Gestaltung wirksamer Werbe- und Public-Relations-Kampagnen, der Handhabung von Qualitätskontrollen, der Bewältigung von Krisen und dem Verkauf ihrer Unternehmen gegen sehr viel Geld.

Ich werde Sie schließlich in alle Geheimnisse einweihen, angefangen bei der Preiskalkulation für Ihren Artikel, über seinen Verkauf per Telefon und seine Neubelebung bei Absatzstockungen bis hin zum Umgang mit den Mitarbeitern in einem Familienbetrieb, der Berechnung des tatsächlichen Werts Ihrer Firma und Tips für ein angenehmes Leben, wenn Sie erst einmal ganz oben angelangt sind – ja sogar noch davor.

Für die meisten Menschen sind Unternehmer eine Art geheimnisvoller Figuren, deren Namen und Konterfeis im Wirtschaftsteil der Lokalzeitungen oder als »Stars« in der Fernsehreklame auftauchen und verschwinden. Viele von ihnen haben sehr profitable Unternehmen gegründet, und manche verfügen über ein so großes Vermögen, daß sie die Astors, Rockefellers und Vanderbilts darum beneiden könnten.

Was ist wohl ihr Geheimnis? Wie haben sie es geschafft? Und was Sie wohl am meisten interessiert: Könnten Sie es ebenso wie jene schaffen?

Der Wille zum raschen Erfolg

Immer wieder sind erfolgreiche Unternehmer Objekt eingehender Studien gewesen. Man ließ keine Möglichkeit außer acht, Gründe dafür zu finden, warum gerade sie erfolgreich sind, während so viele andere scheitern. Geschlecht, Rasse, Elternhaus, Alter, Vermögen und sonstiges wurden als entscheidende Faktoren herausgestellt. Als wichtigster Faktor überhaupt erweist sich jedoch der feste Wille zum raschen Erfolg oder »etwas zu leisten«, wie der Harvard Psychologe David McClelland in seiner wegweisenden Studie *Die Leistungsgesellschaft* feststellte.

Der kürzlich verstorbene Ray Kroc, der McDonald's zu einem milliardenschweren Schnellrestaurantimperium aufgebaut und es damit zu einem persönlichen Vermögen von 500 Millionen Dollar gebracht hat, charakterisierte den Drang zum Erfolg in Anlehnung an den früheren Präsidenten Calvin Coolidge, der bis heute für seinen Slogan »Das Geschäft Amerikas ist das Geschäft« bekannt ist.

Krocs Empfehlung lautet:

> Nichts auf der Welt kann die Beharrlichkeit ersetzen.
> Talent nicht; nichts ist weiter verbreitet als erfolglose Männer mit Talent.
> Genialität nicht; das verkannte Genie ist schon fast zu einem geflügelten Wort geworden.
> Bildung nicht; diese Welt ist voll von gebildeten Versagern.

Beharrlichkeit und Entschlossenheit allein sind ausschlaggebend.

Der Senkrechtstart zum Erfolg beginnt mit der Entscheidung, Dinge in Angriff zu nehmen, die einen zum Sieg führen.

Erfolgsunternehmer Nolan Bushnell, der mit einer Einlage von 500 Dollar die Computerspielfirma ATARI, die vier Jahre später an die Firma Warner Communications für 28 Millionen Dollar verkauft wurde, mitbegründete, behauptet, daß es letztendlich auf einen einzigen Punkt hinausläuft, »seine ganze Energie zu mobilisieren und etwas zu unternehmen. So einfach ist das.«

Ralph Lauren, der äußerst erfolgreiche Modeschöpfer, orientierte sich an Bushnells »Tu-was«-Empfehlung, als er seine Stellung bei einem Bostoner Krawattenfabrikanten aufgab und mit dem Verkauf einer ausgefallenen, selbstentworfenen Kollektion begann. »Die Welt ist noch nicht reif für Ralph Lauren«, meinte der Hersteller bei seiner Kündigung ironisch. »Ich jedoch war überzeugt, sie sei es«, entgegnete Lauren. »Ich habe Talent. Ich wollte mich auf eigene Füße stellen. Ich mußte es einfach tun.«

Grenzenloses Selbstvertrauen, Energie und Tatendrang »es anzupakken«, bringen die meisten Senkrechtstarter auf den Weg zum Wohlstand. Selten waren in der Geschichte der USA die Gelegenheiten, nach den Früchten des Kapitalismus zu greifen, günstiger als heute.

Stürmische Veränderungen in fast allen Bereichen des amerikanischen Lebens eröffnen eine schwindelerregende Anzahl neuer Betätigungsfelder für einfallsreiche Unternehmer.

Der steile Anstieg alleinerziehender Elternteile und Frauen, die einer bezahlten Beschäftigung nachgehen, führte zu einem fast nicht zu deckenden Bedarf an Kindertagesstätten und Restaurants mit Straßenverkauf. Entwicklungen auf technologischem Gebiet haben ganz neue Industriezweige entstehen lassen, angefangen von Umwelttechniken bis hin zu Videospielen und Robotern. Privatisierungen seitens der Regierung im Bereich des Finanzwesens, der Transport- und Telekommunikationsindustrien führten allein zur Gründung Tausender neuer Unternehmen. Ansprüche der älteren Bevölkerung des Landes lösen eine enorme Nachfrage nach Pflegeheimen, Seniorenzentren und gewinnorientierten Hospitälern aus.

Potentielle Unternehmer haben noch nie ein so günstiges Umfeld vorgefunden. Möglichkeiten gibt es zuhauf, und eine dynamische freie Marktwirtschaft ermöglicht es ihnen, ihre Ideen in einträgliche Geschäfte umzusetzen. So verzeichnet man zum Beispiel in den letzten Jahren einen Anstieg des verfügbaren Risikokapitals, eine schlagartige Zunahme an Schulen, die Kurse für Firmengründer anbieten, das Erscheinen von Fachzeitschriften wie *Inc.*, *Venture*, *In Business* und *Black Enterprise* und die Gründung von mehr als 60 Beratungszentren, in denen Firmengründer Ratschläge über finanzierbare Produktionsstätten und Unternehmensförderung erhalten können, und das alles unter einem Dach. Professor Karl H. Vesper vom Fachbereich Betriebswirtschaft an der University of Washington meint: »Es gab in der Tat einen drastischen Zuwachs an Unternehmen. In uns allen steckt ein verborgenes Streben danach, das ist der *American way.*«

Der neueste, 1980 von einer Konferenz des Weißen Hauses erstellte Abschlußbericht über Kleinunternehmen faßte dies mit der Feststellung zusammen, daß »das Kleinunternehmertum im Grunde genommen die Wiege unseres Wirtschaftssystems ist. Nur durch diesen individuellen Unternehmergeist erschließen sich uns diese Rechte der Freiheit und die Möglichkeiten, die wir so schätzen, die Freiheit, unser Leben selbst in die Hand zu nehmen und nach Wohlstand durch unsere eigenen Fähigkeiten zu streben; die Chance, zu unserem eigenen Nutzen etwas zu riskieren. Und je mehr Leute bereit sind, die Risiken in Kauf zu nehmen und Verantwortung zu tragen, desto mehr Bürger werden einen direkten Anteil an der Stärkung der Demokratie haben.«

Acht Stufen zum Reichtum

Wenn Sie also ins Geschäft einsteigen wollen und meinen, die Entschlossenheit zu besitzen, es bis zum Ende durchzuziehen, dann können Sie sich die hier beschriebenen Unternehmerstrategien zunutze machen. Strategien, die Sie anwenden können, um die folgenden acht Stufen von der Idee für ein neues Produkt/Dienstleistung hinauf zu Ihrem eigenen gewinnbringenden Unternehmen zu erklimmen (und zu dem Vermögen, das auf Sie wartet, wenn Sie ganz oben angelangt sind).

1. Ein Konzept für Ihr neues Produkt/Dienstleistung erstellen.
2. Wirtschaftstrends verfolgen, die sich für unternehmerische Ideen nachteilig auswirken oder Ihnen zum Erfolg verhelfen könnten.
3. Einen zuverlässigen Unternehmensplan für die Entwicklung und Vermarktung Ihres neuen Produkts/Dienstleistung erarbeiten.
4. Das Kapital, das Sie zur Realisierung Ihres Unternehmensplans benötigen, bereitstellen.
5. Ihr Unternehmen gründen.
6. Ihr Unternehmen vergrößern.
7. Mißgeschicke und Krisen bewältigen.
8. Den Durchbruch zu großen Umsätzen und Gewinnen schaffen.

Alle neuen Gesellschaften beginnen mit einem Konzept, das heißt mit einer Idee von dem, das die Verbraucher wollen, und von dem sie glauben, daß sie auch soviel davon kaufen werden, damit für Sie daraus ein einträgliches Geschäft wird. Das kann alles mögliche sein, von Jim Hensons Idee von neuen Puppen, die er die Muppets nannte (Kermit der Frosch, Miß Piggy und ihre Freunde), bis zu Ted Turners Entschluß, eine kleine bankrotte UHF-Fernsehstation in Atlanta zu erwerben und sie in die erfolgreiche Fernsehanstalt WTBS-TV zu verwandeln, die mit Hilfe des Satellitensystems in der Erdumlaufbahn Millionen von Kabelfernsehempfängern in den USA und über ihre Grenzen hinweg erreicht. »Ein gutes Produkt oder eine Dienstleistung«, meint E. Joseph Cossman, Autor von *How I made $ 1 000 000 in Mail Order,** »kann Ihnen für immer ein angenehmes Leben sichern.«

Selbst die beste Idee muß von einem Schlachtplan unterstützt werden, wenn Ihr neues Unternehmen zu einer gewinnbringenden Firma werden soll. Nur wenige Risikounternehmer werden in Ihr Konzept Kapital investieren oder sich überhaupt dazu herablassen, mit Ihnen zu sprechen, solange Sie Ihren Durchsetzungsplan nicht überprüft haben. Diese Strategie zu befolgen ist sehr wichtig, denn

* *Wie ich 1 000 000 Dollar im Versandgeschäft verdiente* (A. d. Ü.).

Sie werden gezwungen, jeden notwendigen Schritt, der von einem Konzept zu einem wachsenden Unternehmen führt, genau in Augenschein zu nehmen.

Die Chancen, einen Unternehmensplan erfolgreich durchzusetzen, vergrößern sich, wenn der Plan so angelegt ist, daß er 1. entweder auf den fahrenden Zug mit einem der großen Trends, die momentan quer durch die Wirtschaft rollen, aufspringen kann, oder 2., daß er sich nicht von den schrecklichen Kräften dieser Trends erdrücken läßt. Der Trend weg von einer Industrie- hin zu einer Informationswirtschaft führt bekanntlich zur Stillegung von Stahlwerken im mittleren Westen der USA, während er zwischen der Staatsstraße 128 in Massachusetts und dem Silicon Valley in Kalifornien eine großartige Spitzentechnologieindustrie entstehen läßt.

Wenn Sie mit der Aufstellung Ihres Unternehmensplans fertig sind, müssen Sie sich das Kapital beschaffen, um ihn in die Tat umzusetzen. Obwohl Sie, der Unternehmer, der nötige Zündfunke sind, um Ihr neues Unternehmen in Gang zu bringen, ist der Motor, der es letztendlich in Bewegung setzt, das System des freien Unternehmertums, das Sie mit allem nötigen versorgt. Risikokapital, Facharbeiter, Produktionsstätten und eifrige Lieferanten warten begierig darauf, Ihnen zu helfen, ein Stück auf dem riesigen Weltmarkt zu sichern, auf dem gutkonzipierte Unternehmensideen praktisch über Nacht zu verblüffenden Resultaten führen können.

So zum Beispiel die Idee, die zwei Journalisten aus Montreal, Scott Abbott und Chris Haney, 1980 hatten, als sie in der Küche beim Bier saßen und um 100 Dollar gegeneinander Scrabble spielten. Aus heiterem Himmel schlug Haney vor, ein Spiel zu erfinden, und aus Gründen, an die er sich nicht mehr erinnert, sollte es mit Allgemeinwissen zu tun haben. Also räumten sie den Küchentisch leer, fertigten einen Entwurf des Spiels an, und innerhalb einer Stunde war Trivial Pursuit geboren. Abbott und Haney gründeten eine Firma (zusammen mit Haneys Bruder und einem Rechtsanwalt), beschafften sich Startkapital, indem sie an Freunde Firmenaktien ohne Stimmrecht für 100 Dollar pro Stück verkauften, und schlossen Verträge mit Firmen in Kanada und den USA über die Herstellung und den Vertrieb des Spiels. »Wir waren der festen Überzeugung, daß es ein Riesenerfolg sein würde«, meint Abbott und behielt recht.* In weniger als vier Jahren erzielte Trivial Pursuit einen weltweiten Umsatz von 1 Milliarde Dollar und nähert sich jetzt der 2-Milliarden-Dollar-Grenze.

Ein Unternehmen zu starten, bevor alle Bedingungen überprüft und gewertet sind, ist sehr gefährlich und kann Ihnen einen großen finanziellen Schaden zufügen. Federal Express ist eines der erfolgreichsten Unternehmen der letzten Zeit. Kapitalanleger weigerten sich jedoch, seinem Gründer Fred Smith das notwendige Risikokapital zur Verfügung zu stellen, um seinen Päckchen-über-Nacht-Auslieferservice in Gang zu bringen, bis er eine unabhängige Absatzstudie erstellte, aus der hervorging, daß sein Konzept ein potentieller Senkrechtstarter sei. Smith erstellte sogar noch eine zweite Studie und bekam sein Geld.

Ein neues Unternehmen kann aus einer Hinterhofwerkstatt entstehen, wie es bei Hewlett-Packard, Apple Computer und zahlreichen anderen Erfolgsunternehmen der Fall war, oder es kann schon voll ausgestattet beginnen wie in den sechziger Jahren während des Booms in der Wall Street, als der Manhattan Fund unter seinem Manager Gary Tsai 247 Millionen Dollar kassierte, bevor er offiziell die Pforten zu Geschäftszwecken öffnete. In diesem Stadium, in dem man viele verzweifelte Versuche machen muß, bevor einer endlich klappt, müssen strategische Fehler sofort wieder in Ordnung gebracht werden, wenn die Firma überleben und aufblühen soll. Arthur Jones, ehemaliger Großwildjäger und Sammler von Klapperschlangen, der Nautilus Sports/Medical Industries gründete, drückt es so aus: »Erfolg kommt von guter Urteilskraft. Gute Urteilskraft kommt von Erfahrung. Erfahrung kommt von schlechter Urteilskraft.«

Pansy Ellen Essman, die ihr Unternehmen in einem Hühnchen-COOP in San José, Kalifornien, begann, lernte diese Lektion durch die Herstellung und den Verkauf von Schaumstoffkissen, die das Wegrutschen von strampelnden Kindern beim Baden in der Badewanne verhindern sollten. Frau Essman bezahlte zuviel für das

* James Dingwell, *Canada's Most Popular Export – Trivial Pursuit*, D & B Reports, Mai/Juni 1984, S. 56–57.

Material, weil sie keine Ahnung hatte, wie sie die Preise drücken könnte. Man drehte ihr einen Vorführstand in der hintersten Ecke an. Sie mußte den Namen ihres Produkts von Pamperette in Pansyette umtaufen und Verpackungsmaterial im Wert von 2000 Dollar wegwerfen, nachdem sie einen massiven Beschwerdebrief von Procter & Gamble (dem Hersteller von Pampers) erhalten hatte. Als sich aber der erste Erfolg zeigte, bedrohten sie die Konkurrenten mit Produkten zu Dumpingpreisen, so daß sie ihre Preise senken mußte. Frau Essman lernte aus ihren Erfahrungen mit dem Ergebnis, daß ihr Umsatz bei erfreulicher Gewinnentwicklung in nur vier Jahren um das Zehnfache auf 5 Millionen Dollar stieg.

Wirtschaftskrisen die Stirn bieten

Gewinnbringende Unternehmen können unter den ungünstigsten Bedingungen gegründet werden, vorausgesetzt, das Konzept und der Unternehmensplan stimmen. Während der Weltwirtschaftskrise wurde das soundso oft bewiesen. Der als »der größte Preisbrecher der Welt« bekannte Mike Cullen eröffnete seine King-Kullen-Discountsupermärkte auf Long Island und zog damit Käufer an, die bis zu 160 Kilometer entfernt wohnten. Charles Revson machte während der Weltwirtschaftskrise aus seinem Wandergewerbe Revlon ein 2-Milliarden-Dollar-Unternehmen mit seiner ungewöhnlichen Idee, daß die Frauen verrückt nach seinem Nagellack wären, wenn er eine farbliche Auswahl dazu passender Lippenstifte anbieten würde. Und am 4. März 1933, an dem Tag, an dem Franklin D. Roosevelt als neu ins Amt eingeführter Präsident einer besorgten Nation versicherte, daß »die einzige Sache, die wir zu fürchten haben, die Furcht selbst ist«, startete der 22jährige Douglas Leigh ein neues Unternehmen, das in kurzer Zeit am New Yorker Times Square eine der großartigsten Leuchtreklamen, die die Welt je gesehen hatte, erstrahlen ließ.

Wenn Sie Ihre Firma erst einmal gegründet haben, muß sie entweder wachsen, oder sie stirbt allmählich dahin. Wachstum ergibt sich meist aus steigenden Verkäufen Ihres ursprünglichen Produkts und einer nachfolgenden Erweiterung in artverwandte neue

Geschäftszweige. Das erfordert harte Arbeit und eine besondere Phantasie, die »Herkie« Herkimer aufbrachte, um ein 20-Millionen-Dollar-Familienunternehmen aufzubauen, in dem Kinder zu Cheerleaders* ausgebildet werden. Herkie begann selbst als Mitglied einer Gruppe Collegestudenten der Southern Methodist University in Dallas zwischen 1946 und 1948. Heute betreibt er 350 Cheerleader-Schulen, die von fast 150000 Kindern jährlich besucht werden, und bietet Fachseminare für Tollköpfe an, die Spaß daran finden, in ein Hahnenkostüm zu steigen, um die Zuschauer bei Sportveranstaltungen zu unterhalten; vor kurzem eröffnete er auch ein Büro in Japan. Während der fünfziger Jahre begann Herkie, sein Unternehmen auf andere Geschäftszweige auszuweiten, und heute kontrolliert seine Cheerleader Supply Company 60 Prozent des Marktes für Uniformen, Pompons und entsprechendes Zubehör, die aus seiner eigenen Fabrik stammen oder unter Lizenz hergestellt werden.

Je mehr Erfahrung Sie in Ihrem Unternehmen sammeln, je schwunghafter es sich entwickelt und je besser Kosten und Erträge aufeinander abgestimmt sind, desto größer ist die Wahrscheinlichkeit, daß es Krisen und Rückschlägen ausgesetzt ist. Ein Unternehmen aufzubauen bedeutet »ein Experiment mit Schrecken und Unordnung«, meint Allen Michels, Präsident der Convergent Technologies, Inc., in Santa Clara, Kalifornien. Kennzeichen von Erfolgsunternehmern ist ihre Fähigkeit, die scheinbar unüberwindbarsten Hindernisse zu bewältigen. Charles Lazarus begab sich unbeabsichtigt in eine Krise, als er seine kleine Firma Toys ›R‹ Us an Interstate Stores, einen schlecht geführten Wirrwarr von Einzelhandelsgeschäften, verkaufte, die acht Jahre später in Konkurs gingen und Lazarus mit sich zogen. Lazarus baute jedoch seinen Geschäftsbetrieb wieder auf, und als Interstate sich vom Konkurs erholt hatte, geschah dies in Form der Toys ›R‹ Us mit Lazarus als Geschäftsführer. Lazarus überlebte nicht nur dieses Debakel, sondern hat die Firma seither zum größten Einzelhandelsunternehmen für Spielzeug in den USA gemacht, wobei sein Eigenkapital über 75 Millionen Dollar beträgt.

* Anführer einer Gruppe bezahlter Beifallklatscher bei Sportveranstaltungen (A. d. Ü.).

Wenn Sie die Krisen, die alle Firmen (selbst mächtige Unternehmen wie AT&T und General Motors sind nicht unverwundbar) früher oder später einmal schütteln, bewältigen können, dann haben Sie die Chance, in den magischen Kreis der etwa 15 000 Unternehmen mit einem Jahresumsatz von 25 Millionen Dollar und mehr vorzustoßen.*

Die Herausforderung im entscheidenden Stadium der Vergrößerung Ihres Unternehmens besteht darin, seine unternehmerischen Aktivitäten zu erhalten. Das kann auf verschiedenste Weise erreicht werden:

- Führen Sie neue Produkte ein, wie Fred Smith von Federal Express es mit ZapMail tat, einem elektronischen Übermittlungssystem, das mit Hilfe des Satellitensystems der Erdumlaufbahn die Übermittlung von Dokumenten und Briefen zwischen den einzelnen Staaten innerhalb der USA in zwei Stunden gewährleistet.
- Kaufen Sie andere Unternehmen auf. Laut Berichten in der Zeitschrift *Inc.* wurde die in Los Angeles ansässige Firma Pedus International auf diese Weise die Privatfirma in den USA, die 1984 das größte Wachstum aufwies. »Wir bauen keine Unternehmen auf«, so Pedus' Geschäftsführer Dick Dotts über seine Firma für Hausbetreuung, »sondern wir sammeln Unternehmer.«
- Trennen Sie Ihre unternehmensfreudige Energie von der sie schwächenden Bürokratie, die letztendlich jedes schnell wachsende Unternehmen heimsucht. Das gelingt Ihnen, wenn Sie einen Topmanager auf befristete Zeit einstellen, der Ihnen bei der Leitung Ihres Unternehmens zur Seite steht, wie es unter anderen auch die Gründer von Apple Computer, MCI und Electronic Data Systems getan haben.

Für Erfolgsunternehmer, die nicht davon loskommen, sich ein schönes Leben zu machen, Risiken auf sich zu nehmen, das Gefühl zu haben, gebraucht zu werden, Geld zu verdienen, Spaß zu haben und ihr Schicksal selbst zu bestimmen, bis sie eines Tages den Gang ins Büro nicht mehr schaffen, ist es das größte Abenteuer, ein eigenes

* Dazu: Donald K. Clifford, Richard E. Cavanagh, *Spitzengewinner-Strategien erfolgreicher Unternehmen*, ECON, Düsseldorf 1986.

Unternehmen zu führen. Arnold Bernhard, 84, der Value Line Investment Survey während der Weltwirtschaftskrise gründete und ein Vermögen von mehreren hundert Millionen Dollar besitzt, lebt immer noch in seinem georgianischen Kolonialhaus, das er 1944 für 55 000 Dollar in Westport, Connecticut, erwarb, und arbeitet nach wie vor in seinem New Yorker Innenstadtbüro in einem Rollstuhl. Rose Blumkin, inzwischen in den Neunzigern, leitet mit Hilfe eines Golfwagens die Teppichabteilung ihres weitverzweigten Geschäfts im Furniture Mart in Omaha, Nebraska. »Ich arbeite sieben Tage in der Woche«, sagt Frau Blumkin, »habe seit meinem sechsten Lebensjahr keinen Urlaub mehr gehabt, als ich anfing, meiner Mutter in einem kleinen Laden zu helfen, den wir in Rußland hatten. Ich will Ihnen mal was sagen. Leute, die faul sind, machen es nicht lange. Das gesündeste ist, unter Menschen zu sein. Es beschäftigt Ihren Kopf, und Sie werden nicht senil. Warum sich zur Ruhe setzen und auf den Teufel warten? Der Teufel kommt sowieso, und er wird viel schneller kommen, wenn Sie nur herumsitzen und nichts tun.«

Den Siegern gehört der Gewinn, und wenn Sie es schließlich zu Ihrem eigenen Unternehmen gebracht haben, steht Ihnen die Welt offen – die Privatjets, Jachten, Luxusvillen, Profi-Football-Teams und Weinberge sind die Belohnung, die auf kleine und mittlere Erfolgsunternehmer warten. Wenn Sie ein wirklich großer Fisch wie TV-Guide Gründer Walter Annenberg sind und sich großzügig an den Kampagnen von erfolgreichen Präsidentschaftskandidaten beteiligen, dann können Sie sich sogar in Zylinder und Ausgehrock in einer königlichen Kutsche wiederfinden, die durch die Straßen von London auf dem Weg zum Buckingham-Palast fährt, wo Sie Königin Elisabeth II. Ihre Aufwartung als der neue Botschafter der Vereinigten Staaten in Großbritannien machen.

Alle Anzeichen deuten auf ein Wiedererwachen des freien Unternehmertums in diesem Land hin, da viele Männer und Frauen innovative Ideen entwickeln und sich Kapital beschaffen, um sie in die Tat umzusetzen, und sie vorantreiben, so daß sie Profit abwerfen.

Es bleibt jedoch ein Geheimnis, wie viele Unternehmer jährlich in den USA eine neue Firma gründen. Die zweifellos vorsichtigste Einschätzung kommt von Dun & Bradstreet, die sich mit Firmenneugründungen befassen. Nach ihren Angaben belaufen sie sich auf eine Rekordhöhe von 600 000 pro Jahr, während man 1960 nur etwa 100 000 registrierte. Studien der amerikanischen Finanzämter über die steigende Zahl von Umsatzsteuererklärungen von 1962 bis 1982 besagen, daß nur 16 Prozent von Aktiengesellschaften eingereicht wurden. Der Rest teilt sich in offene Handelsgesellschaften (8 Prozent) und Einzelinhaberunternehmen (76 Prozent) auf. Das läßt vermuten, und es ist zugegebenermaßen eine Vermutung, daß in den Vereinigten Staaten jährlich vier Millionen neue steuerpflichtige Unternehmen gegründet werden (wobei eine etwas geringere Zahl stillgelegt oder aufgekauft wurde oder während dieses Zeitraums fusionierte).

Das mag stimmen. Wir kommen der Wahrheit jedoch näher, wenn wir die Tatsache betrachten, daß das Finanzamt jeden als Alleinunternehmer betrachtet, der eine Steuererklärung C (Gewinn und Verlust aus Gewerbe und selbständiger Arbeit) mit Formblatt 1040, am 15. April fällig, einreicht. Alle diese Leute haben mit Sicherheit Unternehmergeist. Da die meisten jedoch ihr primäres Einkommen aus unselbständiger Arbeit beziehen, sind sie keine echten Unternehmer im Sinne einer Mary Kay Ash oder eines Ted Turner.

David Birch, Gründer und Generaldirektor von Cogentics, Inc., mit Sitz in Cambridge, Massachusetts, die sich auf die Erfassung von Geschäftsdaten spezialisiert haben, meint, daß rund 1,2 Millionen neuer Unternehmen jährlich in den USA gegründet werden »mit einem gewaltigen Potential an drei Millionen Unternehmern, die jetzt auf eigene Rechnung arbeiten«.

Das erklärt aber immer noch nicht die ganze Geschichte des Unternehmertums im Amerika von heute. Der Rest der Geschichte liegt in dem verborgen, was Peter M. Gutmann, Professor für Volkswirtschaft und Finanzwesen an der City University des New Yorker Baruch College, die Schattenwirtschaft nennt. Professor Gutmann schätzt, daß ein Viertel der amerikanischen Arbeitskräfte Schwarzarbeiten erledigt und daß außerhalb der Bücher laufende Transaktionen mit einem Umfang von mehr als 420 Milliarden Dollar gegen Bargeld oder im Tauschgeschäft abgewickelt werden. Doug Casey, Autor von *Crisis Investing,* prophezeit, daß der größte wachstumsorientierte

Industriezweig bis zum Jahre 2000 die versteckte, steuerfreie Volkswirtschaft sein wird und daß der Besitz eines Einzelhandelsunternehmens oder kleinen Dienstleistungsbetriebs der sicherste Weg sein wird, um von dem zu profitieren, was er kommen sieht. Unternehmer, die außerhalb der Bücher in der Schattenwirtschaft operieren, tauchen selbstverständlich niemals in den offiziellen Statistiken der USA auf. Und was nicht öffentlich bekannt ist, kann auch nicht in die Statistiken eingehen.

Die Unternehmermystik

Niemand weiß genau, was einen erfolgreichen Unternehmer ausmacht, und doch gibt es Hinweise wie die Studie der Psychological Motivations, Inc., in Dobbs Ferry, New York, die für Control Data Business Centers und die Zeitschrift *Venture* erstellt wurde. Psychological Motivations, Inc., interviewte 77 Unternehmer, deren Geschäfte ihnen jährlich ein persönliches Einkommen von 90 000 Dollar einbrachten, und sie fanden dabei heraus, daß ziemlich viele:

- ihren Job aufgegeben hatten, um selbst ins Geschäft einzusteigen, weil sie mit ihrem Arbeitgeber nicht zufrieden waren (Diskriminierung von Frauen, unzureichende Würdigung von Ideen im Interesse der Firma oder schlicht und einfach zu wenig Beachtung);
- sich zu sehr kontrolliert fühlten, da sie ihre Ideen vor Vorgesetzten rechtfertigen mußten;
- keine Angst vor einer Niederlage verspürten, sie sogar als Motivation benutzten;
- ein starkes Selbstvertrauen hatten und auf einen scharfen Wettbewerb aus waren;
- ihr Unternehmen als Spielzeug auffaßten, so daß sich Arbeit und Vergnügen miteinander vermischten;
- »süchtig nach Aufregung« waren, da sie durch Risiken aufblühten und neue Unternehmungen beginnen wollten, sobald die alten Erfolg, aber ihre Spannung eingebüßt hatten;

- jeder neuen Idee offen gegenüberstanden;
- an eingefahrenen Verhaltensmustern auch dann noch festhielten, als sie es nicht mehr nötig hatten (zum Beispiel griffen sie noch immer nach dem Sandwich auf ihrem Schreibtisch, anstatt im Club oder Restaurant zu speisen);
- das Personal überwiegend als die Sache bezeichneten, die ihnen das meiste Kopfzerbrechen bereitete, obwohl die Anforderungen der Unternehmensführung meist verhinderten, ihren Angestellten viel Aufmerksamkeit zu widmen;
- nur äußerst widerwillig fremde Hilfe in Anspruch nahmen, weil es ihnen sehr viel mehr Spaß macht, geschäftliche Probleme selbst zu lösen;
- überzeugt waren, daß die meisten Leute nicht wüßten, was sie überhaupt taten;
- glaubten, daß ihr Unternehmen einzigartig sei und niemand sie wirklich verstünde.

Das beste Beispiel in den USA, um die Quintessenz von Erfolgsunternehmern herauszufiltern, ist John M. Albertine, Präsident des amerikanischen Handelstages in Washington, D. C., dessen Mitglieder sich aus den Vorstandsmitgliedern der einhundert Firmen zusammensetzen, deren Erträge sich jährlich zwischen 25 Millionen und 1 Milliarde Dollar belaufen und deren Betriebsgröße sich in zwei Jahren verdoppelt hat.

»Diese Vorstandsmitglieder«, so Albertine, »sind freie Geister mit einer außergewöhnlich hohen Intelligenz, einem unglaublich hohen Energieniveau, sie sind äußerst kreativ, freimütig, eigenwillig und unheimlich zäh. Sie sind erfolgsorientiert und ewig unzufrieden, weil die Bestätigung ihrer Persönlichkeit darauf beruht, daß sie wider jede Erwartung ihre Erfolge erzielen, und das jedesmal aufs neue. Deshalb suchen sie dauernd nach Leistungen, die ihr Ego befriedigen, obwohl sie im Grunde niemals befriedigt sein werden. Ihre Geduld ist gleich Null. Ich möchte Ihnen dafür ein Beispiel geben.

Wir führen ständig Gespräche mit führenden Politikern, die sich gern mit erfolgreichen Menschen umgeben. Die Erfolgreichen umgibt eine gewisse Mystik. Einmal traf sich eine Gruppe von Leuten mit Ed Meese (Berater von Präsident Reagan, der später zum Justizminister berufen wurde). Meese sagte zu den Leuten: ›Schauen Sie her, ich frühstücke gerade, so, warum lassen Sie sich nicht auch ein paar Eier kommen, und ich gebe Ihnen dann einen kleinen Überblick, was ich so alles im Ministerium vorhabe‹, und setzte zu einer Rede an. Er hatte gerade 30 Sekunden gesprochen, als Bob Dixon, Vorstandsvorsitzender von Harvey Hubbel, ihn unterbrach und sagte: ›Wie Sie wissen, Herr Meese, haben wir diesen ganzen Quatsch schon mal gehört, und wir wollen ihn nicht noch mal hören, lassen Sie uns lieber ein Gespräch über Politik führen.‹ Das gefiel Meese so gut, daß er noch vier- oder fünfmal solche Treffen anregte.«

Erfolgreiche Unternehmer sind sehr außergewöhnliche Leute mit einem irrsinnigen Willen, immer zu siegen. »Sie sind total besessen«, meint Benjamin Rosen, Generaldirektor der New Yorker Sevin Rosen Management Company, einer Risikokapitalfirma, die rd. 85 Millionen Dollar in Firmenneugründungen in Computer-, Elektro- und anderen Spitzentechnologiebereichen investierte, darunter in die beiden Superstars – COMPAQ Computer und Lotus Development. »Diese Leute«, so Rosen weiter, »glauben fest an ihre Träume. Sie sind völlig davon überzeugt, daß sie erfolgreich sein werden. Sie haben alle denselben Wunsch, 24 Stunden am Tag zu arbeiten, und das die ganze Woche über. Sie sind bereit, ihre gesamte Zeit zur Verfügung zu stellen, und gehen beträchtliche finanzielle Opfer ein in der Hoffnung, daß es sich auf lange Sicht einmal auszahlen wird. Und nicht nur materiell. Sie glauben wirklich, daß etwas getan werden muß und daß sie diejenigen sind, die es tun müssen.«

»Sei dumm, verrückt, naiv und faul.«

Wenn Sie also glauben, diesen Vorwärtsdrang und diese Entschlossenheit zu besitzen, wenn Sie willens sind, diese Opfer zu bringen und diese Risiken auf sich zu nehmen und Stunden um Stunden zu arbeiten, dann stehen die Chancen gut für Sie, es zu einem eigenen Unternehmen zu bringen – obwohl Sie überrascht sein mögen, auf welchem Sektor Sie letztendlich arbeiten werden.

Bei der Einweihung des neuen, aus fünf Gebäuden bestehenden

Kino- und Fernsehzentrums auf dem Campus der University of Southern California fragte ein NBC-Reporter den USC-Absolventen George Lucas, den Schöpfer der *Starwars-Trilogie*, ob der Erfolg ihn überrumpelt hätte. Lucas, dessen Schenkung von annähernd 5,7 Millionen Dollar den Bau des Zentrums erst ermöglicht hatte, antwortete darauf, daß er am Anfang ein unkonventioneller, avantgardistischer Untergrundfilmemacher gewesen sei. »Ich hätte niemals im Leben daran gedacht, daß ich jemals Spielfilme machen würde. Es war eine Art glücklicher Zufall. Das Leben ist schon seltsam.«

Wenn Sie immer noch überzeugt sind, daß das Leben eines Unternehmers etwas für Sie sei, dann sollten Sie den Rat von Superunternehmer Meshulam Riklis annehmen, dem Vorsitzenden der 2,4 Milliarden Dollar schweren Rapid American Corporation, der lautet: »Sei dumm, verrückt, naiv und faul.«

»Seien Sie dumm genug, zu glauben, was Sie wollen, sei erreichbar. Seien Sie verrückt genug, das kleine bißchen Ihrer Energie darauf zu verwenden, was Sie erreichen wollen . . . verrückt genug, nicht aufzuhören, wenn die Leute Steine nach Ihnen schmeißen (ein bewegliches Ziel ist schwerer zu treffen). Seien Sie naiv genug, zu verstehen, daß Sie nicht alles selbst verwirklichen können, sondern teilen Sie mit anderen, während Sie voranschreiten. Seien Sie faul genug, jemand anderen zu finden, der die Arbeit für Sie macht. Sie müssen die Zeit haben, sich hinzusetzen, um nachdenken zu können.«

Wenn Sie einmal den Entschluß gefaßt haben, die Sache anzupakken, müssen Sie als nächsten Schritt planen, was Sie produzieren werden, das die Verbraucher auch in großer Menge und zu einem Preis kaufen werden, damit für Sie ein netter Gewinn herausspringt. Denn darum geht es doch letztendlich.

2 Am Anfang steht das Konzept

> »Sehen Sie sich irgendein Großunternehmen an, und ich meine wirklich nur die ganz großen; sie haben alle mit einem Gründer mit einer guten Idee begonnen, der es richtig angepackt hat.«
>
> IRVINE ROBBINS,
> *Mitbegründer der Baskin-Robbins Ice Cream*

»Wie viele Leute kennen Sie, die sich selbständig gemacht haben?« fragt Ed Lowe aus Cassopolis, Michigan, der mit seinem weißen Bart dem Countrysänger Kenny Rogers ähnelt und der 1947 auf die Idee von Kitty Litter stieß, das heute 250 Millionen Dollar erwirtschaftet. Davon kontrolliert Eds Privatfirma 34 Prozent, was 85 Millionen Dollar entspricht.

Die Entstehungsgeschichte eines jeden Unternehmens beginnt mit seinem Konzept. Eine Idee von einem Erzeugnis, von dem Sie glauben, daß die Leute es wollen und zu einem Preis kaufen werden, so daß sich Ihr Produktionsaufwand bezahlt macht. Eine Idee kann aus allem entstehen, wie zum Beispiel, der Nachbarin zu helfen, die Katzentoilette mit etwas aufzufüllen, um den augenblicklich nicht vorhandenen Katzensand zu ersetzen.

Als Lowe nach dem Zweiten Weltkrieg aus der US-Marine entlassen wurde, trat er in den Betrieb seines Vaters ein, der Sand, Kies und Zementblöcke an Baustellen, Sägemehl an Fleischverpackungsfirmen für Rauchfleisch und Lehmkörner an Fabriken zum Aufsaugen von Öl und Schmiere, das die Böden verschmutzte, lieferte.

In einer kalten Winternacht bat ihn dann seine Nachbarin Kaye Drapper um etwas Sand für die Katzentoilette. Lowe gab ihr statt dessen eine Tüte voll poröser Lehmkörner, worauf die Nachbarin nach zwei bis drei Wochen um Nachschub bat. »Ein paar Leute aus der Gegend hatten davon gehört und wollten auch welche«, erzählt Lowe.

Als nächstes kaufte Lowe Fünf-Pfund-Papiertüten, füllte sie mit den Lehmkörnern und schrieb auf eine Seite mit einem dicken Stift: »Kitty Litter statt Sand – absorbiert und desodoriert. Fragen Sie Ihre Katze, denn sie weiß, was sie will.« Lowe lud die Tüten auf seinen LKW, nahm sie mit zu einer Auslieferung, die er in South Bend, Indiana, zu erledigen hatte. Bei dieser Gelegenheit hielt er auch bei Davenports Zoohandlung an. Er unterbreitete dem Besitzer sein Angebot, die Tüte zu 69 Cent zu verkaufen. Der Besitzer fand das Angebot lächerlich, da er bereits Sand für Katzentoiletten zum Preis von 10 Cent je Tüte verkaufte. Lowe überließ ihm trotzdem ein paar Tüten Kitty Litter und gab ihm seine Telefonnummer. Nach wenigen Tagen rief der Mann an und bat um eine neue Lieferung, da er die Tüte zu einem Preis von 69 Cent verkaufen konnte. Lowe kaufte noch mehr Papiertüten, ließ Aufkleber drucken und war somit im Geschäft.

So begann Lowe, einige Zoogeschäfte mit einem Sack Kitty Litter unterm Arm und einem Schnapsglas in der Tasche aufzusuchen. Er füllte eine Katzentoilette mit den Körnern, bohrte ein Loch in die Mixtur, schüttete ein Schnapsglas voll Wasser in das Loch und versuchte, bei den etwas erstaunten Besitzern der Zoohandlungen Freude über sein Produkt aufkommen zu lassen, das alles aufsaugte, was die Katze auch immer von sich gab.

Als dann eine Katzenschau nach South Bend kam, fragte Lowe den Vorsitzenden des Katzenklubs, ob man ihm einen Verkaufsstand für Kitty Litter zur Verfügung stelle. Als Gegenleistung würde er die 200 Katzenkörbchen der Schau mit seinem Produkt füllen und sie somit lupenrein sauberhalten. Man wurde sich schnell einig, und Lowe meint dazu: »All die Damen liebten Kitty Litter, weil es die erste Katzenschau war, die sie besuchten, auf der es nicht stank.«

Tidy Cat hilft

Zu dieser Zeit war Lowe klar, daß er ein außergewöhnlich nützliches Produkt entdeckt hatte, und so verließ er den väterlichen Betrieb, belud seinen Chevrolet mit den Kitty-Litter-Tüten und verkaufte sie an die Zoohandlungen in der Gegend für 35 Cent pro Tüte, die diese zum Preis von 69 Cent weiterverkauften.

Lowe ließ größere Mengen seines Produkts in Großstädte wie Minneapolis und St. Paul schicken, und nachdem er Kitty Litter an ungefähr sechs Zoogeschäfte verkauft hatte, betraute er einen Großhändler mit der Geschäftsführung, während er herumfuhr, um mehr Kunden anzuwerben. Lowe berechnete den Großhändlern 25 Cent für eine Fünfpfundtüte Kitty Litter und ließ es tonnenweise zu ihnen transportieren.

In den folgenden Jahren fuhr Lowe ständig herum. »Ich bin dauernd auf Achse gewesen, aber es hat sich doch gelohnt«, meint Lowe. Er belieferte das ganze Land mit Kitty Litter, er beherrschte den ganzen Markt, sah seinen Umsatz auf mehrere Millionen Dollar jährlich in die Höhe schnellen und begann mit der eigenen Herstellung der Lehmkörner für Kitty Litter, anstatt sie von Lieferanten zu beziehen – und dann beging er einen großen Fehler. Er verkaufte 50 kg Kitty Litter an einen Lebensmittelgroßhändler für die üblichen 25 Cent pro Fünfpfundtüte. Der Lebensmittelgroßhändler, der gewöhnlich mit einer kleineren Gewinnspanne arbeitete als der Zoogroßhändler, verkaufte die Tüte zu 30 Cent an seine Kunden; die wiederum boten sie zum Preis von 49 Cent in ihren Regalen an.

Binnen kürzester Zeit verfluchten die Zoohändler Lowe, was sehr schlimm für ihn war, da sie seine Hauptabnehmer darstellten. »In den fünfziger Jahren nahmen Produkte für Katzen nur einen kleinen Teil des Angebotes in den Regalen der Lebensmittelgeschäfte ein«, erzählt Lowe, »deshalb waren sie nicht besonders wichtig.« Dennoch wollte sich Lowe dieses Geschäft nicht entgehen lassen, und so verpackte er Kitty Litter in Tüten mit einem anderen Namen – Tidy Cat – das nur in Lebensmittelgeschäften angeboten werden sollte, während Kitty Litter den Zoohandlungen vorbehalten blieb.

Das einzige Problem war nur, daß die Zoohandlungen Kitty Litter weiterhin für 69 Cent pro Tüte verkauften im Gegensatz zu den Supermärkten, die Tidy Cat für 49 Cent anboten, und somit ging der Umsatz der Zoohandlungen binnen kürzester Zeit zurück.

Lowe, der bemerkte, was passierte, beschloß daher, Kitty Litter in den Supermärkten, mit einem Gütesiegel versehen, zu verkaufen, damit sie dafür mehr verlangen konnten als für Tidy Cat.

Bis Mitte der fünfziger Jahre hatte Lowe keine nennenswerte Konkurrenz. Dann kamen ein paar Kleinstunternehmer mit Produkten wie Cat Comfort auf den Markt, und da der Umsatz weiter stieg, traten Großunternehmen wie Hartz Mountain, Oil-Dri und Clorox mit ihrer geballten Macht als Wettbewerber auf. »Die Konkurrenz«, so Lowe, »gewährte Rechnungsaufschub, erlaubte freien Vertrieb, machte in ihren Werbekampagnen leere Versprechungen, die meist nicht eingelöst wurden, aber das störte uns gar nicht. Wir machten eine faire Werbung, arbeiteten immer mit seriösen Leuten und behandelten unsere Kunden richtig; wir hatten ein Qualitätsprodukt, boten einen guten Service und unterschätzten den Wert der guten Namen Kitty Litter und Tidy Cat niemals.«

Diese Strategie hat sich für Lowe und seine Firma bezahlt gemacht, die noch immer der führende Hersteller von Katzenstreu und verwandter Produkte ist, wobei die Auslandsgeschäfte auch einen steilen Anstieg aufweisen. Tidy Cat ist das am meisten verkaufte Katzenstreu in den USA, während Kitty Litter eine Qualitätsstufe höher anzusiedeln ist. Lowe's Inc. mit seinen fünf Fabriken und sechzig Großhandlungen produziert Katzenstreu auch für viele Billighersteller in den ganzen USA und hat mit der Einführung neuer Produktionszweige für die anderweitige Verwendung von porösen Lehmkörnern begonnen. Safety Absorbent zum Beispiel dient zum Aufsaugen von Öl, Schmiere, Wasser und anderen vergossenen Stoffen, wie sie in Fabriken gewöhnlich auftreten, während Corz-O-Nite zur Bekämpfung von Verunreinigungen eingesetzt wird, die die Umwelt schwer belasten.

Ed Lowes 35 Jahre altes Kitty-Litter-Unternehmen hat sich etabliert und gibt Lowe so die Möglichkeit, neue Betätigungsfelder zu erobern. »Ich bin kein Manager«, sagt Lowe, »ich bin ein Baumeister. Ich möchte ganz unten anfangen und die Sache dann in Gang bringen. Die Planung macht den meisten Spaß. Später überlasse ich dann das Management gern jemand anderem.« Lowe zweigt jährlich 1 Million Dollar von dem Gewinn mit Kitty Litter ab und investiert momentan die meiste Zeit in ein neues Unternehmen, der Lowe's International Ltd., das sich dem Welthandel widmet.

Vor einiger Zeit traf ich Ed beim Entwerfen einer neuen Katzenstreutüte an, was ihn gerade mit zwei anderen Produkten aus dem Ausland mächtig in Atem hält. Eins davon ist eine Baseballmütze, die *Take me out to the ball game** erklingen läßt, wenn man sie aufsetzt, das andere ist ein leicht verstellbarer Schraubenschlüssel, von dem Ed glaubt, daß er viel Anklang finden wird. »Ich habe gerade drei Millionen von diesen Dingern in der Volksrepublik China herstellen lassen«, verrät er, »allmächtiger Gott, mach, daß ich sie auch absetzen kann.«

Das Zwei-Milliarden-Dollar-Kind

Die meisten Unternehmenskonzepte sind Kopien von bereits bestehenden Unternehmen: noch eine Bäckerei, ein Blumenladen, eine Bowlingbahn. Es ist nicht falsch, in die Fußstapfen von erfolgreichen Unternehmern zu treten, besonders wenn Sie ihrem ursprünglichen Konzept eine phantasievolle Wendung verleihen können. So haben Fabrikanten jahrhundertelang Puppen hergestellt. Aber nur alle Jubeljahre finden Sie Verkaufsschlager wie Raggedy Ann, Barbie und jetzt die Cabbage Patch Kids.

Die Cabbage Patch Kids mit ihren feisten Gesichtern sind das geistige Kind des Junior-College-Aussteigers Xavier Roberts, einem stämmigen, bärtigen Mann, der nur mit offenem Hemdkragen, in Bluejeans, Stiefeln aus Schlangenhaut und Cowboyhut herumläuft. Mit zwanzig Jahren begann er mit dem Verkauf seiner beweglichen Puppen – sie waren alle verschieden – in seiner Heimatstadt Cleveland, Georgia, und Umgebung, während er noch einer Vollzeitbeschäftigung im Souvenirladen des nahe gelegenen Unicoi State Parks nachging.

Heute ist der einstmals heruntergekommene Xavier Roberts einer der reichsten jungen Männer der Welt, was er nicht nur dem

* »Nimm mich mit zum Ballspiel« (A. d. Ü.).

Aussehen seiner Puppen (sie sind total häßlich) oder ihrem niedrigen Preis verdankt (weit über 100 000 der frühesten Versionen erzielten pro Stück einen Preis von 125 Dollar und mehr), sondern seinem genialen Konzept, über das er beim Verkauf seiner Puppen auf Jahrmärkten und Handwerksmessen stolperte.

Roberts baute einen Verkaufsstand auf, brachte seine Puppen in lebensechte Posituren, und um mit den Vorübergehenden ins Gespräch zu kommen, hob er eine Puppe hoch und sagte: »Sie hat rote Haare und ist leicht reizbar«, oder »sie mag keine Plätzchen«, und ehe er sich's versah, hatte er schon eine verkauft. Etwas später schickten ihm einige Käufer Briefe, in denen sie über das Gedeihen ihrer »Babys« berichteten: das war der Ausgangspunkt seines grandiosen Konzepts.

Roberts kam zu dem Schluß, daß seine Kreationen überhaupt keine Puppen seien, sondern »kleine Leute«, die auf einem Kohlfeld geboren worden seien. Er gab jedem seiner Kinder einen Namen und eine Geburtsurkunde und bestand darauf, daß die »zukünftigen Eltern« einen »Adoptionseid« ablegten, der wie folgt lautet: »Ich verspreche feierlich, meinem Kind ein verständnisvoller Vormund nach bestem Wissen und Gewissen zu sein, ihre/seine Bedürfnisse zu befriedigen, sie/ihn mit Rücksicht zu behandeln, sie/ihn mit aller meiner Zuneigung zu lieben und aufzuziehen, sie/ihn auf den Weg vorzubereiten, den sie/er einschlagen soll, und meine Rolle als Adoptivmutter/-vater des einzigen Cabbage Patch Kids ihrer/seiner Art auf der Welt zu wahren.«

Viele von Roberts »kleinen Leuten« werden im Babyland General Hospital, einer alten Klinik in Cleveland, Georgia, geboren, die Roberts zu einem großen Laden umfunktioniert hat, in dem die Verkäufer wie Ärzte und Krankenschwestern aussehen und wo die »zukünftigen Eltern« miterleben können, wie man ihre neuen Babys aus dem Kohlfeld herausholt und wie ihnen dann ein »Doktor« im weißen Kittel auf den Hintern klopft (er trägt ein Stethoskop um den Hals und eine Schutzmaske über der Nase). Wenn sich die »zukünftigen Eltern« dann in den Adoptionsraum begeben und ihren Eid ablegen (und sich mit dem Kassierer einig werden), kommen sie wahrscheinlich am Operationssaal des Babyland General Hospital, dem Kinderzimmer, vorbei, wo man die Neugeborenen durch Spiegelglasfenster beobachten kann, und einem Klassenzimmer, wo man den Kindern beim eifrigen Rechnen und Abc-Lernen zusehen kann.*

Die Käuferschaft ist offensichtlich durch Roberts Phantasie angeregt worden, da sich der Gesamtumsatz durch den Verkauf der »kleinen Leute« und des Cabbage-Patch-Lizenzvertriebs gegenwärtig der 2-Milliarden-Dollar-Grenze nähert.

Ein idealer Weg, um ein »Nachahmungsunternehmen« aufzuziehen, besteht darin, eines zu finden, das Sie mögen, und daß Sie die Eigentümer dazu bringen können, Ihnen zu erzählen, wie sie es geschafft haben (sie werden Ihnen wahrscheinlich ein Loch in den Bauch reden – besonders dann, wenn sie ganz woanders leben und nicht Gefahr laufen, Sie als Konkurrenz zu haben).

Als nächstes sollten Sie versuchen, Ihrer Nachahmung eine neue, konzeptionelle Bestimmung zu verleihen, die sich sehr lohnen könnte. Nehmen Sie ein so einfaches Beispiel wie die Idee, den Konsumenten den Einkauf zu erleichtern oder alltägliche Dinge zu benutzen, die unzähligen neuen Industriezweigen zum Leben verholfen hat und so nebenbei die englische Sprache durch Adjektive wie *fast-food, takeout, drive-thru* und *throw-away* und Substantive wie *credit card, convenience store* und *doggiebag* belebt hat.

Bodybuilding auf Abruf

In Beverly Hills, Kalifornien, hat Hans Buhringer ein Fitneßcenter eingerichtet, dessen Dienste er seinen Kunden an die Haustür liefert. Jeden Tag fahren fünf Meter lange schwarze LKWs mit Trockenrudergeräten, elektrischen Muskelstimulatoren, Biofeedback-Geräten und Vitaminen, im Wert von 10 000 Dollar beladen, bei den Häusern von Schauspielern, Agenten und Rockstars vor, die 45 Dollar für ein halbstündiges Training bezahlen. Buhringer erzählt, daß er seine

* Eine amüsante Beschreibung von Xavier Roberts Karriere findet man in William Hoffmans reichlich bebildertem *Fantasy: The Incredible Cabbage Patch Phenomenon*, Dallas 1984.

fahrbaren »Now Or Never«-Fitneßcenter in Konzession gebe und dabei wäre, ergänzende Vitamine und Mineralien, Trainingsgeräte und Bekleidung auf den Markt zu bringen.

Wenn ein Mehr an Komfort die führende Methode ist, gewöhnliche Produkte in neue Geschäfte zu verwandeln, dann ist der Verkaufsschlager der Preis. Es gilt herauszufinden, wie die Bedürfnisse der Verbraucher für weniger Geld befriedigt werden können, was normalerweise weniger Service bedeutet.

Preisbrechende Börsenmakler wie zum Beispiel Charles Schwab & Co. und die Quick & Reilly Group, Inc., berechnen ihren Kunden eine viel geringere Kommission für den getätigten Aktienankauf oder -verkauf, da sie keine Investitionsforschung oder -beratung anbieten, wie Merrill Lynch und andere bekannte Börsenmakler. Seit 1975 haben sich ungefähr 120 Discountfirmen neu gebildet, als der Kongreß grünes Licht für nicht festgelegte Preise gab, und nach Aussage von Quick-&-Reilly-Mitbegründer Leslie Quick jr. verdienen diese Firmen tatsächlich ziemlich viel Geld dabei.

»1975«, so Quick, »machte das Discountmaklergeschäft weniger als 1 Prozent des Aktieneinzelhandels aus, 1984 belief sich der Anteil auf 15 bis 16 Prozent, und 1986 war ein Anstieg auf 20 Prozent zu erkennen. Und vergessen Sie nicht, daß das Gesamtvolumen des Aktienhandels, an dem auch wir Anteil haben, ebenfalls zunimmt. 1983 belief sich das gesamte Handelsvolumen an der New Yorker Börse auf 85,3 Millionen Aktien, und für 1986 rechnen wir mit 150 Millionen Aktien.«

Ein Anzeichen für den Erfolg dieser Preisbrecher ist die Tatsache, wie sie von solventen Unternehmen aufgekauft werden. Charles Schwab & Co., der größte Discountmakler der USA, wurde für 53 Millionen Dollar von der Bank America Corporation aufgekauft, während sich die Chase Manhattan Bank die in Chicago ansässige Rose & Co. aneignete.

Ähnlich konzipierte Unternehmen schießen überall aus dem Boden, und es werden vermutlich noch mehr werden, da sich die defizitäre amerikanische Wirtschaft weiter auf Talfahrt befindet und die Verbraucher preisbewußter werden. Discountzahnärzte, Budget Motels, Discountbekleidungsgeschäfte, ambulante medizinische

Notaufnahmen, Fluglinien ohne Extraleistungen, Speditionen für Selbstfahrer und Billigbestattungsinstitute sind alles Beispiele für Unternehmen, die mittels Streichung des Services und Senkens der Preise entstanden sind.

Mit den »Discountpreisen« geht das »Do it yourself« einher, das sparsamen Verbrauchern die Möglichkeit bietet, Geld zu sparen, während sie wertvolle und den Geist erweiternde Fähigkeiten erlernen. Der Industriezweig, der zum Beispiel Heimwerkerbaukästen anbietet, gedeiht durch den Verkauf von allem, was man zum Bau einer hochwertigen Stereoanlage, einer Rucksackjacke, eines Koffers, Farbfernsehers, Personalcomputers, ja sogar eines Autos benötigt und dabei viel Geld spart. Die Gartenbauindustie versorgt rd. 34 Milliarden Familien, die Lebensmittel für den Eigenverbrauch anbauen, mit Werkzeugen, Düngemitteln, Ungeziefervertilgern und ähnlichem, deren Wert sich jährlich auf 13 Millionen Dollar beläuft.* Die Heimwerkerindustrie, deren Volumen um ein Sechsfaches von 6,4 Milliarden Dollar im Jahre 1970 auf geschätzte 38,6 Milliarden Dollar 1984 anstieg, arbeitet eifrig an einer Umsatzsteigerung auf 75,4 Milliarden Dollar bis 1990.** Eine Variation des Heimwerkerkonzepts ist der »Do-it-yourself«-Hausbau, der einer Gruppe von schlauen Unternehmern, darunter Pat und Patsy Hennin aus Bath, Maine, ein feines Leben ermöglicht.

Do-it-yourself-Lehrer

»Wir verzeichnen seit dem ersten Tag ein einträgliches Geschäft«, sagen die Hennins, denen das seit elf Jahren existierende Shelter Institute gehört, an dem Interessenten beigebracht wird, ihr eigenes Haus zu einem Bruchteil der Kosten, die ihnen ein Architekt oder Bauunternehmer berechnen würde, selbst zu entwerfen und zu

* *»Gardens for All«, 1984–85 National Gardening Survey,* Burlington 1984, S. 1–2.

** *Do-It-Yourself Research Institute,* The DYI Consumer Market: 1984, Indianapolis 1984, S. 99.

bauen. Durch konstante Erweiterung des Personalstamms auf 21 Mitarbeiter und der jährlichen Einschreibung von 1500 Studenten wurde das Institut zum zweitgrößten Unternehmen in Bath nach den Bath Iron Works, einer Fabrik für Fracht- und Kriegsschiffe.

Nach Fertigstellung ihres mit Sonnenkollektoren ausgestatteten Hauses für 5000 Dollar beschlossen die Hennins, das Shelter Institute zu gründen. Während der Bauzeit ihres Hauses überzeugten sie sich davon, daß sich die Hausbautechniken im Laufe der Jahre eher zur Erleichterung der Bauunternehmer als zum Nutzen der Eigentümer entwickelt hatten. So entschieden sie sich für den Versuch, die Techniken des Bauens auf eine zweckmäßige Art und Weise zu unterrichten. Ihrer Meinung nach wären die Leute eher in der Lage, beim Entwurf und Bau ihres eigenen Hauses ihren Bedürfnissen nach Standort, Klima, Taschenbüchern, Persönlichkeit, ja sogar eigenen Ideen Rechnung zu tragen, wenn sie eingehend informiert wären.

An dem Tag, an dem ich das Shelter Institute aufsuchte, versammelten sich gerade rund 160 neue Studenten im zweiten Stock der alten Masonic Hall, die die Hennins zu einem Komplex aus Klassenzimmern, Buchläden und Fachgeschäften für Architektur- und Baubedarf sowie für Hand- und Elektrowerkzeuge umfunktioniert haben.

Pat beginnt den dreiwöchigen Kurs mit einem Vortrag, in dem er den Studenten unter anderem erzählt: »Wenn Sie ein Haus bauen, gibt es nichts, was Sie nicht selber tun könnten. Sie können normalerweise ein Haus für jene 10 000 bis 25 000 Dollar errichten, die die Bank als Eigenkapital verlangt, und können es dann nach vier Jahren für 100 000 Dollar verkaufen. Nichts anderes gewährleistet einen so sicheren Profit, und bei keiner anderen Sache können Sie Ihre Hände und Ihren Kopf so einsetzen, daß Sie etwas so Lohnendes herstellen und dabei auch noch viel Spaß haben.«

Nachdem Pat seinen Vortrag beendet und Patsy einen zwanzigminütigen Farbfilm über das Institut gezeigt hat, stellen sich die Studenten einzeln vor. Unter ihnen gibt es einen Programmierer aus San Antonio, einen Bibliothekar aus Wisconsin, einen Marinebiologen aus Florida, einen Mitarbeiter des Energieministeriums in Washington, D. C., einen Hubschrauberpiloten der Marine, eine Mutter, deren Kinder schon erwachsen und selbständig sind, und einen

Fischer aus Alaska, der sich gerade ein 1,6 Hektar großes Stück Land gekauft hat, auf dem er ein Blockhaus errichten will.

Am nächsten Morgen werden diese Studenten – von den Teenagern bis zu den Senioren – von einem hektischen Tagesablauf eingenommen sein. Sie nehmen an Unterrichtsstunden, Fertigungsworkshops, Dia- und Filmvorführungen, Einladungen, Sitzungen, in denen gewinnbringende Ideen ausgetauscht werden, und an Besuchen teil, die sie zu einigen schon gebauten oder noch im Bau befindlichen Häusern führen, die von Shelter-Institute-Absolventen, die in der Umgebung von Bath wohnen, gebaut wurden.

Während dieser drei Wochen am Institut lernen die Studenten alle Aspekte des Bauens von der Standortfrage bis zum Abschluß einer Versicherung für Hauseigentümer kennen. Sie eignen sich Kenntnisse über die Eigenschaften von Holz und anderen Baumaterialien, über Verschalung, Befestigungsvorrichtungen, Isolierung, Bedachung, Verlegung von Leitungen, Installateurarbeiten, Beheizung und Kaminbau an. Sie erfahren außerdem etwas über die mehr als zwölf verschiedenen Fundamentarten und fünfzehn Rahmentypen und die vielen Möglichkeiten, ein Haus so zu bauen, daß ein Minimum an Energie für Heizung und Kühlung verbraucht wird. In Maine, wo der eiskalte Winter früh einsetzt und lange anhält und die Heizkosten einiger Hauseigentümer 5000 Dollar jährlich übersteigen, wird dem Energiesparen höchste Priorität eingeräumt.

Gegen Ende des Kurses entwerfen und bauen die Studenten ein maßstabgetreues Modell des Hauses, das sie an ihrem Wohnort bauen möchten. Wenn Fragen bezüglich der Konstruktion auftauchen, nachdem sie Bath wieder verlassen haben, steht ihnen Pat jeden Morgen zwischen sieben und acht Uhr unter einer speziellen Telefonnummer zur Beantwortung jeglicher Fragen zur Verfügung. Wenn sie dann immer noch ratlos sind, können sie für ein Wochenende zum Institut zurückkommen und ihren Lehrern (viele von ihnen sind ehemalige Rechtsanwälte, Wirtschaftswissenschaftler, Bauunternehmer, Ingenieure oder Ärzte) ihre Pläne und Modelle auseinanderlegen und wieder neu konstruieren, bis die Sache Hand und Fuß hat.

Das Produkt des Shelter-Instituts ist der Unterricht, von dem Pat behauptet, daß es ein sehr persönliches Gewerbe sei. »Patsy und ich schuften wie die Verrückten. Wir arbeiten auch hart daran, unseren Lehrern das Gefühl zu geben, daß alles, was sie hier tun, wahnsinnig wichtig sei, und das färbt auf die Studenten ab. Wir zwingen unsere Lehrer, sich weiterzubilden, und wir drängen uns viermal im Jahr für zehn Tage in einem Raum zusammen, um das ganze Zeug durchzukauen. Es bedarf mehr als eines Empfehlungsschreibens, um hier arbeiten zu können, und so was wie Besitzanspruch gibt's hier nicht. Sobald ein Lehrer nachlässig wird, muß er gehen.«

Pat und Patsy Hennin glauben, daß die von den Eigentümern selbst gebauten Häuser der künftige Renner sind. »Wir wissen«, so Patsy, »daß 20 Prozent der Neubauten in den USA ganz oder teilweise von den Eigentümern gebaut worden sind.« Das scheint ein Teil des Selbsthilfebooms zu sein, der gegenwärtig im Bereich der Gesundheitsversorgung, Autoreparatur und Freizeit (Studien belegen, daß jeder zehnte Amerikaner joggt), ja sogar der Veröffentlichung von Büchern zu beobachten ist. »Diesen Trend erfahren wir auch hier am Shelter Institute«, meint Pat Hennin, »da immer mehr Leute in guten wie in schlechten Zeiten hierherkommen. Es scheint da keine Unterschiede zu geben.«

Das Shelter Institute zieht seinen Nutzen aus diesem Trend, indem es Zusatzkurse wie Skelettkonstruktionen (tragendes Konstruktionsprinzip mit Stützen und Balken) anbietet und indem es neue Geschäftszweige für sich erschließt. So verkaufen die Hennins jetzt auch Videobänder, auf denen gezeigt wird, wie man sein eigenes Haus entwerfen und bauen kann. Außerdem haben sie das Brettspiel *Build You Own** erfunden, bei dem jeder der bis zu sechs Mitspieler jeden Schritt im Verlauf der Bauphasen nachvollziehen kann. Sie handeln auch mit einem umfassenden Sortiment an Solarenergieerzeugnissen und Isoliermaterialien für die Verwendung im Haus.

Dennoch ist der erstaunlichste Schachzug der Hennins der Einstieg in die Flugzeugbranche. Sie sind jetzt autorisierte Händler des Lazair-

* »Bau dir dein eigenes Haus« (A. d. Ü.).

Ultralight-Flugzeugs.* Die Hennins verkaufen den Lazair-Ultralight-Bausatz für 5400 Dollar und stellen Montagehallen und kostenlose Unterweisung während der 150 bis 200 Stunden zur Verfügung, die für den Zusammenbau benötigt werden. Nach fünf bis zehn Flugstunden bei einem von den Hennins engagierten Fluglehrer »können Sie sich«, so die Hennins, »mit Ihrem Lazair in die Lüfte begeben.«

Es gibt unzählige andere Strategien, die alte Konzepte wieder neu beleben. Die in Miami ansässige Firma Key Pharmaceuticals ist zu einem der am schnellsten wachsenden Unternehmen in der florierenden Branche der Gesundheitsversorgung durch eine neue Art der Medikamentenverabreichung geworden. Keys Kassenschlager ist ein Heftpflaster, das man auf der Brust eines herzkranken Patienten festmacht, wo es über mehrere Stunden hinweg genau bemessene Wirkstoffdosen an den Patienten abgibt. Das bewährte Konzept des Kundendienstes wurde von der Firma Computer Doctor, eines nationalen Franchiseunternehmens, übernommen, das Computer beim Kunden oder in der Werkstatt wartet. Und John Margaritis hat seinen Scheckeinlöseservice, den California Currency Exchange, verbessert, indem er Lastwagen aufstellte, die es den Bürgern von Los Angeles ermöglichen, ihre wöchentlichen Gehaltsschecks gleich auf dem Parkplatz ihrer Firmen einzulösen.

Die Revolution des Reißverschlusses

Auf den ersten Blick mag irgendeine Sache das allerbeste Fundament für ein neues Unternehmen sein. Aber man weiß ja nie. Der Argwohn gegenüber jedem neuen Produkt ist ein gefährlicher Faktor, der dem genialen Talon-Reißverschluß, der 1883 patentiert wurde, beinahe zum Verhängnis wurde.

Talons Reißverschluß ist ein revolutionierendes Produkt gewesen

* Ein ultraleichtes Flugzeug ist nach Definition der Bundesflugbehörde der USA ein Einpersonenflugzeug, das weniger als 115 kg wiegt, eine Höchstgeschwindigkeit von 103 km/h erreicht und dessen Mindestgeschwindigkeit 37 km/h beträgt (A. d. Ü.).

– keine scheußlichen Knöpfe mehr, die die Kleidung verunstalten, kein gewissenhaftes Knopflöchernähen mehr, kein Herumfummeln mehr bei dem Versuch, ein Dutzend Knöpfe in ein Dutzend Knopflöcher zu bekommen. Dennoch waren zu Anfang laut Händlerberichten die künftigen Käufer nicht an Talons Reißverschlüssen interessiert (Kostensteigerung in der Bekleidungsindustrie kann nicht hingenommen werden, sie ist zu schwierig der Bekleidungsindustrie nahezubringen, die Arbeiter wollen mehr Geld, wenn sie Reißverschlüsse einnähen sollen . . . usw.«).

Obwohl die Firma Talon allen Grund hatte, entmutigt zu sein, begann sie dennoch, für Reißverschlüsse bei anderen Artikeln als Kleidungsstücken Werbung zu machen. Diese Taktik eröffnete eine riesige Marktlücke. Man verwendete Reißverschlüsse bald für Geldbörsen, Tabaksbeutel, Handtaschen, Staubsaugerbeutel, Überschuhe und dergleichen. Um 1930 nahm der Umsatz so rapide zu, daß Talon immer mehr Arbeiter in ihrer Fabrik in Meadville, Pennsylvania, einstellen mußte – eine Tatsache, die von Robert Ripley in seinem Comicstrip »*Believe It Or Not*«* mit folgender Überschrift gewürdigt wurde: *The Town That Never Knew There Was A Depression.***

Thomas Edison sah sich mit seiner Erfindung des elektrischen Lichts einem gewichtigerem Problem gegenüber, von dem sich Persönlichkeiten wie der Wallstreetmagnat J. P. Morgan, die Schauspielerin Sarah Bernhardt und der mexikanische Präsident so angezogen fühlten, daß sie sein Haus in der New Yorker 65 Fifth Avenue aufsuchten, um die magische neue Beleuchtungsform zu sehen.

Leider gab es jedoch keine Infrastruktur, um Edisons elektrisches Licht zu vertreiben. Um einen kommerziellen Erfolg aus seiner Erfindung zu erzielen, mußte Edison eine elektrische Versorgungsindustrie aufbauen. Er mußte Elektrizität erzeugende und verteilende Geräte herstellen ebenso wie eine Fabrik, die diese Geräte produzierte, eine technische Organisation einrichten, um sie zu installieren

* *Ob Sie es glauben oder nicht* (A. d. Ü.).

** Die Stadt, die niemals wußte, daß es eine Wirtschaftskrise gab (A. d. Ü.). Sidney Furst und Milton Sherman, Hrsg., Business Decisions That Changed Our Lives, New York 1964, S. 115–133.

und zu warten, und ein Netz zentraler Kraftwerke errichten, um Energie zu gewinnen und sie an den Verbraucher zu verteilen. Der herausragende Unternehmer Edison schaffte dies alles, und innerhalb von zwanzig Jahren waren überall in den USA Elektrizitätsunternehmen in Betrieb.*

Die Lektion, die man sowohl von Talons Reißverschluß als auch von Edisons elektrischem Licht lernen kann, ist, daß man sein Produkt wesentlich leichter an den Mann bringt, wenn das Herstellungssystem und der Markt bereits vorhanden sind.

Konzepte für gewinnbringende Produkte können fast aus jeder menschlichen Erfahrung heraus entstehen, wie es das Beispiel von Norman Gardner zeigt, der sein eigenes Public-Relations-Unternehmen in Montreal betreibt. Gardner wollte ein neues Papier erfinden, von dem man keine Fotokopien machen konnte. Er drückte seiner Sekretärin also 100 Dollar mit dem Auftrag in die Hand, in der Drogerie Pomade, Nagellackentferner und was es sonst noch gab einzukaufen; diese sollten dann auf Papier aufgetragen werden, um herauszufinden, welcher Stoff verhinderte, daß das Papier kopiert wurde.

Nichts davon klappte, bis Gardner aus Versehen Kaffee über ein paar Blätter kippte. Das war der Trick, um völlig schwarze Kopien herzustellen. Gardner gründete die Firma NOCOPI** Paper, Inc., engagierte einen Chemiker der McGill University, der die magischen Ingredienzen von Kaffee herausfinden sollte, schloß Verträge mit einer Schweizer Firma über die Herstellung des Papiers und mit der Papierfirma Boise Cascade über den Vertrieb auf einem Markt ab, der schätzungsweise ein Volumen von 400 Millionen Dollar jährlich allein in den USA haben könnte.

Die reichsten Jagdgründe für neue Konzepte bilden die Großunternehmen selbst, in denen Angestellte ständig ein Vermögen durch Ideen machen, die von den Topmanagern verpaßt, ignoriert oder abgelehnt wurden.

Ruth Owades, Absolventin der Harvard Business School, war

* Robert Conot, *A Streak of Luck*, New York 1979, S. 118–192.

** »Nicht zu kopieren« (A. d. Ü.).

Vertriebsdirektorin einer Versandfirma, als ihr die Idee kam, wohlhabenden Gartenbesitzern einen neuen Katalog vorzulegen, in dem sie phantasievolle Gartengeräte, reichverzierte Pflanzenstöcke, attraktive Gartenmöbel und andere hochwertige Spielereien finden konnten. Die Marktstudien von Frau Owades belegten, daß ihr Katalog ein Senkrechtstarter sei, als ihr Chef jedoch ihr Projekt ablehnte, ließ sie ihr Unternehmenskonzept als Gardener's Eden eintragen. Vier Jahre später verkaufte Frau Owades ihr Unternehmen für annähernd 1 Million Dollar.

In vielen Fällen besteht der Trick darin, ein bereits bestehendes Produkt oder Unternehmen aufzuwerten. Man kann zum Beispiel analysieren, wie das Produkt oder Unternehmen gegenwärtig läuft, um herauszufinden, wie durch ein geändertes Verfahren eine Aufwertung erfolgen kann.

Dr. Alan Zakon, Vorsitzender der Boston Consulting Group, veranschaulicht dieses Verfahren anhand der zeitlich begrenzten Versicherung. Zakon meint, daß die zeitlich begrenzte Versicherung entstanden sei, als jemand erkannte, daß eine reguläre Versicherungspolice aus Spareinlagen und Versicherungsschutz bestehe. Wenn man nun den Sparteil einfach wegnähme, entstünde ein neues Produkt: die zeitlich begrenzte Versicherung – die dann für Leute geeignet wäre, die nur den Versicherungsschutz kaufen wollten.

Das ist ein einfacher Fall von »Streuung«, deren sich gewitzte Unternehmer bedienen, um einen neuen Wert zu schaffen. Jimmy Ling wandte dieses System 1967 an, als er Vorsitzender der in Dallas ansässigen LTV Corporation war und die Wilson & Company aufkaufte, eine Fleischverpackungsfirma, die an Sportartikel- und Pharmazeutikafirmen beteiligt ist. Ling strukturierte das Betriebsvermögen auf drei neue Aktiengesellschaften um und bot Investoren Minoritätsbeteiligungen an.

Die Investoren waren nicht sonderlich interessiert daran, sich in Wilson & Company einzukaufen, die weiterhin Fleisch verpackte. Sie griffen aber sofort bei den Aktien der Wilson Sporting Goods zu, die den üppigen Freizeitmarkt belieferte, und bei Wilson Pharmaceuticals, die in dem schnell wachsenden Zweig der Gesundheitsversorgung tätig war. Ling hatte der Wallstreet gezeigt, daß Wilsons

Geschäftsanteile einzeln mehr wert waren als zusammen, was den Generaldirektor von Wilson & Company, Roy Edwards, veranlaßte, Ling als »den Galileo des amerikanischen Unternehmertums« zu bezeichnen.*

Der Teufel und König Saud

Das Konzept schlechthin ist das Geschäft mit den Marktlücken – eine Art uneinnehmbarer Festung, in der es kauflustige Kunden und nur wenig oder gar keine Konkurrenz gibt. Im Laufe der Jahre ist dieser Traum für Tausende einfallsreicher Unternehmer wahr geworden und wird noch immer für Tausende wahr dank der Möglichkeiten, die sich durch Veränderungen im Technologiebereich und in der Bevölkerungsstruktur, durch die Aufhebung einschränkender Bestimmungen seitens der Regierung, durch Änderungen im Welthandel und im amerikanischen Lebensstil ergeben. Das einzige Hindernis bei der Aufdeckung einer einträglichen Marktlücke liegt in der Phantasie, von der Albert Einstein sagt, daß »sie wichtiger ist als Wissen«.

Die Schönheit der Phantasie beruht auf ihrer Fähigkeit, bis zum Kern der Sache vorstoßen zu können. Robert Lacey veranschaulicht das auf unterhaltsame Art in seinem Buch »*The Kingdom: Arabia & The House of Saud*«.** Darin erzählt er die Geschichte eines sehr frommen Mannes, der glaubte, daß die Radiostationen, die in ganz Saudi-Arabien von seinem Gründer Abd el-Asis Saud errichtet worden waren, das Werk des Teufels seien. Der Teufel trage die Radiosendungen offensichtlich durch die Lüfte, und so bestand der fromme Mann darauf, daß die teuflischen Stationen geschlossen würden. König Saud wäre arg in Bedrängnis geraten, wenn er die Aufforderung ignoriert und nicht einen phantasievollen Weg gefunden hätte, den frommen Mann zu überzeugen, daß der Teufel seine Finger nicht mit im Spiel hatte.

* Stanley H. Brown, *Ling: The Rise, Fall and Return of a Texas Titan*, New York 1973, S. 19, 137–138.

** *Das Königreich: Arabien und das Haus Saud* (A. d. Ü.).

»Würde der Satan Allahs Wort weitertragen?« fragte König Saud den frommen Mann. »Wahrlich, Allmächtiger«, antwortete der fromme Mann, »Sie scherzen mit mir. Wir beide wissen sehr wohl, daß der Satan Allahs Wort niemals auch nur einen Meter weit tragen würde.« Daraufhin ließ König Saud den Imam der Großen Moschee in Riad zum Radiosender gehen und einige Verse aus dem Koran vorlesen. Sobald der fromme Mann die heiligen Worte durch den Äther knistern hörte, segnete er das Radio als Allahs eigenes Wunderwerk, wie alle frommen Männer im Königreich es taten.

Durch einen phantastischen Geistesblitz fand der 29jährige New Yorker Bühnenautor David Landau seine Marktlücke, als er das Mörderrätselspiel zum Preis von 3000 Dollar und höher für Privatparties oder Firmenkunden wie General Foods oder Seagram's durchführte. Landaus Murder to Go, Inc., mischt Schauspieler unter die Partygäste einschließlich eines Mörders und eines Opfers. Nur der Gastgeber weiß, wer der Mörder ist, bis ein Kriminalbeamter auftritt, um die Gäste einem Verhör zu unterziehen und den Täter schließlich zu entlarven.

Technologie schafft mehr Marktlücken als sonst irgendein Bereich in der Industrie, obwohl sie nur so lange Marktlücken bleiben, bis die Konkurrenz auf den Markt drängt, wie Hertz, MCI, Federal Express und andere Firmen es bescheinigen können. Oft verwandelt sich eine Lücke zu einem großen neuen Markt, von dem jeder profitiert, auch die Firma, die die Marktlücke aufgetan hat. Man sagt, daß das beste, was Hertz jemals passieren konnte, Avis gewesen sei, deren Werbung mit dazu beitrug, Millionen Menschen die neuartige Idee des Mietautos zu verkaufen.

Sehr viel Geld wartet auf Sie, wenn Sie die Phantasie besitzen, eine Minilücke innerhalb einer explosionsartig wachsenden Maxilücke aufzuspüren.

In eine Marktlücke vorstoßen

Harriette Rose und ihr Gatte Dr. Martin Katz, ein Herzspezialist, entdeckten eine Minilücke innerhalb der gigantischen amerikanischen

Lebensmittelindustrie, die sie seitdem zu einem fabelhaften Kleinunternehmen erweitert haben.

Zu diesem Zeitpunkt war eine der am schnellsten wachsenden Maxilücken innerhalb der Lebensmittelindustrie der gastronomische Partydienst, in der ungefähr 3300 Firmen um einen Markt mit einem jährlichen Volumen von annähernd 1 Milliarde Dollar wetteifern. Das Ehepaar Katz meinte, daß die reichen Leute, die Interesse an der Veranstaltung einer gastronomisch betreuten Party hätten, nicht die Zeit oder das Know-how hätten, um den besten Anbieter auswählen zu können. Sie gründeten deshalb New York's Gourmet Advisory Services, Inc., um ihnen diese Arbeit abzunehmen.

Das Ehepaar Katz, das sich selbst »Die Partyplaner« nennt, stellt gegen eine 15prozentige Provision das Menü zusammen, arrangiert die Dekoration, ja, sorgt sogar für die Stimmung (gedämpftes Licht, die Aschenbecher am richtigen Platz). Sie betreuten schon viele Festlichkeiten, unter anderem auch das Weihnachtsbuffet mit zahlreichen Desserts für eine Grundstückserschließungsgesellschaft, das in Manhattans todschickem Helmsley Palace Hotel stattfand. Frau Katz in ihrem schillernden Lamé-Abendkleid wachte über die Party und überzeugte sich davon, daß die 300 einzelnen Desserts und glasierten Früchte – einschließlich der verschiedenartigen Mousses au chocolat und marokkanischen Crêpes, die vor den Gästen frisch zubereitet wurden – ohne einen Zwischenfall serviert wurden.

Wenn Sie erst einmal eine gewinnbringende Marktlücke erobert haben, können Sie noch mehr Geld dadurch machen, daß Sie sie erweitern.

Todd Axelrod fand seine Nische durch den Verkauf von außergewöhnlich gerahmten historischen Dokumenten an Kunden, die nie zuvor daran gedacht hätten, einen von George Washington signierten Brief oder eine Kopie des 13. Zusatzartikels zur amerikanischen Verfassung, von Präsident Lincoln und den Mitgliedern des Bürgerkriegskongresses unterzeichnet, zu erwerben. Axelrod eröffnete 1982 seine erste Galerie unter dem Namen American Museum of Historical Documents in einem vornehmen Einkaufszentrum von

Las Vegas. Seither hat er eine zweite Galerie in Dallas eröffnet und plant, weitere acht bis zehn Galerien in den nächsten vier Jahren an verschiedenen Orten aufzumachen.

David Landau erweiterte seine »Murder to Go«-Marktlücke durch das Angebot von Mörderspielen für abgelegene Hotels oder Kreuzfahrten. Er war außerdem Coproduzent für einen geheimnisvollen Film mit dem Titel »Jokers Wild« und kreierte ein »Murder to Go«-Partyspiel für Ideal/CBS Toys, Inc.

Zu den Gefahren des Abenteuers mit den Marktlücken gehört unter anderem, daß sie sich nicht entwickelt oder daß Sie in einer ertraglosen Lücke länger festsitzen, als Sie es sollten. Dieses Schicksal erlitt die 1975 gegründete New York City's First Women's Bank, die außer ernsthaften Problemen mit dem Management auch keinen Erfolg mit dem Konzept hatte, sich auf Sparerinnen und Kreditnehmerinnen zu konzentrieren. 1985 berief die First Women's Bank Jill M. Considine zur Vorstandsvorsitzenden, nachdem sieben Monate lang niemand den Vorsitz geführt hatte. Frau Considine, die die Abteilung für Geschäftskredite des Bankers Trust, dessen Volumen sich auf 20 Milliarden Dollar beläuft, vor ihrem Wechsel zur First Women's Bank geleitet hatte, glaubt, daß sie dieser kleinen Bank, die nur über 30 Mitarbeiter und ein Vermögen von 40 Millionen Dollar verfügt, geholfen hat, eine Marktlücke zu finden, bevor sie zurücktrat, um die Oberaufsicht über die Banken des Staates New York zu führen.

»Die Lücke, die wir entdeckt haben – ich sage das ungern, aber sie hat eigentlich uns entdeckt –, ist die der kleinen Geschäftsinhaber in New York City«, so Frau Considine. »In New York gibt es sehr viele Kleinunternehmen, auch wenn man meint, die Stadt sei die Heimat von Esso und anderen Konzernen. New York ist, um in der Bankensprache zu sprechen, ein Netz aus Institutionen mit Milliardenumsätzen, wobei die Kleinunternehmen unberücksichtigt bleiben. Die Kostenstruktur einer Bank mag der Grund sein, keine Kredite unter 1 Million Dollar zu gewähren. Außerdem weiß Esso schon im voraus, wie hoch ihr Kreditbedarf sein wird, und die großen Banken wie die Chase Manhattan Bank oder Bankers Trust können entsprechend lange vorausplanen.

Aber kleine Unternehmen – den größten Zuwachs verzeichnen die von Frauen geleiteten Unternehmen – sind wesentlich flexibler. Sie reagieren jederzeit auf günstige Gelegenheiten. Wenn diese Unternehmer eine Bank betreten, wollen sie nicht mit den kleinsten Angestellten sprechen. Sie wollen zum Leiter der Kreditabteilung oder zum Generaldirektor geführt werden, und genau dafür sorgt die First Women's Bank. Die Bank ist sogar noch einen Schritt weitergegangen«, fügt Frau Considine noch hinzu, »sie sucht nach der Lücke innerhalb der Marktlücke. Die Lücke, die sie momentan anvisiert, ist die des kleinen Dienstleistungsgewerbes.«

Ärgern Sie sich übrigens nicht, wenn Ihnen kein Erfolgskonzept einfällt. Sie können das Problem anders angehen, am besten, indem Sie die Leute fragen, was sie brauchen und das noch nicht zu kaufen ist, und dann stellen Sie es einfach her.

Der damals 36jährige Terry Tanner aus St. Petersburg, Florida, verfuhr so, als er ein eigenes Unternehmen aufbauen wollte, aber keine Ahnung hatte, was er herstellen sollte. Deshalb lud er einige befreundete Ärzte und Zahnärzte zu sich ein und bot ihnen die Gelegenheit, ihre Geistesblitze loszuwerden. Tanners erste gewinnbringende Idee kam von einem Zahnarzt, der sagte, daß die Batterien der Taschenlampen, mit denen er den Patienten in den Mund leuchtete, ständig leer seien. Und der Zahnarzt meint weiter: »Warum machst du nicht einfach eine Taschenlampe, die man wegschmeißt, wenn die Batterie zu Ende ist?«

Tanner gefiel die Idee so gut, daß er seinen damals einzigen Mitarbeiter, den er von der Firma Honeywell abgeworben hatte, bat, eine Wegwerftaschenlampe zu entwerfen, die später nicht nur von Zahnärzten und Ärzten, sondern auch von Firmen wie Xerox und IBM gekauft wurde. Diesem Konzept folgten seitdem noch andere Ideen, die Tanners Firma zu einem Konzern für medizinische Geräte mit einem Umsatz von 21 Millionen Dollar im Jahr 1984 gemacht haben (nachdem er seine Abteilung für Verbrauchsgüter für 5 Millionen Dollar an Fuqua Industries abgestoßen hatte). Der Firmenname: Concept, Inc.

Zwei ehemalige Angestellte von IBM, Timothy P. Ahlstrom und F. Morgan Lamarche, beschlossen 1978, eine neue Computerfirma zu gründen, obwohl sie keine Ahnung hatten, was sie produzieren sollten. Sie luden daher Datenverarbeitungsfachleute zu einer eintägigen Sitzung ein, auf der sie ihre Probleme mit den Computern vortragen sollten, in der Hoffnung, zufällig auf ein Konzept zu stoßen, an das bisher in diesem Industriezweig, in dem es von den schnellsten Denkern der Erde nur so wimmelt, noch niemand gedacht hatte.

Ein Problem, das immer wieder aufgeworfen wurde, war die Schwierigkeit der Datenverarbeitungsfachleute, Probleme im Datenübermittlungsnetz frühzeitig zu erkennen und zu korrigieren. Also entwarfen Ahlstrom und Lamarche ein Computerdatensichtgerät, das dem Betreiber anzeigte, welche Teile des Systems wahrscheinlich Schwierigkeiten machen würden und denen Aufmerksamkeit geschenkt werden sollte. »Das Problem existiert zuerst«, so Lamarche. »Das Produkt wurde hergestellt, um den Anforderungen zu genügen.« Die Partner nennen ihre in Mt. Laurel, New Jersey, ansässige Firma Avant-Garde Computing, Inc., die im Geschäftsjahr 1984 einen Umsatzanstieg auf 15,4 Millionen Dollar verzeichnete im Vergleich zu 1981, in dem der Umsatz 1,5 Millionen Dollar betrug. Ahlstrom und Lamarche sind übrigens immer noch dabei. Einmal jährlich laden sie ihre Kunden ein, um etwas über neue Produkte zu erfahren und eine weitere Runde des Konzeptspiels zu spielen.

Unternehmenskonzepte aus zweiter Hand

Obwohl jedes Unternehmen ein Konzept braucht, müssen Sie sich nicht unbedingt selbst eines ausdenken.

Manchmal präsentiert sich die Idee für ein Milliardengeschäft im Gewand eines Bedürfnisses, das die Unternehmer erst Monate oder Jahre später erkennen. So geschah es vor längerer Zeit mit den BMX-Rädern, kleinen, heruntergezogenen, mit Stollenreifen versehenen, leichten Geländefahrrädern. Dieser Sport hatte seinen Ursprung vor mehr als zehn Jahren in Südkalifornien, als Kinder auf unbebauten Grundstücken herumfuhren und Teufelskerle auf Motorrädern spielten.

Laut der Vereinigung der Fahrradfabrikanten in den USA haben BMX-Räder einen Anteil von 40 Prozent von allen in den USA verkauften Fahrrädern, wobei 1984 mehr als 3 Millionen Stück zu einem Preis zwischen 65 bis zu 1000 Dollar und höher verkauft wurden. Hinzu kommt noch das kleine Vermögen, das Eltern von BMX-Enthusiasten für einen Nylonrennanzug, einen Helm aus Fiberglas, Spezialschuhe, eine Schutzbrille, außerdem für den Eintrittspreis zu einem der 600 BMX-Rundkurse in den USA, für die Abonnementgebühr für Glanzpapiermagazine, die aus dem Nichts entstanden sind, auf den Tisch legen müssen. So entsteht ganz schnell ein Industriezweig mit einem zehnstelligen Umsatzvolumen, der einige millionenschwere BMX-Magnaten hervorgebracht hat.

Wenn Ihnen die Konsumenten kein Konzept gratis geben, können Sie immer noch eins leihen oder kaufen.

Sie können sich ein Konzept mieten, indem Sie einer erfolgreichen Firma die Vertriebsrechte – oft auch die Herstellungsrechte – ihres Produkts bezahlen, oder Sie können ausländische Erzeugnisse wie schottischen Whisky importieren und vertreiben. Sie können das Konzept einfach mitkaufen, wenn Sie die Firma, der es gehört, erwerben. So verfuhr Asa Chandler, als er 1899 für eine Sache 2300 Dollar bezahlte, die später einmal Coca-Cola werden sollte und 1984 einen Umsatz von 7 Milliarden Dollar erzielte.

Hertz, Baskin-Robbins, McDonald's und Holiday Inn liefern nur einen Teil der legendären Unternehmenskonzepte, die man gegen eine Gebühr erwerben kann, darüber hinaus gibt es noch Hunderte andere, angefangen von Glückwunschkarten bis hin zu Computerläden. Die Firmen händigen Ihnen ihre Konzepte gegen einen Franchisevertrag aus, in dem sie sich verpflichten, Ihnen die Mittel wie das Produkt, das Verfahren, um das Produkt herzustellen, Schulung, nationale Werbung usw. zur Verfügung zu stellen, damit Sie aus den Konzepten erfolgreiche Geschäfte machen können. Sie hingegen zahlen der Firma eine Anfangsfranchisegebühr von 1000 bis 500 000 Dollar, abgesehen vom Kapital, um das Unternehmen in Gang zu bringen. Sie sollten außerdem etwas Geschäftserfahrung und den Willen mitbringen, bis zur Erschöpfung zu arbeiten, um

Ihr Franchiseunternehmen zu einem gewinnbringenden Geschäft zu machen.

»Wenn Sie einen Franchisevertrag eingehen, fangen Sie Ihr Unternehmen bei Null an«, meint Andrew Kostecka, Fachmann für Franchiseverträge im amerikanischen Handelsministerium in Washington, D. C. »Sie müssen also selbst Hand anlegen, um es aufzubauen. Sie müssen alles selber machen: den Boden putzen, Glühbirnen reinschrauben, die Bücher führen, Leute einstellen, sie schulen, einfach alles. Im normalen Franchiseunternehmen werden Sie im ersten Jahr keine müde Mark verdienen. Wenn Sie Glück haben, werden sich Gewinn und Verlust im Geschäftsabschluß die Waage halten. Aber wer die ersten schwierigen Hürden überwunden hat, kann es zu einem Vermögen bringen. Seit 1950«, so Kostecka, »hat das sogenannte Franchisesystem mehr Millionäre hervorgebracht als sonst etwas.«

Das Wort Franchise leitet sich vom französischen *franchir* ab, das ursprünglich *frei von Knechtschaft* bedeutet. Annähernd 2000 Firmen, viele mit bekannten Schutznamen, wie Computerland, Dunkin' Donuts, H & R Block und Roto-Rooter, vertreiben ihre Produkte, Dienstleistungen oder Verfahren durch Franchisenehmer, und laut einem Bericht des Handelsministeriums verzeichnet man einen Anstieg des Gesamtumsatzes auf mehr als 529 Milliarden Dollar im Jahre 1985 gegenüber 112,8 Milliarden Dollar im Jahre 1969. Heute beträgt der Anteil der Franchisevertretungen 33 Prozent des gesamten Einzelhandelsumsatzes, wobei das Handelsministerium für das Jahr 2000 einen Anstieg auf 50 Prozent prognostiziert.

Viele Franchisefirmen wie Duraclean International aus Deerfield, Illinois, die Franchisenehmern zeigt, wie sie ihr eigenes Unternehmen für Polstermöbel- und Teppichreinigung aufbauen können, sind dafür bekannt, in ihrer Werbung Schreckensvisionen zu vermitteln: »Bevor noch mehr Arbeitsplätze durch Firmenfusionen, Automation und Technisierung verlorengehen«, so die Warnung einer Duraclean-Annonce, »sollten Sie wenigstens untersuchen, wie so viele Leute Eigentümer gewinnbringender Unternehmen geworden sind – zuerst war es für sie eine Freizeitbeschäftigung – und damit unabhängig von der Arbeitssuche, den Chefs, Streiks, Entlassung und Automation wurden.«

Burger King ist ein gutes Beispiel dafür, wieviel die erfolgreichen Franchisegeber Ihnen für die Vergabe ihrer Konzepte berechnen und was Sie als Gegenleistung erwarten können. Nach Darstellung der Firma hat die Burger King Corporation einen festen Minimalfinanzbedarf an Franchisebewerber von 200 000 Dollar netto, von denen 130 000 Dollar liquide Mittel sein müssen. Sie berechnet 40 000 Dollar als Anfangsfranchisegebühr, eine Tantiemengebühr von 3,5 Prozent des Bruttoumsatzes und 4 Prozent für Werbung. Wenn das Grundstück und das Gebäude für das Restaurant von Burger King geleast werden, wird entweder eine Mindestmonatsmiete oder 8,5 Prozent des jährlichen Bruttoumsatzes berechnet, je nachdem, welcher Betrag höher ist. Burger King zieht noch andere Faktoren außer der Finanzkraft bei der Bewertung der Franchiseanwärter in Betracht. Diese Anforderungen betreffen die Führungsqualitäten, nämlich die Qualifikation, die Führungseigenschaften und die Bereitschaft, das Unternehmen bis zum Auslaufen des Vertrages zu leiten. Wenn ein Anwärter als Burger-King-Franchisenehmer angenommen ist – weniger als 10 Prozent der über 1000 jährlichen Bewerber werden tatsächlich akzeptiert –, muß er sich einer sechswöchigen Schulung in einem Burger-King-Restaurant, einem örtlichen Schulungszentrum und an der Burger King University in Miami unterziehen. Erst dann kann der Bewerber der Burger King Corporation mit seinen 4000 Restaurants beitreten, deren durchschnittlicher Umsatz 940 000 Dollar übersteigt.

Da das Franchisewesen lange von Scharlatanen und unverantwortlichen Leuten beherrscht wurde, ist es ratsam, jedes Franchiseangebot genauestens zu überprüfen, eine Aufgabe, die vor kurzem durch eine Verfügung des amerikanischen Ausschusses zur Verhinderung unlauteren Wettbewerbs erleichtert wurde. Darin wird von jedem Franchisegeber, der in mehreren Bundesstaaten der USA tätig ist, verlangt, potentiellen Franchisenehmern seine Finanzen offenzulegen.

Diese Offenbarungserklärung zwingt die Franchisegeber unter Strafandrohung, Auskunft über kritische Punkte im Unternehmen zu geben, für das sie Franchisenehmer suchen. Dazu gehören die Geschäftserfahrung des Franchisegebers, frühere mögliche Konkurse, Schulungsprogramme, Unterstützung bei der Auswahl des Standorts, Gebietsschutz, zusätzliche Unterlagen über jegliche Umsatzvorgaben für Bewerber sowie den Anteil derzeitiger Franchisenehmer, die dieses Ergebnis tatsächlich erzielt haben, und eine Namens- und Adressenliste aller anderen Franchisenehmer.

»Wenn Sie vorhaben, für einen Franchisevertrag 100 000 Dollar auszugeben, sollten Sie erst mal Nachforschungen anstellen, bevor Sie Ihr Geld investieren«, rät Kostecka vom Handelsministerium. »Sie tun gut daran, die Offenbarungsunterlagen des Franchisegebers durchzulesen, auch wenn sie lang und detailliert sind. Achten Sie besonders auf die Bilanz der Firma, die Erfahrung ihrer leitenden Angestellten und versuchen Sie, eine Liste von möglichst vielen anderen Franchisenehmern zu bekommen. Sie sollten dabei sowohl mit den Zufriedenen als auch mit den Unzufriedenen in Kontakt treten.«

Geldmaschinen zu verkaufen

Alle Unternehmen sind geldproduzierende Maschinen, wobei allerdings der Kauf wesentlich riskanter als der Erwerb eines Franchisevertrages ist, es sei denn, Sie haben schon Erfahrung in dieser Branche oder Sie bekommen den Eigner dazu, die Rolle eines Franchisegebers zu übernehmen und Ihnen so lange bei der Geschäftsführung die Hand zu führen, bis Sie wissen, wo es langgeht.

Die Zeitungen sind oft voll von Anzeigen, in denen Unternehmen jeder Art zum Kauf angeboten werden, zum Beispiel Bars, Schönheitssalons, Restaurants, Tankstellen, Waschsalons, Hotels, Druckereien, Holzplätze, ja sogar Golfplätze. Die Sonntagsausgabe der *New York Times* enthält Hunderte dieser Anzeigen wie: »Kleiner Schönheitssalon in der Innenstadt, erzielt Reingewinn von 45 000 Dollar/Jahr. 30 000 Dollar in bar erbeten.« Oder: »Italienisches Restaurant. Umsatz 10 000 Dollar/Woche. Preis 140 000 Dollar. 45 000 Dollar in bar erforderlich.« Im Kleinanzeigenteil der Zeitschrift *Inc.* und anderen unternehmerorientierten Magazinen liest man auch Anzeigen von Maklern, die Unternehmen verkaufen, wie zum Beispiel folgende: »Vom Eigentümer zu verkaufen. 13 000 Betriebe, über das ganze Land verstreut. Provisionsfrei. Seriöse Angebote willkommen.«

Ron Hoglund, Präsident der in St. Petersburg, Florida, ansässigen Sherwood's Commercial Brokers – größtes und ältestes Handelsmaklerunternehmen in Florida –, meint: »Wir bieten Unternehmen zum Verkauf ab 5000 Dollar aufwärts an, und je mehr Bargeld Sie auf den Tisch legen können, um so niedriger wird der Verkaufspreis sein. Normalerweise ist der Verkäufer gewillt, noch einen Monat im Unternehmen zu bleiben, um Sie in den Geschäftsbetrieb ohne zusätzliche Kosten einzuführen, aber danach wird er bezahlt oder sonst auf irgendeine Art abgefunden werden wollen.

Das erste, worauf ich beim Kauf eines kleinen Unternehmens Wert legen würde«, so Hoglund weiter, »ist, daß Sie bereit sind zu arbeiten. Wenn Sie vorhaben, ziemlich gleichgültig an die Sache ranzugehen oder nur 40 Stunden in der Woche arbeiten wollen, dann tun Sie sich selbst den Gefallen und verzichten auf den Kauf des Unternehmens. Sie sollten außerdem noch etwas Geld übrigbehalten über das hinaus, was Sie anlegen – mit anderen Worten eine Art Rücklage für schlechte Tage, Erweiterungsvorhaben oder was auch immer. Sie sollten sich um eine gute Bankverbindung bemühen. Die meisten Geldinstitute stehen Unternehmergründungen neutral gegenüber, aber es gibt auch einige, die eine aggressive Geschäftspolitik betreiben und an Geschäftsleuten sehr interessiert sind. Als letztes sollten Sie, sobald Sie tätig werden, einen Verwandten, einen guten Freund oder sonst jemand in Ihrer Firma, dem Sie vertrauen können, mit der Aufgabe betrauen, Sie im Falle einer Krankheit, eines Unfalls oder sonstigem zu vertreten.«

Es ist übrigens wichtig, zu erwähnen, daß die größten Firmen der USA die verschiedensten Unternehmen in der Hoffnung aufkaufen, für die Zukunft gewappnet zu sein. Zwei Beispiele dafür: General Motors und R. J. Reynolds.

General Motors erwirbt Anteile von Firmen oder kauft ganze Unternehmen im Bereich der Zukunftstechnologie wie der Robotertechnologie, der künstlichen Intelligenz und der Datenverarbeitung, abgesehen von einer sehr kleinen Investition – für GM zumindest – in einen winzigen Betrieb für Qualitätskontrollen, den Philip Crosby Associates, den ein Mann leitet, der im Laufe des Buches noch zu Wort kommen wird.

R. J. Reynolds hat andererseits Kentucky Fried Chicken, das Gegenstück zur Spitzentechnologie, aufgekauft, wodurch Reynolds nicht nur von einem, sondern gleich von drei Trends profitiert. Wenn sich Ihnen die Möglichkeit bietet, auf einer profitablen Welle mitzuschwimmen, dann tun Sie es.

Die Trends, in die sich Reynolds einkaufte, sind: 1. die rapide ansteigende Zahl von Frauen, die Haus (und Küche) verlassen, um einer bezahlten Tätigkeit nachzugehen, 2. die somit zunehmende Zahl von Familien, die außer Haus essen, und 3. die zunehmende Präferenz von Hühnchen gegenüber anderem Fleisch.

Durch den Aufkauf von Kentucky Fried Chicken mit seinen 6000 Restaurants dominiert Reynolds unbestritten auf dem Schnellimbißmarkt für Hühnchen mit seinem Umsatz von 4,4 Milliarden Dollar, der seit dem letzten Jahr um mehr als 20 Prozent gestiegen ist. Die Wachstumschancen sind auch wesentlich besser als auf dem Hamburgermarkt mit einem Umsatz von 19 Milliarden Dollar, der bereits zu 70 Prozent gesättigt ist und auf dem eine scharfe Konkurrenz herrscht.

Das mag auch als Erklärung dafür dienen, daß Reynolds das Geheimrezept für Colonel Sanders' *finger-lickin' good,* gebratene Hühnchenteile, die zum erstenmal 1939 an seiner Tankstelle in Corbin, Kentucky, verkauft wurden, in seinem mit elf Schlössern versehenen, brand- und bombensicheren Tresor in der Firmenzentrale in Louisville unter Verschluß hält.

Wenn Sie ein gutes Konzept haben, dann verlieren Sie nie seine Prinzipien aus dem Auge. Wenn Sie eines haben, das von einem Zukunftstrend profitieren kann, dann hüten Sie es wie Ihren Familienschmuck.

3 Die Zukunftschancen unter die Lupe nehmen

»Wir leben in einer turbulenten Zeit. Es finden massive soziale und wirtschaftliche Veränderungen statt, und diejenigen, die das Risiko scheuen, beschwören das Unheil herauf.«

THOMAS M. LOARIE,
Präsident der Novacor Medical Corporation

Die Menschen sind immer neugierig auf die Zukunft gewesen. Wir haben Knochen geworfen, Eingeweide von Tieren untersucht, Karten gelegt, in Kristallkugeln geblickt und für die göttliche Offenbarung gebetet und das alles in dem Bestreben, uns auf die Dinge, die uns bevorstehen, vorzubereiten.

Wir hätten uns niemals um die Zukunft Sorgen gemacht, wenn wir uns auf das Morgen auf der Grundlage des Gestern vorbereiten könnten. Doch wir können es nicht, da wir im Gegensatz zu unseren Großeltern in einer Welt leben, die wir selbst so gemacht haben und die wir auf aggressive Weise immer wieder erneuern. So ist die amerikanische Wirtschaft übersät mit den Ruinen gescheiterter Unternehmen, deren Eignern es an Weitblick für die sich ständig ändernde Zukunft fehlte. Die Skala der Opfer reicht von bankrotten Grundstückserschließungsgesellschaften, denen durch ungestüme Zinserhöhungen ein schwerer Schlag versetzt wurde, bis zu arbeitslosen Tankstellenbesitzern, denen die Preiserhöhungen der OPEC, der rapide sinkende Benzinverbrauch und das niedrige Preisniveau der Selbstbedienungstankstellen das Genick gebrochen hat.

Ein Unternehmen während der konjunkturschwachen Jahre des 20. Jahrhunderts zu führen bedeutet von Veränderungen, von unvorhersehbaren als auch ungewöhnlichen Ereignissen überwältigt zu werden, die vom Auftreten politisch einflußreicher Umweltschützer bis zum sprunghaften Anstieg der Energiepreise, dem

Beginn des Informationszeitalters und der grundlegenden Verschiebung von einer Manager- zu einer Unternehmerwirtschaft reichen.

Das Ende dieses Jahrhunderts wird zweifelsfrei Zeuge noch anderer Brüche mit der Vergangenheit sein: möglicherweise die Verkündung einer Technologie der Antischwerkraft, ernste klimatische Veränderungen, die Amerikas landwirtschaftlichem Zentrum einer Gefahr aussetzen, der Atomterrorismus oder sogar der plötzliche, unwiderstehliche Aufschrei nach Abrüstung und Frieden.

Sie sollten daher, um das Risiko zu verringern, daß durch Veränderungen Schwachstellen zutage treten, Ihre Antenne ausfahren und die Kräfte, die Amerikas Zukunft ändern, genau untersuchen, bevor Sie sich selbständig machen. Sie sollten außerdem die Zukunft dauernd nach Hinweisen auf neue Trends beobachten, sobald Sie Ihr Unternehmen führen.

»In der gegenwärtigen Situation der schnellen technologischen und sozialen Veränderungen«, meint Richard S. Hickock, Vorsitzender des Warenterminausschusses des amerikanischen Institutes für Wirtschaftsprüfer, »ist der Versuch, auf Entwicklungen nur für diesen einen Fall zu reagieren, nicht länger praktikabel. Was man jetzt braucht, ist ein praktisches und gutorganisiertes System, um den Bedrohungen und günstigen Gelegenheiten zuvorzukommen und zu entscheiden, wie man mit ihnen verfährt.«*

Das Fehlen eines solchen Systems überrumpelte Levi Strauss, als er die Bedrohung übersah, die im Altern der »Babyboom«-Generation verborgen lag, deren Körperfülle mit zunehmendem Alter ihre Vernarrtheit in Bluejeans abkühlte. Die Tatsache, daß immer mehr Frauen einer bezahlten Beschäftigung nachgehen, hat andererseits beispiellose neue Möglichkeiten für Unternehmer wie Lillian Vernon Katz geschaffen, die erkannte, daß diese Frauen jetzt ihre Einkäufe eher von zu Hause aus erledigen müssen. Das Direktvertriebssystem, das die damals 23jährige Frau Katz 1951 aufzog, als sie für 495 Dollar eine Anzeige in die Zeitschrift *Seventeen* setzte, in der sie einen Gürtel mit Monogramm und ein Taschentuch anbot, ist zu einem

* Richard S. Hickok, *Looking to the Future: A Key to Success, Journal of Accountancy*, März 1984, S. 77.

Versandhaus mit einem jährlichen Bruttoertrag von 100 Millionen Dollar geworden.

Der Blick in die Zukunft

Zu den besten Möglichkeiten, die Zukunft nach neuen Trends zu untersuchen, die Ihrem Unternehmen nützen oder schaden könnten, zählen folgende:

Erweitern Sie Ihre Lektüre. John Naisbitt entdeckte durch das Durchlesen von zwei Millionen Zeitungsartikeln über zwölf Jahre hinweg die *Ten New Directions Transforming Our Lives,** beschrieben in der Zeitschrift *Megatrends.* Wenn Sie gelegentlich Fachaufsätze und Zeitschriften lesen, können Sie genauso auf Trends aufmerksam werden, schon Monate, bevor sie tatsächlich in den großen Medien auftauchen. So wurden zum Beispiel nur gelegentliche Leser der Zeitschrift *Prevention* auf die Vitamin- und Ernährungsmanie aufmerksam.

Sprechen Sie mit Fremden. Es gibt Leute, die die Dinge mit ganz anderen Augen betrachten als Sie selbst. Ein einstündiges Schwätzchen mit einer Frau von der Fürsorge, einem Computerhacker, einem Behinderten oder jemandem, der wesentlich älter oder jünger als Sie ist, kann Ihre ganze Weltanschauung ändern. Die Hersteller von Geldspielautomaten bezahlten 1972 einen hohen Preis für ihre Engstirnigkeit, als sie das Angebot des Entwicklers der Videospiele, Nolan Bushnell, ablehnten, ihr Geld in das lukrativste neue Produkt der Unterhaltungsindustrie, das diese Branche jemals gesehen hatte, zu stecken. Was war der Grund dafür? Die Fabrikanten der Geldspielautomaten lebten in der dahinschwindenden elektromechanischen Ära und hatten es noch nie mit solchen Leuten wie Bushnell zu tun gehabt, der den Vorstoß des Elektronikzeitalters vorantrieb.**

Überdenken Sie die zweite, dritte und x-te Konsequenz aus den

* Zehn neue Richtungen, die unser Leben verändern (A. d. Ü.).

** Scott Cohan, *ZAP The Rise and Fall of ATARI*, New York, McGraw-Hill 1984, S. 31.

Ereignissen. Garrett Hardin, Professor a.D. der Sozialökonomie an der University of California in Santa Barbara, ruft es uns ins Gedächtnis zurück: »Grundsätzlich hat unser Handeln noch weitere Konsequenzen.« Henry Ford hätte niemals daran gedacht, daß seine Tin-Lizzie Amerika in ein Land der Autokultur verwandeln würde, in der die Leute essen, einkaufen, ihre Bankgeschäfte erledigen, am Gottesdienst teilnehmen und ihre geliebten Verstorbenen besuchen können, ohne jemals aus ihrem Auto aussteigen zu müssen.

Es gibt wahrscheinlich keinen besseren Weg, um Datenmaterial zusammenzustellen, das Sie zur Untersuchung der Zukunft brauchen, als sich selbst auf die drei fundamentalsten Trends, die Amerika momentan umgestalten, zu stützen und die Unternehmer keinesfalls außer acht lassen sollten:

- die schwache amerikanische Wirtschaft,
- die veränderte Altersstruktur,
- die Technologieflut, die uns alle vom Industriezeitalter ins Informationszeitalter schwemmt.

Bei einem Vortrag vor dem Executives' Club of Chicago zeichnete John B. Fery, Vorstandsvorsitzender der 3,8 Milliarden Dollar schweren Boise Cascade Corporation, ein düsteres Bild der Konjunkturaussichten der USA für die kommenden Jahre: »Unser Zeitalter ist das der Unsicherheit«, so Fery. »Wir wissen, daß die Wirtschaft sich entwickelt, aber wir wissen nicht, in welche Richtung. Wir könnten am Anfang einer langen Periode des Inflationsabbaus mit geringem Wachstum und einem enormen Zinsdruck stehen«, meint Fery weiter. »Das scheint vielen wahrscheinlich zu sein. Der enorme Zinsdruck könnte auch zu einem weiteren starken Inflationsschub führen . . . oder zu einer Rezession . . . oder beidem. Das sind furchterregende Möglichkeiten. Wir könnten uns aber auch inmitten einer sehr langen ökonomischen Übergangszeit befinden, die wir nicht genau definieren können. Das könnte das erschreckendste Szenario überhaupt sein.«

Während der Ernst der Konjunkturaussichten der USA nur auf Vermutungen beruht, ist die veränderte Altersstruktur in Amerika durch Bevölkerungsstatistiken eindeutig belegt.

Amerikaner, die 1982 geboren wurden, können mit einer Höchstlebenserwartung von 74,6 Jahren rechnen, so die neueste und detaillierte Studie des National Center for Health Statistics. Aus den vom Census Bureau veröffentlichten Prognosen geht hervor, daß es 2050 mehr Amerikaner geben wird, die 65 Jahre oder älter sind, als die, die 18 oder jünger sind, und daß bis zum Jahr 2080 die alten Leute fast ein Viertel der amerikanischen Bevölkerung ausmachen werden. »Das Leben eines Amerikaners endete einst mit 50 Jahren. Bald beginnt die Lebensmitte mit 50 Jahren«, behaupten die in Los Angeles ansässigen National Medical Enterprises, ein Gigant im Gesundheitswesen mit einem nach oben tendierenden Volumen von 2 Milliarden Dollar, der darauf spezialisiert ist, die Lebenserwartung zu verlängern.

Der Markt für Senioren ist schon zu einer Vision für die Unternehmer geworden, so die Ansicht von Fabian Linden, dem Direktor des Consumer Research Center am Conference Board in New York, einem führenden, von Unternehmern geförderten Forschungsinstitut.

»Wenn Sie sich mit der älteren Bevölkerung beschäftigen«, so Linden, »dann müssen Sie auf drei Sachen achten. Erstens haben sie ein höheres Durchschnittseinkommen als die jüngeren, zweitens haben sie ein wesentlich höheres Pro-Kopf-Einkommen, da die Familie kleiner wird, während junge Familien sich vergrößern, und drittens gibt es mehr alte Leute als junge. Hinzu kommt natürlich noch, daß Sie sich nicht mit 30 Jahren Gedanken machen, ob Sie Ihre Kinder auf die Universität schicken, ob Sie Haushaltsgeräte, Kleider und ähnliches kaufen. Wenn Sie aber ein bestimmtes Alter erreicht haben, sind diese Dinge schon alle vorhanden wie all die Gebrauchsgüter, und die Hypothek auf Ihr Haus ist wahrscheinlich auch schon abbezahlt – ältere Leute haben einfach mehr Geld zur Verfügung.«

Linden belegt diese Aussagen mit Zahlen aus einer gemeinsamen Studie des Conference Board und des Census Bureau mit dem Titel: *A Marketer's Guide to Discretionary Income.* »Haushalte, die von 30- bis 34jährigen geführt werden«, so Linden, »haben ein Einkommen von 16959 Dollar nach Steuern im Vergleich zu den 50- bis 55jährigen mit einem Einkommen von 20423 Dollar und den 55- bis 60jährigen mit einem Einkommen von 19123 Dollar. Und was das erstaunlichste dabei ist«, ergänzt Linden, »daß die Leute über 65 ein höheres Pro-Kopf-Einkommen nach Steuern haben als sonst alle anderen Altersgruppen unter 50 Jahren.«

Der faszinierendste Aspekt der Überalterung der Bevölkerung ist die Tatsache, das die Babyboomgeneration, um die soviel geworben wurde, langsam auf die Fünfzig zugeht. Immer mehr Amerikaner, die zwischen 1946 und 1964 geboren wurden – ein Drittel der momentanen Bevölkerung –, haben bald die Dreißig erreicht und bilden damit ein riesiges Heer von gebildeten und wohlhabenden Verbrauchern. Da diese Legion der Babyboomgeneration die Nachkriegsjahre miterlebt hat, hat sie einen riesigen, sich verschiebenden und unersättlichen Bedarf an vielen Konsumgütern. Diejenigen, die den Babyboom voraussahen, konnten davon profitieren.

Die Zeitschrift *People Weekly*, die der Babyboomgeneration den enormen Erfolg zuschreibt, startete 1984 eine Werbekampagne unter der pointierten Überschrift: *People: We're Booming.** Die Überschrift von *Peoples* erster Anzeige in der New York Times lautete: *Johnny's Grown Up. He's looking for a new set of wheels.*** Irgendwann wird Johnny zu den 36 Millionen Amerikanern gehören, die eine Brille tragen, und er trägt dazu bei, daß die Zahl im Jahre 2000 auf 59 Millionen angestiegen sein wird. Und kurz danach wird Johnny Abnehmer für ein Hörgerät sein.

Jeff Dahlberg, Generaldirektor einer in Golden Valley, Minnesota, ansässigen Firma für Hörgeräte, die auch Franchiseverträge an ambulante Miracle Ear Centers vergibt, wo die Geräte verkauft werden, schätzt, daß 17 Millionen Amerikaner diese winzigen, batteriebetriebenen Geräte brauchen. Sie können zu einem Preis von ungefähr 1000 Dollar nach Maß angefertigt und unauffällig ins Ohr eingepaßt werden.

* »*Wir boomen*« (A. d. Ü.).

** »Johnny ist jetzt erwachsen. Er braucht einen neuen Satz Reifen« (A. d. Ü.).

Da die Babyboomgeneration von heute auf das Pensionsalter zusteuert – sie werden es im Jahre 2030 alle erreicht haben, wenn der letzte 65 Jahre alt geworden ist –, werden einige Firmen gezwungen sein, ihre Strategien zu ändern, und andere, die besser vorgesorgt haben, werden sich um nichts kümmern müssen und können es sich einfach gutgehen lassen.

Patricia Moore, eine Unternehmerin, die alles an Informationen eingeholt hat, was ihr zugänglich war, um den Markt für die ältere Generation zu untersuchen, führt ihr eigenes Forschungs- und Konstruktionsbüro in New York. Im Alter von 26 Jahren verwandelte sie sich in eine 85jährige Frau, indem sie eine Salzlösung verwendete, um ihr Sehvermögen zu trüben, Wachs, um ihr Gehör zu vermindern, elastische Bandagen, um ihre Gelenke zu versteifen; ein Maskenbildner war für die Falten und weißen Haare zuständig.

In den folgenden Jahren kaufte Frau Moore, als alte Frau verkleidet, ein, suchte Behörden auf, die sich um die Belange der älteren Generation kümmern, und sprach mit Rentnern in insgesamt 116 Städten der USA. In New York zogen Jungs ihr Fratzen, in Columbus, Ohio, gingen ihr Yuppies während eines Gerontologiekongresses aus dem Weg, und in Clearwater, Florida, bewarfen sie Kinder mit Kieselsteinen.

Frau Moore nutzte die Erfahrungen dieser Reisen, um ihren Kunden wie American Express oder IBM Ratschläge zu geben, wie sie ältere Kunden anlocken könnten. Zu ihren Vorschlägen gehört: Verwenden Sie ein leicht zu lesendes Schriftbild für Ihre Warenaufkleber und Prospekte, verwenden Sie lieber Velcro-Verschlüsse an Kleidungsstücken als schwer zu handhabende Knöpfe und Haken, sorgen Sie dafür, daß Verpackungen leicht zu öffnen sind. Kindersichere Verpackungen können auch dazu führen, daß ältere sie nicht aufmachen können, versehen Sie Tassen mit zwei Henkeln für Menschen, die an der Parkinsonschen Krankheit leiden, und sehen Sie zu, daß älteren Leuten immer genügend Sitzplätze zur Verfügung stehen, wenn sie auf etwas warten müssen wie ein Rezept, das erst ausgefüllt werden muß. »Wenn Ihr Unternehmen sich um die Belange der älteren Generation kümmert«, meint Frau Moore, »dann werden Sie diese Leute für Ihre Produkte gewinnen können.«

Die gewinnbringenden Möglichkeiten, die mit der veränderten Altersstruktur in den USA verbunden sind, kann man leicht vorhersehen. Seit jeher ist es mit Gefahren verbunden, die Zukunft der Wissenschaft und der Technologie vorauszusagen, doch gerade jetzt ist es besonders schwierig, da wir uns auf die vierte industrielle Revolution zubewegen, wie es Dr. George Kozmetsky nennt, einer der Gründer der in Los Angeles ansässigen Teledyne, Inc., mit einem Volumen von 3,5 Milliarden Dollar und Direktor des Institute for Constructive Capitalism an der University of Texas in Austin.

Dr. Kozmetsky ist der Ansicht, daß die USA und die anderen Industrienationen ihren gegenwärtigen Stand an wirtschaftlichem Wohlstand erreicht haben, da sie sich durch drei immer verfeinerte Technologieniveaus nach oben bewegt haben. Diese basieren erstens auf der Herstellung von Textilien in Fabriken, der Gewinnung von Eisen aus Kohle und der Erzeugung von Energie durch Watts Dampfmaschine, zweitens auf Eisenbahnen und der Stahlherstellung und drittens auf der Elektrizität, der Massenherstellung von Chemikalien und dem Verbrennungsmotor.

Laut Kozmetsky steuern wir jetzt auf die vierte industrielle Revolution zu, die auf Mikroelektronik, Biotechnologie, Laserstrahlen, künstlicher Intelligenz und Robotern, synthetischen Materialien, Abfall- und Kommunikationstechnologie basiert.

»Diese und andere Innovationen in den nächsten Jahrzehnten«, so Dr. Kozmetsky weiter, »führen zu neuen Märkten für neue Materialien, Sonderkonstruktionen, Photosynthese, Tieftemperaturtechnologie, Geräte für Industrie und Forschung, Roboter und automatisierter Massenproduktion und Verfahrenstechnik. Diese Technologien der vierten industriellen Revolution sollten zu langfristigen Investitionen in neue Fabrikanlagen und Geräte, zu einer erhöhten Produktivität und zu einer stärkeren Position des amerikanischen Außenhandels führen.«

Es gibt viele offensichtliche Möglichkeiten, mit denen selbst der kleinste Unternehmer aus der Spitzentechnologierevolution seinen finanziellen Nutzen ziehen kann, da diese Revolution in weitem

Umfang aus den Forschungs- und Entwicklungslaboratorien der ganzen Welt hervorbricht.

Der Gebrauch von Geräten des Spitzentechnologiebereichs, um die Leistungsfähigkeit und den Profit zu steigern. Dem Taschenrechner, Bürokopierer, Anrufbeantworter und anderen Geräten, die wir heute für selbstverständlich erachten, folgen ständig neue elektronische Gehilfen, von denen der Computer der weitaus wichtigste ist. Das Wine and Cheese Center in San Francisco mit einem jährlichen Umsatz von mehr als 1 Million Dollar, das ungefähr 200 verschiedene Sorten Käse, 400 verschiedene Weine und Dutzende von Crackers und Snacks verkauft, könnte ohne seinen Computer nicht existieren, so der Manager Roger Moore. Durch den Computer kann die Firma Wine and Cheese:

- verfolgen, welche Waren sich gut verkaufen und welche in den Regalen schon Staub ansetzen;
- sofort die Preise der gelagerten Artikel auf den neuesten Stand bringen (die 15 Ganztags- und 5 Halbtagskräfte bei Wine and Cheese konnten das vor der Aufstellung des Computers nicht bewältigen, was den Manager veranlaßte zu glauben, die niedrige Gewinnspanne sei auf Diebstähle zurückzuführen anstatt auf überholte Preisauszeichnungen);
- die Kundenkonten automatisieren, wobei auch die Probleme der Rechnungsstellung reduziert werden;
- die Kreditoren-, Hauptbuch- und Kundenadreßliste automatisieren, die jetzt nach Namen, Postleitzahl usw. geordnet werden kann;
- seinen Kunden bei der Auswahl des richtigen Weins für ihr Essen behilflich sein, da der Computerterminal, den sie selbst bedienen können, direkt neben den Weinregalen steht.

Den Bedarf der Firmen im Spitzentechnologiebereich decken. Amerikas Spitzentechnologie-Superstars wie die Genspaltungsfirma Genentech oder der Roboterhersteller Unimation benötigen hochspezialisierte Hilfsmittel von Glasfaserdatenleitungen bis zu Mikrochips mit 256 K, die ihnen nur wenige Firmen liefern können. Sie haben aber auch Bedarf an gewöhnlichen Dingen wie Büromaterial, Reinigungsdiensten und Versicherungen, wofür traditionell die kleinen örtlichen Lieferanten zuständig sind.

Eine der quirligsten Unternehmerinnen, die ich kenne, ist Kay Taylor, die das Little Dipper Fondue and Specialty Restaurant in Melbourne, Florida, leitete, als eine Gruppe Bauarbeiter, die auf dem Bau eines Einkaufszentrums gegenüber tätig waren, sie bat, ihnen einen Imbiß zu bringen. Heute gehören Kay vier Lastwagen, die nahe dem Kennedy Space Center gelegene Industrieanlagen im Spitzentechnologiebereich mit Essen beliefern und außerdem das Warehouse Deli versorgen, das seinerseits Mahlzeiten für eine Anzahl von Firmen ausliefert. Ihr Unternehmen sorgt außerdem für die Bordverpflegung in Flugzeugen. Alles zusammen warf 1984 einen Bruttoertrag von 500 000 Dollar ab.

Die größte Herausforderung für kleine Firmen besteht jedoch darin, den Bedarf der Spitzentechnologiefirmen an Speziellerem und somit Profitablerem zu decken wie der Sicherung geschützter Information, die schnell zu einer Frage von Leben und Tod für viele Unternehmen im Spitzentechnologiebereich werden kann.

Sich eine Nische in einem Spitzentechnologieunternehmen sichern. Die Fortschrittstechnologie hat zu mehr Gründungen kleiner Firmen in den USA geführt als sonst irgendein Bereich, wobei man überall Kopierzentren, Computerläden und Videospielhallen findet, die somit in die Fußstapfen anderer Unternehmen treten, die das Automobil, landwirtschaftliche Maschinen, Nähmaschinen und ähnliche Erfindungen hinterließen. Es gibt unzählige Möglichkeiten für Unternehmer, in das Zeitalter der Spitzentechnologie vorzudringen:

- Wenn Sie ein Dienstleistungsgewerbe wie einen Süßwarenladen oder einen Friseursalon betreiben, sollten Sie ein Gerät der Spitzentechnologie aufstellen, um Ihren Gewinn zu erhöhen. Nicht wenige Süßwarenläden ernten eine ganze Menge Groschen mit Videospielen, und ein Friseur in Chicago sah seinen Umsatz in die Höhe schnellen, als er den Eltern das Videoband schenkte, auf dem der erste Haarschnitt des »Juniors« aufgezeichnet war.
- Wenn Sie auf Fortschrittstechnologie stoßen, sollten Sie sich überlegen, ein Geschäft darauf aufzubauen. Ein Freund von mir erwarb einen billigen Radio-Shack-Computer, der ihm in seinem Bauunternehmen hilfreich sein sollte. Jetzt ist er ganztags damit beschäftigt – wobei er wesentlich mehr Geld verdient –, andere

Bauunternehmer darin zu unterweisen, wie sie ihr Unternehmen mittels eines Computers führen können.

- Wenn Sie jemanden kennen, von dem Sie viel halten und der vorhat, eine Spitzentechnologiefirma zu gründen, sollten Sie ein bißchen Ihrer Freizeit, Ihres Know-how, Ihrer Dienste oder Ihres Geldes in das Unternehmen investieren. Ein Bekannter, Leiter einer kleinen Baumschule, ist als Vertriebsberater für einen Freund tätig, der eine kleine Fabrik für sonnenenergiebetriebene Wasserdestillierapparate gegründet hat.
- Wenn Sie Glück haben, können Sie einen enormen technologischen Fortschritt realisieren, ohne daß Sie einen Finger rühren. Das Aufkommen des Nonstop-Musikfernsehens, in dem Rockstars nach der neuesten Mode gekleidet auftreten, verhalf der immer im Trend liegenden Bekleidungsfirmenkette Merry-Go-Round mit Hauptfirmensitz in Towson, Maryland, zu einer steilen Umsatzsteigerung.

Nichttechnische Dinge als Gegengewicht zur Spitzentechnologie. In der Zeitschrift *Megatrends* vertritt John Naisbitt eine Devise, die er Spitzentechnologie/»Spitzengefühl« nennt, um ein Ergebnis des unnachgiebigen Vorstoßes in das Informationszeitalter zu beschreiben. »Bei der Einführung einer neuen Technologie in die Gesellschaft«, so Naisbitt, »muß es immer eine menschliche Antwort als Gegengewicht geben – und das ist das »Spitzengefühl« –, andernfalls wird die Technologie abgelehnt. Wir müssen lernen, die materiellen Wunder der Technologie mit den spirituellen Ansprüchen der menschlichen Natur auszugleichen.«

Da wir dem Zwang unterliegen, immer mehr Daten zu verarbeiten, um im spitzentechnologischen Informationszeitalter überleben zu können, greifen wir verständlicherweise nach den Gütern und Dienstleistungen, die uns daran erinnern, was es bedeutet, lieber ein sinnlicher Mensch aus Fleisch und Blut zu sein als eine bloße Synapse in einer zunehmend mehr verkabelten Gesellschaft. Damit wird den unternehmerischen Energien eine Reihe neuer Möglichkeiten eröffnet, deren zukünftigen Weg niemand vorhersagen kann, obwohl es einige Hinweise gibt.

- Linda Mendelson, eine Strickerin aus Yonkers, New York, stellt bunte Pullover und andere Kleidungsstücke als tragbare Kunst her, wobei sie häufig Verse von Emily Dickinson, Walt Whitman und anderen Poeten mit einarbeitet. Diese Kleidungsstücke kann man dann als Dekoration an der Wand aufhängen, wenn sie nicht getragen werden.

- Entbindungszentren, in denen die Frauen ihre Kinder mit Hilfe von Hebammen in einer heimischen Umgebung gebären können anstatt in hochtechnisierten und teuren Kreißsälen, schießen wie Pilze aus der Erde.
- Jim Sanford hat sich ein kleines Unternehmen aufgebaut, indem er altmodische Picknicks im New-England-Stil auf den Balkonen und Penthausdächern seiner Kunden arrangiert. Sanford sagt, er fühle sich wohl, weil er genauso leben könne, wie er es sich vorstellt. Außerdem verdient er ebensoviel Geld während der von Juni bis Oktober dauernden Picknicksaison wie bei seiner ganzjährigen Tätigkeit als Koch, was ihm die Möglichkeit gibt, den Winter in Ägypten, Indonesien, Thailand oder anderen fernen Ländern zu verbringen.

Für den Rest dieses Jahrhunderts und auch noch im nächsten werden sich die wirtschaftlichen Aktivitäten, die ihren Ursprung in der Technologie des Informationszeitalters haben, im Aufwärtstrend befinden zusammen mit anderen Branchen, die nicht so maschinenorientiert sind und die dazu bestimmt sind, den Hunger nach menschlicher Geborgenheit zu stillen.

Praktisch verwertbare Kenntnisse über ökonomische, demographische und technologische Veränderungen, die Amerika ein anderes Gesicht verleihen, sind nötig, wenn Sie Erfolg in Ihrem eigenen Unternehmen haben wollen.

4 Die Realisierung des Unternehmenskonzeptes

»Viele Erstunternehmer wissen nicht, was sie brauchen oder wie sie es bekommen können.«

DONALD DE RENNE,
Teilhaber des Emprise Management

Wenn Sie Ihr Unternehmenskonzept fest im Kopf haben und überzeugt sind, daß absehbare Veränderungen jeglicher Art sich eher fördernd als hemmend auswirken werden, dann können Sie anfangen, Ihren Unternehmensplan auszuarbeiten.

Das wichtigste bei der Verwirklichung Ihrer neuen Unternehmensidee in eine einträgliche Firma ist die Ausarbeitung einer Schritt-für-Schritt-Strategie, die genau beschreibt, wie Sie vorgehen wollen.

Das bedeutet, über das Produkt, das Sie verkaufen werden, genau nachzudenken ebenso wie über die Mittel, die Sie zur Herstellung und Vermarktung benötigen, wie Sie gedenken, sich diese Mittel zu beschaffen, über die Einnahmen und darüber, wieviel Gewinn Ihnen übrigbleibt, wenn alle Rechnungen bezahlt sind.

Im nächsten Schritt müssen Sie all diese Informationen auf ein Zahlenmaterial reduzieren, in dem die Kosten genau aufgeführt sind, die mit der Vermarktung Ihres Produkts verbunden sind, ebenso wie der Umsatz und der Gewinn, den es Ihrer Meinung nach erzielen wird. Als letztes müssen Sie diese Daten in eine Proforma- oder angenommene Gewinn-und-Verlust-Aufstellung einbringen, die die jährlichen Ausgaben und Einnahmen des Unternehmens drei bis fünf Jahre lang ausweist, außerdem eine Bilanz, die eine Prognose geben soll, wie sich die Aktivseite zur Passivseite am Ende jeden Jahres verhalten wird.

Ein gutdurchdachter Unternehmensplan kann unendlich viel mehr wert sein, als er in Gold aufwiegt, daher wird es sich für Sie auszahlen, ihn mit äußerster Präzision zusammenzustellen.

Wenn Sie das tun, vergessen Sie dabei nicht, über Ihre persönlichen Lebensziele nachzudenken – etwas, das ein Artikel in der Zeitschrift *Working Woman* richtigerweise »The Other Bottom Line« nannte.*

Working Woman zitiert Marjorie Walker, Leiterin des Center for Business Planning in Weston, Massachusetts, die der Ansicht ist, daß Sie sich, wenn Sie ein eigenes Unternehmen aufziehen wollen, darüber im klaren sein müssen, »wer Sie sind und was Sie vom Leben wollen«. Zu den Fragen, die Sie sich selbst stellen sollten, gehören folgende:

Was bedeutet das Unternehmen für Sie? Ist es nur die Erweiterung Ihres Hobbys, von dem Sie hoffen, daß es Ihnen ein bißchen Taschengeld einbringt, oder sind Sie gewillt, beträchtliche finanzielle und zeitliche Eingeständnisse zu machen bis zur äußersten Beeinträchtigung Ihres Lebensstils?

Wie hart wollen Sie arbeiten? Glauben Sie, ein eigenes Unternehmen wird Ihnen mehr Zeit für Freizeit oder die Familie geben, oder ist Ihnen klar, daß fast alle Unternehmen, die letztendlich lukrativ werden sollen, große Energieanstrengungen erfordern, gerade dann, wenn sich das Unternehmen im Aufbau befindet?«

Wird Ihnen Ihre Familie den Rücken stärken? Es gibt nichts Entmutigenderes als den Versuch, ein Unternehmen zu führen, während Ihre Gattin im Hintergrund steht und Ihre Anstrengungen herabwürdigt.

Wo wollen Sie in drei bis fünf Jahren sein? Möchten Sie ein nettes kleines Unternehmen aufbauen, das Ihnen ein komfortables Leben beschert, oder ein schnell wachsendes mit Angestellten und unternehmerischen Anforderungen? Oder vielleicht irgendwas dazwischen?

* »Die andere Grundvoraussetzung« (A. d. Ü.).

Meine ersten Erfahrungen, einen Unternehmensplan aufzustellen, sammelte ich Ende 1960, als ein äußerst wendiger Unternehmer, der 27jährige Howard Meyers, mich bat, ihm bei der Beschaffung von 750 000 Dollar als Eigenkapital und 1 356 000 Dollar in Form von langfristigen Krediten behilflich zu sein. Er benötigte dieses Geld, um die Revere Smelting & Refining Corporation in Newark, New Jersey, ein Unternehmen des Metallrecycling, aufzukaufen und zu sanieren. Meyers war seit seinem 20. Lebensjahr in diesem Unternehmen beschäftigt, kannte die Firma Revere und seine ergrauten Besitzer sehr gut, und in den sechs Monaten, in denen er das Management für sie übernommen hatte, erhöhte er den Reingewinn der Firma von 16 671 auf 41 076 Dollar.

Die Finanzwelt hatte zwar noch nie von einem Howard Meyers gehört, doch war sein Unternehmensplan, der die lediglich profitable Firma in ein wirklich gewinnbringendes Unternehmen umwandeln sollte, so überzeugend, daß er auf wenige Schwierigkeiten stieß, das nötige Kapital zu beschaffen, um die Firma aufzukaufen, die alte Anlage, die jährlich 9000 t aufbereitete, gegen eine technologisch ausgereiftere mit einer Jahresproduktion von 24 000 t zu ersetzen und die Gewinnzunahme, die in seiner Fünfjahresbilanz geplant war, zu erreichen.

Das Geschäft mit den verbrauchten Batterien

Meyers' Unternehmensplan erklärte am Anfang den ungewöhnlichen Tätigkeitsbereich der Firma, der darin bestand, alte Autobatterien, Elektrokabel und anderen Schrott von Händlern in New Jersey, New York und Süd-New-England aufzukaufen, sie in ihre Einzelteile zu zerlegen, um dann Metall wiederzugewinnen. Man bezahlte den Händlern den Bleianteil in ihrem Schrott multipliziert mit dem gegenwärtigen Marktpreis minus der Kosten, die Revere bei der Umwandlung in Bleiblöcke entstanden. Der Verdienst für Revere setzte sich zusammen aus diesen Gebühren und dem Preis für die Legierung des Bleis mit Antimon, Blech und anderen nichteisenhaltigen Metallen, das die Kunden wiederum verwendeten, um Autobatterien, Munition, Röhren und andere Produkte herzustellen. Diese wertvollen Legiermetalle findet man als sogenannte unreine Stoffe im Schrott, den Revere kauft, und da in der Industrie den Händlern üblicherweise nur der Bleigehalt ihres Schrotts bezahlt wird, bekam Revere diese kostbaren Metalle kostenlos.

Meyers' Unternehmensplan wies aus, daß Revere über 45 Kunden hätte, darunter Exide, Remington Arms, American Can und Grumman Aircraft, wobei keine dieser Firmen einen Anteil über 16 Prozent an seinem Umsatz hätte. Der Plan führte dann im weiteren einen Bericht der Lead Industries Association an, der prognostizierte, daß dem sekundären Bleimarkt ein Jahrzehnt stetigen, jedoch bescheidenen Wachstums bevorstehe, und der davon ausging, daß Revere nicht nur an diesem langfristigen Wachstum Anteil haben werde, sondern auch von einigen kurzfristigen Wachstumsmöglichkeiten profitieren könne, die aus dem Verschwinden mehrerer Konkurrenten aus dem Markt und einem verbesserten Vertriebsprogramm resultierten.

Meyers bemerkte, daß einer der schärfsten Konkurrenten Reveres kürzlich aus dem Geschäft ausgestiegen war, ein zweiter von einem Konzern aufgekauft worden sei, der wahrscheinlich einen Großteil der Produktion abnehmen würde, und daß die Kapazität eines dritten Konkurrenten nicht in dem Maße erhöht werden könne, um den neuen Bedarf zu decken, da Arbeitsprobleme und begrenzte Räumlichkeiten auf dem existierenden Produktionsgelände bestünden.

Meyers beabsichtigte, einen Teil dieses Geschäfts für Revere an sich zu bringen, obwohl die alte 9000-t-Anlage bereits Tag und Nacht arbeitete. Er habe, so Meyers, vor kurzem die Kapazität der Anlage um 7 Prozent erhöht, indem er die Betriebsleistung verbesserte und begonnen habe, schon geschmolzene Sekundärbleistücke aufzukaufen. Damit konnte Revere seinen ersten Vertrag mit der Delco-Remy-Division unterzeichnen, die die Batterien für General Motors herstellt und vorher bei Reveres Konkurrenz eingekauft hatte. Meyers meinte auch, daß Revere auch auf längere Sicht Geschäfte mit den momentanen Kunden abschließen könne, die ihre Produktionsanlagen erweiterten. Ermöglichen würde dies der Abschluß eines Langzeitvertrages mit einem führenden Batteriehersteller über die Bleiverwertung von alten Batterien und den Weiterverkauf an neue

Kunden wie Du-Pont, die Riesenmengen an Sekundärblei zur Herstellung eines Zusatzes für tetraäthylen-bleihaltiges Benzin benötigten und die schon mit Revere durch ihre Tochtergesellschaft, den Remington Arms, in Geschäftsverbindung standen. Der Unternehmensplan führte auch auf, daß Revere von Port Newark, das nur einen Katzensprung von der Anlage entfernt liege, momentan 50 t Sekundärblei pro Monat nach Puerto Rico und Japan verschiffe und daß man bei Revere der Meinung sei, die Überseegeschäfte wesentlich erhöhen zu können, wenn die neue 24000-t-Anlage in Betrieb sei.

Der Plan hob auch die Tatsache hervor, daß Reveres neue Anlage die Produktionsmenge nicht nur um 250 Prozent erhöhen würde, sondern daß die Kapazität auch leicht auf 36000, 48000 und 78000 t gesteigert werden könne, um mit der Nachfrage der neuen Kunden Schritt zu halten. Außerdem, so Meyers, würde die neue Anlage Reveres Produktionskosten um 15 Prozent senken und die Firma somit zu einem der billigsten Sekundärbleihersteller der USA, wenn nicht dem billigsten machen. Während Revere vorhatte, die 9000-t-Anlage bis zur Fertigstellung der 24000-t-Anlage weiter zu betreiben, war Meyers der Ansicht, daß die beweglichen Anlagenteile der alten Anlage im Wert von 125000 Dollar in der neuen Anlage wiederverwendet werden könnten.

Meyers meinte außerdem, daß die Schmelzöfen der neuen Anlage dreimal soviel Schrott verarbeiten könnten, und das ohne zusätzliche Arbeitskräfte. Die Brennstoffkosten pro Tonne geschmolzenen Metalls würden gesenkt werden, und durch die Einführung neuartiger Brennstoffe könne die Produktionsmenge von 24000 t auf 30000 t pro Jahr erhöht werden. Ein Atomadsorptionsspektrometer würde eine bessere Qualitätskontrolle gewährleisten. Durch die Einführung neuer Rechenmaschinen könnten zwei Leute dasselbe Arbeitspensum verrichten wie gegenwärtig fünf. Neue Materialtransportmaschinen ermöglichen es einem Mann, einen Lastwagen schneller mit fertigen Blöcken zu beladen, als es zwei Männer momentan schafften. Das neue Schadstoffemissionskontrollsystem der Anlage, so Meyers weiter, würde zwar ungefähr 300000 Dollar kosten, jedoch den ganzen Flugstaub mit einem Bleigehalt von 60 Prozent abfangen, der automatisch sehr billig wiederaufbereitet werden könne, womit eine doppelte Bearbeitung des Metalls vermieden würde. Man erwarte, daß sich die Kosten für die Ausrüstung in drei bis vier Jahren durch den Wert des wiedergewonnenen Bleis amortisiert hätten, und dann würde sie zum Gewinn beitragen.

Meyers' Unternehmensplan führte auch die Vereinbarungen auf, die er mit verschiedenen örtlichen Regierungsorganen in Newark getroffen hatte. So der Erwerb eines knapp 2 Hektar großen Primärindustriegeländes, worauf die neue Anlage errichtet werden sollte, ferner über Steuererleichterungen während fünfzehn Jahren für den Bau einer Neuanlage in Newark und über einen besonderen Enteignungsbeschluß von annähernd 450 000 Dollar für den Abriß der alten Anlage.

Dann wandte sich Meyers der schwierigsten Frage zu – welches Führungsteam, das für die Umwandlung von Revere Smelting & Refining in ein profitables, schnell wachsendes Unternehmen, wie in seinem Unternehmensplan vorgesehen, verantwortlich sein sollte.

Meyers stellte biographische Aufrisse seiner sieben wichtigsten Mitarbeiter auf, mit ihm beginnend als Generaldirektor und Vorstandsmitglied; außerdem einen 34jährigen Metallurgieingenieur, der eine der größten Nichtmetallschmelzfirmen geleitet hatte, als stellvertretender Vorsitzender und Vorstandsmitglied; einen 51jährigen Ingenieur, Mitglied der verkaufenden Familie und leitender Angestellter bei Revere, der somit für die Kontinuität des Managements sorgen sollte, als Abteilungsleiter der Produktion und als Vorstandsmitglied; einen 28jährigen Qualitätskontrolleur einer großen Flugzeugfirma als Leiter der Qualitätskontrolle. Meyers' Team bildeten außerdem Reveres scheidender Generaldirektor und Haupteigentümer, der das Amt eines Beraters und Vorstandsmitgliedes innehaben sollte, ein 32jähriger Rechtsanwalt und ein 29jähriger Wirtschaftsprüfer, die als Abteilungsleiter fungieren sollten.

Der letzte kritische Punkt in Meyers' Unternehmensplan war die auf vier Jahre angelegte Gewinn-und-Verlust-Rechnung und die Bilanz. Dieser auf vier Jahre angelegte Verteilungsbogen enthielt zwar mehrere hundert Zahlen, darunter waren jedoch die Zahlen, die Meyers' Vorhaben nach der Übernahme von Revere am klarsten verdeutlichten, die Angaben über die Umsätze, die von 4 180 000 Dollar im ersten Jahr nach der Übernahme auf 15 200 000 Dollar steigen sollten, und Angaben über den äußerst wichtigen Nettogewinn, der von 47 000 Dollar im ersten Jahr auf 600 000 Dollar im vierten Jahr der Regentschaft Meyers' emporschnellen sollte. Selbst diese Zahlen unterlägen noch einer vorsichtigen Schätzung, stellte Meyers in seinem Plan fest, da sie auf der Annahme beruhten, daß Revere für das Schmelzen einer Tonne Bleischrotts 60 Dollar erhalte, während sich gegenwärtig der Preis in der Industrie auf 75 Dollar belaufe.

Einer der ersten Wagnisunternehmer, der die Möglichkeiten in Meyers' Unternehmensplan für Revere erkannte, war Alan Patricof, der gerade selbst eine neue Firma gegründet hatte, die sich mit der Vermögensverwaltung der Bloomingdales, Bronfmans, Wymans und anderer reicher New Yorker Familien befaßte. Patricof gab Meyers 450 000 Dollar des Kapitals zum Aufkauf von Revere, wofür er ungefähr 40 Prozent der Firmenanteile erhielt. Damit tätigte Patricof sein erstes Wagnisgeschäft; er vervierfachte sein ursprüngliches Investitionskapital, als Meyers die Firma Revere zu einem in Dallas ansässigen Konzern der Metallbranche umbaute, der einen Gewinn von 7,2 Millionen Dollar nach Steuern aus einem Umsatz von 182,1 Millionen Dollar neun Jahre nach dessen Aufbau erzielte.

Ein sorgsam überdachter Unternehmensplan soll Sie auf die zahlreichen Probleme, deren Lösung für ein erfolgreiches Unternehmen wichtig sind, aufmerksam machen. Mangelnde Kenntnisse der Nuancen in dem von Ihnen angestrebten Geschäftszweig oder Geringschätzung von Krisen, die unweigerlich folgen werden, könnten zu einer Katastrophe führen.

Den Klassenkampf verlieren

Bertell Ollman, Professor für Marxismus am Fachbereich Politologie der New York University, lernte diese Lektion auf schlimme Weise, kurz nachdem er einige Freunde in sein Appartement in Greenwich Village eingeladen und während eines Imbisses versucht hatte, sie für die Investition in ein neues Unternehmen zu begeistern, dessen einziges Produkt ein Brettspiel mit dem Namen »Klassenkampf« sein sollte. Der Sinn dieses Spiels lag im Kampf zwischen Kapitalisten und Arbeitern ums Überleben. Das Spiel war in einer Schachtel verpackt, auf deren Deckel Nelson Rockefeller mit Karl Marx beim Ellenbogendrücken abgebildet waren.

Professor Ollman hatte ein bißchen auf dem Spielemarkt nachgeforscht, aber, wie er in seinem Buch *Class Struggle is the Name of the Game** bekümmert erzählt, nicht genügend, wodurch das Schicksal seines Unternehmens gleich von Anfang an besiegelt war. Erst nach der Herstellung von »Klassenkampf« stellte er fest, daß 95 Prozent der 300 bis 400 jährlich neu auf den Markt gebrachten Brettspiele den Durchbruch nicht schaffen. Noch mehr überraschte ihn die Tatsache, daß die Spielwarengeschäfte einen Anteil von 50 Prozent am Verkaufspreis verlangten (er meinte, es seien nur 33 Prozent) und daß uneinbringliche Außenstände ein lebensgefährliches Problem in der Spielwarenbranche seien. (Man hinterließ ihm einen Berg unbezahlter Rechnungen über mehr als 30 000 Dollar.)

Ollman arbeitete vier Jahre lang an seinem »Klassenkampf«, und wenn er und seine Investoren Glück haben, bekommen sie eines Tages ihr Geld von den Tantiemen zurück, die noch immer aus den USA und dem Ausland hereintröpfeln.

Ein anderer Unternehmer, der durch unzureichende Planung einen Rückschlag erlitt, ist Lance Weddell, Eigner einer Firma in Frankfort, Maine, die Überlebensausrüstungen für Jäger herstellt. Weddell geriet in Schwierigkeiten, nachdem er beschlossen hatte, eine Diversifizierung auf ein anderes Gebiet des Überlebens vorzunehmen. Er übernahm die schwierige Aufgabe, Organtransplantate von Spendern an Kranke zu vermitteln.

Weddells Medical Lifeline wollte durch die Erhebung einer Gebühr von 40 Dollar pro Organspender und -empfänger für die Eintragung bei der Firma sein Geld verdienen, außerdem mit den Zinsen aus den 10 000 Dollar, die potentielle Empfänger für spätere Zahlungen an den Nachlaß des Organspenders hinterlegen sollten.

Bei Weddell meldeten sich 267 mögliche Spender, die die Registriergebühr von 40 Dollar bezahlten, außerdem riefen fünf interes-

* *Klassenkampf heißt die Devise* (A. d. Ü.).

sierte Organempfänger an, um sich nach den Leistungen zu erkundigen, keiner von ihnen schickte jedoch 10000 Dollar. Die Lücke in Weddells Unternehmensplan, die die Medical Lifeline, Inc., schon nach fünf Monaten zur Schließung zwang, bestand darin, daß er keine Chirurgen fand, die die gekauften Organe aus den Spendern herausoperieren konnten. Die Kommerzialisierung von Organtransplantationen verstieß gegen ihre medizinische Ethik.*

Lance Weddell hatte es versäumt, seine Hausaufgaben zu machen, ein Mangel, der jedem Unternehmen den Todesstoß versetzen kann. So zum Beispiel die Katastrophe mit den Digitaluhren in den siebziger Jahren. Diese Branche hatte alles: eine faszinierende neue Art, die Zeit auf der Basis der Mikrochiptechnologie anzuzeigen, konstant fallende Preise und die ungeteilte Aufmerksamkeit von mehr als zwanzig der selbstsichersten Mikrochiphersteller der USA.

Wie Dirk Hanson in *The New Alchemists: Silicon Valley and the Microelectronics Revolution*** feststellt, haben dennoch die meisten Chiphersteller ihr letztes Hemd durch die Digitaluhren verloren. Was war der Grund dafür? Sie haben ihre Hausaufgaben nicht gemacht. Die Hersteller waren großartig in der Produktion und im Vertreiben ihrer Chips, doch wußten sie nicht das mindeste über den Verkauf von Uhren, der mehr mit Schmuck, Kleidung und Kosmetik als mit Elektronik zu tun hat. Die Chipfabrikanten hatten keine Ahnung von professioneller Werbung, die zur Vermarktung von Uhren notwendig ist, von der chaotischen Preispolitik und dem eigenartigen Konjunkturverlauf, in dem der größte Teil der Ware in der kurzen Vorweihnachtszeit abgesetzt wird. »Die Warenbestände glichen einem Trümmerhaufen«, so Hanson, »und die Preise ließen sich nach Lust und Laune festsetzen.« Bezüglich der Warenanpreisung, der Verpackung und dem Aufstellen in den Regalen sowie der Fernsehwerbung erwiesen sich die Chiphersteller als unfähig.

* Fern Schumer Chapman, *The Life-and-Death Question of an Organ Market*, Fortune, 11. Juni 1984 S. 108–118.

** *Die neuen Alchimisten: Silicon Valley und die Revolution der Mikroelektronik* (A. d. Ü.).

Vergleichen Sie die Erfahrung von Ollman, Weddell und den Chipfabrikanten mit der fehlerlosen Konzeption, mit der Donald Massaro und David Liddle ihr Unternehmen Metaphor Computer Systems in Mountain View, Kalifornien, aufzogen, so daß der Erfolg – und ein beträchtliches Vermögen – schon gesichert waren, bevor sie 1983 ihr Unternehmen gründeten.

Massaro und Liddle waren anerkannte Führungskräfte der Xerox Corporation mit eindrucksvollen Zeugnissen für ihre Arbeit im Bereich der Büroautomation, als sie aus Frustration ihre Arbeit aufgaben und Metaphor gründeten.

Massaro kam durch den Aufkauf von Shugart Associates, einem Hersteller von Diskettenstationen, zu Xerox. Er wurde 1974, in dem Jahr, in dem Shugart einen Verlust von 2,5 Millionen Dollar auswies, zum Generaldirektor der Firma ernannt. Als Xerox die Firma vier Jahre später kaufte, hatte Massaro Shugart zu einem profitablen Unternehmen mit einem Umsatz von annähernd 100 Millionen Dollar gemacht.

Xerox betraute Massaro mit der Aufsicht über die Bürogeräteabteilung, deren Umsatz sich schnell von 200 Millionen Dollar auf 500 Millionen Dollar erhöhte. Diese Abteilung machte jedoch nie ein wirkliches Vermögen, was Massaro veranlaßte, bald die konservativen Absatzstrategien von Xerox abzulehnen.

Liddle, Mitbegründer von Metaphor, arbeitete im Palo Alto Research Center von Xerox, wo seine Idee für einen neuartigen Büroartikel die Rückendeckung des Managements fand, aber niemals die Chance hatte, vermarktet zu werden. An diesem Punkt beschlossen Liddle und Massaro, Metaphor zu gründen und ihren eigenen Weg zu gehen.

Massaro und Liddle vertraten die Ansicht, daß es viele Manager gäbe, deren Arbeit von einem schnellen Zugang zu Informationen abhinge, die in den großen IBM-Computern ihrer Firmen gespeichert waren. Sie hatten jedoch keinen Zugang zu diesen Informationen, da sie keine Ahnung hatten, wie sie diese Maschinen programmieren sollten, damit sie die von ihnen gewünschten Arbeiten verrichteten.

Sie waren daher dem Wohlwollen der Datenverarbeitungsabteilung ihrer Firmen ausgeliefert, die meist zuviel zu tun hatten, um ihnen weiterhelfen zu können.

Metaphors zündende Idee bestand darin, einen leicht zu bedienenden und kostengünstigen Büroarbeitsplatz mit eingebautem Programm, das auf ihre speziellen Bedürfnisse zugeschnitten ist, zu entwerfen, so daß sie jederzeit Zutritt zu den IBM-Computern hatten.

Laut Schätzungen von Metaphor gäbe es rund 113 500 Manager unter 22 Millionen Fachkräften, die hauptsächlich für diesen Büroarbeitsplatz in Frage kämen. Um diese Leute zu erreichen, stellte Metaphor einen Direktabsatzstab in nur drei Großstädten auf, wo nach ihrer Meinung 75 bis 80 Prozent der Zielgruppe zu finden seien. Metaphors neues Unternehmenskonzept war so glänzend durchdacht und der Ruf von Massaro und Liddle so kreditwürdig, daß sie, als sie die Wagniskapitalfirma Hambrecht & Quest in San Francisco um 500 000 Dollar zur Ausarbeitung eines noch detaillierteren Plans baten, gleich 5 Millionen Dollar erhielten mit der Aufforderung, sofort zur Umsetzung zu schreiten.

Nahe dem Standort der Metaphor Computer Systems in Mountain View steht die Palo Alto Brewery, eine der neuen Kleinbrauereien, die in letzter Zeit entstanden sind und nur wenige Hektoliter Spezialbier täglich mit begrenztem Vertrieb brauen (verglichen dazu braut die Anheuser-Busch-Brauerei täglich knapp 200 000 Hektoliter Bier).

Die Kleinbrauerei gehört Kenneth Kolence, Mitbegründer einer der ersten erfolgreichen Computersoftwarefirmen in Silicon Valley, und seinem Sohn Jeffrey, der mit der Planung der Brauerei begann, als er noch Anlagentechnik am California Polytechnical Institute studierte.

In seiner Abschlußarbeit untersuchte Jeffrey, wie die Produktionsanlagen in Kleinbrauereien organisiert sind und welche Fehler in den noch arbeitenden Brauereien gemacht werden. Nach der Analyse von Jeffreys Daten kamen die Kolences zu dem Schluß, daß man mit Kleinbrauereien mehr Geld verdienen könne, und gründeten deshalb die Handcrafted Beer, Inc., um selbst am Unternehmerabenteuer teilzunehmen.

Der nächste Schritt zur Entwicklung eines Unternehmensplans war die Entscheidung, welches Bier sie herstellen sollten. Die Kolences waren von einer Umfrage in den USA beeindruckt, die aufzeigte, daß Kalifornien sowohl den größten Pro-Kopf-Verbrauch an importiertem Bier als auch die größte Zahl britischstämmiger Bürger aller Bundesstaaten hatte. Sie beschlossen daher, ein traditionelles, nicht pasteurisiertes englisches Bier, das als Bitter bekannt ist, zu brauen.

Während Kenneth Kolence die Beschaffung der 400 000 Dollar, die laut Plan erforderlich waren, in Angriff nahm, fuhr Jeffrey Kolence nach England zur Fremlins Brewery in Faversham nahe Canterbury, um an einem sechswöchigen Intensivkurs über die Führung einer kleinen Brauerei teilzunehmen.

Kurz nach Beendigung des Kurses begann Jeff mit der Suche nach einer Methode, um das perfekte englische Bier nachzubrauen, und kam schließlich auf Braksspear Best Bitter aus Henley-on-Thames. Als nächstes wählte Jeff Edme's Malting House als Malzlieferanten für die Brauerei und die Inn Brewing Ltd. für die Sonderanfertigung seiner Brauereianlage für sein Bier, das er London Real Ale nannte. Jeff kehrte dann nach Kalifornien zurück, mietete ein Haus mit einer Grundfläche von knapp 200 m^2 für die Brauerei und baute eine Wasserreinigungsanlage, um Wasser zu erhalten, das dem berühmten Brauwasser der englischen Burton-Upon-Trent-Region entspricht.

Die Geräte für die Brauerei der Kolences kamen zusammen mit dem Malz, dem Hopfen und den kleinen Fässern am 7. Oktober 1984 in Kalifornien an, und eine Woche später wurde das erste Faß des London Real Ale angezapft. Ende 1984 war die von fünf Leuten betriebene Brauerei fast an der Kapazitätsgrenze angelangt, da sie mehr als 90 Hektoliter London Real Ale pro Woche an ihre Kunden im Umkreis der San Francisco Bay lieferte. Gegen Ende 1985 werden die Kolences wohl 240 Hektoliter pro Woche ausliefern, was für sie einen schönen Gewinn bedeutet zusätzlich zu dem Vergnügen, das sie in der Brauereibranche haben.

Die Kolences veranschaulichen auf schöne Weise, wie wichtig die Marktforschung bei der Entwicklung eines Unternehmensplans ist: Sprechen Sie mit den Leuten, die schon in Ihrer zukünftigen Branche tätig sind, machen Sie einen Rundgang zu zukünftigen Kunden (brauchen sie das, was Sie verkaufen wollen? Haben sie eine spezielle Vorliebe oder Abneigung? Wieviel wollen sie bezahlen?), befassen Sie sich mit Ihrer Konkurrenz, suchen Sie alle möglichen Lieferanten auf, sehen Sie sich nach Standorten für Ihr Unternehmen um, sprechen Sie mit potentiellen Angestellten, kümmern Sie sich um Geldquellen und dergleichen. Diese Prozedur kann wenige Wochen oder auch Jahre in Anspruch nehmen, wenn Sie jedoch vorhaben, sich selbständig zu machen, gibt es keine bessere Investitionsgrundlage.

»Ich finde es immer interessant, zu sehen, wie irgend jemand einen Unternehmensplan aufstellt und dann Tausende von Dollar aufgrund eines Stück Papiers verdient«, meint Dr. Joseph R. Mancuso, Präsident des New Yorker Center for Entrepreneurial Management, der umfassende Werke schreibt und Vorträge hält, die sich mit der Vorbereitung und Umsetzung erfolgreicher Unternehmenspläne beschäftigen.

Die fünf goldenen Minuten

»Gute Unternehmenspläne sind wie gute Geschichten, wie interessante Artikel in der *Business Week*«, führt Mancuso weiter aus. »Das Problem ist, daß sie selten für die Leser geschrieben werden. Statt dessen werden sie von Leuten verfaßt, die sich etwas von der Seele schreiben müssen, die alles erzählen müssen oder die einige Daten niederschreiben wollen. Sie meinen, ein Risikounternehmer würde sich sieben Tage mit ihrem Unternehmensplan befassen. Sie begreifen nicht, daß die ersten fünf Minuten, in denen der Leser ihren Unternehmensplan in den Händen hält, die goldenen fünf Minuten sind. In diesem Augenblick wird der Risikounternehmer dann sagen: ›Das hört sich gut an, ich werde ihn mal bis zum Schluß lesen.‹

Es gibt kein Standardformat mehr für einen Unternehmensplan, genausowenig wie es kein Standardformat für ein Kunstwerk gibt. Ich habe schon sehr erfolgreiche fünfseitige Pläne gesehen. Die Länge der Ausführungen entscheidet nicht über die Qualität. Der Schlüssel zum Erfolg besteht darin, aufzuzeigen, wie Sie von hier nach dort in einer bestimmten Zeit gelangen wollen. Ich schlage den Leuten immer vor, sich von woanders Hilfe zu holen. In jeder Großstadt gibt es Hunderte von Leuten, die vom Aufstellen von Unternehmensplänen leben, wobei die meisten von ihnen zwischen 5000 und 10 000 Dollar für die Konzeption eines Plans verlangen. Ich würde empfehlen, einen Plan von vorne bis hinten durchzuarbeiten, um ihm dann von jemand anderem den letzten Schliff verleihen zu lassen. Und vergessen Sie nicht, die Beschaffung des Kapitals ist die Kunst, das Risiko zu verringern, und nicht die Kunst, Träume zu verkaufen.

Lassen Sie den Kopf nicht hängen, wenn Ihr Plan abgelehnt wird. Jeder Unternehmensplan, den ich bisher gesehen habe, wurde anfangs abgelehnt. Digital Equipment Corporation, eines der erfolgreichsten Kapitalgeschäfte überhaupt, wurde von jedermann abgelehnt, bis American Research & Development schließlich ein wenig in die Firma investierte. Sie sollten in das Büro eines Risikounternehmers gehen, um dort ein Nein zu hören. Sie sollten nicht enttäuscht sein, wenn Sie negative Resonanz bekommen, denn Sie können daraus etwas lernen, und wenn Sie den nächsten Risikounternehmer aufsuchen, wird er Ihnen ein Vielleicht sagen. Und bevor Sie es merken, bekommen Sie lauter Zustimmung. Sie können einen Unternehmensplan so gut ausarbeiten, daß Ihnen zuviel Kapital zur Verfügung gestellt wird, und Sie müssen die quälende und aufreibende Entscheidung treffen, wen Sie aus dem Geschäft verdrängen. Cetus bekam zuviel Kapital ebenso wie Storage Technology, und für die Zeitschrift *Venture* standen am Anfang mehr Investoren als nötig zur Verfügung. Bei zehn möglichen Punkten ist das wohl eine Elf.«

5 Der Erfolg stellt sich ein

»Unternehmen mit ungenügender Kapitalrücklage gehen konkurs – egal, ob gute oder schlechte.«

Peter J. Boni,
Präsident der Summa Four

Scott Curtis, ein überschäumender 44jähriger Mechaniker, der in Santa Clara, Kalifornien, Citroëns repariert, hat seine Werkstatt, zum Curtis Circus, und sich selbst zum Oberclown ernannt, kokettiert mit seiner blauen Baskenmütze und seinem mit Schmiere verschmutzten Overall und beginnt morgens seine Arbeit, indem er jedem in Hörweite erzählt: »Es wird wieder ein wunderschöner Citroën-Tag.«

Das faszinierendste an Curtis aber ist, daß sein kleines Reparatur- und Restaurierungsgeschäft florierte, während die amerikanische Automobilindustrie ums Überleben gegen die Konkurrenz der Japaner kämpfte, die die USA als führenden Automobilhersteller entthront haben. Es stellt sich daher die Frage, was Scott Curtis weiß, das Detroit nicht weiß? Die Antwort ist, daß er

- den heutigen Bedarf der Kunden nach längerlebigen Produkten befriedigt;
- die Kosten senkt, da er alte Teile wiederverwendet, die noch eine lange Lebensdauer haben;
- den Geldbeutel der Kunden schont, da er sie in die Wartung miteinbezieht;
- sich einen hervorragenden Ruf wegen seiner vorzüglichen Leistungen schafft, was heutzutage selbst den kleinsten Unternehmer dazu befähigen kann, für seine Arbeit einen Bedarf bei den Konsumenten fast überall auf der Welt zu schaffen.

Curtis ist zu seinem eigenen Unternehmen gekommen wie viele andere Unternehmer auch – er hatte einen normalen Achtstundenjob, mit dem er die Miete bezahlte, wobei noch ein bißchen Geld übrigblieb, mit dem er das nötige Werkzeug und andere Ausrüstung kaufte, um nebenher mit den Citroën-Reparaturen zu beginnen. Sein Unternehmen auf diese Weise zu finanzieren ist sehr vernünftig, da Sie immer noch Ihren Lebensunterhalt verdienen können, wenn das Unternehmen in unüberwindbare Schwierigkeiten gerät.

»Das Geld liegt auf der Straße«

Wenn Sie Ihrem Unternehmen jedoch alles geben wollen, was Sie haben (ohne sich dabei allzusehr aufzureiben), werden Sie es wahrscheinlich mit persönlichem Vermögen finanzieren müssen, mit Geld aus der Familie und von Freunden, mit einem Bankkredit oder mit Wagniskapital, das von Risikounternehmern vorgeschossen wird, die als Gegenleistung einen Anteil an Ihrem Unternehmen haben wollen. Sie können Geschäftsanteile verkaufen, wenn Sie potentielle Partner überzeugen können, daß Sie ein tolles Konzept haben. »Unternehmer pflegen zu sagen: ›Das Geld liegt auf der Straße und auf einigen Scheinen steht mein Name drauf‹«, erzählt Stanley E. Pratt, Herausgeber der Zeitschrift *Capital Venture Journal.*

Scott Curtis baute sein eigenes Geschäft während der High-School-Zeit auf, als er seine Begeisterung für Autos entwickelte. Er hatte einen Halbtagsjob bei einem Rolls-Royce-Mechaniker, bei dem er die Böden wischte und die Werkzeuge saubermachte und der ihm als Gegenleistung ein solides Wissen in Autoreparaturen vermittelte.

Nach und nach wünschte sich Curtis eine eigene kleine Reparaturwerkstatt. Er ließ sich Broschüren über Kleinunternehmen schicken, nahm an allen möglichen Kursen teil und hatte das Glück, als er im Foothill Junior College in Los Altos immatrikuliert war, auf einen didaktisch hervorragenden Lehrer zu stoßen, der ihm alles Nötige beibrachte, um beginnen zu können.

Während seiner Studienzeit am Foothill College verliebte sich Curtis in die Citroëns. Der Vater einer Freundin besaß einen Citroën und fragte Curtis, ob er Lust hätte, darin seine Familie nach Salt Lake City und zurück zu chauffieren. »Ich war so beeindruckt von diesem

Auto, es war unglaublich«, schwärmt Curtis. »Wir fuhren 120 bis 130 Stundenkilometer mit fünf Leuten und Gepäck. Das Auto fuhr traumhaft und verbrauchte knapp acht Liter auf hundert Kilometer . . .«

Curtis setzte seine Studien an der Heald's Business School in San Francisco fort und arbeitete nach dem Abschluß vier Jahre als Audiovisionsspezialist am Foothill Junior College. 1967 verdiente er 620 Dollar brutto im Monat und hätte dort den Rest seines Lebens verbringen können. Was ihn davor bewahrte, war sein Einstieg in die Autoreparaturbranche. »Ich kam vom Foothill um halb sechs nach Hause«, so Curtis, »nahm ein paar Bissen zu mir und arbeitete bis Mitternacht an einem Citroën im Autoschuppen unseres Appartementhauses.«

Curtis machte Pläne für die Zeit, in der er eine eigene Autoreparaturwerkstatt haben würde, was ihn zu Citroën-Händlern in Palo Alto führte, wo er mit dem Verkaufsdirektor über seinen Vorschlag sprach, möglichen Kunden, die er selbst anwarb, auf dem Ausstellungsgelände Autos vorzuführen. Curtis verlangte keinerlei Verkaufsprovision, obwohl er mit zehn bis fünfzehn Kunden rechnete, die schließlich ein Auto kaufen würden. »Mir ging es darum«, erklärt Curtis, »daß es möglichst viele Citroëns auf der Straße gab. Ich wollte mein eigenes Unternehmen aufbauen und brauchte einen ziemlich großen Grundstock von 1500 Wagen, da Citroëns seltener kaputtgehen als andere Autos.«

Zu dieser Zeit lernte er den Eigentümer einer Firma für Motorradersatzteile kennen, der pro Jahr 750000 Dollar umsetzte, und Scott anbot, die Firma für 300 Dollar in der Woche zu leiten. »Dieser Mann«, erklärte Curtis, »hatte keine Ahnung, wie man ein Unternehmen führt, und hatte auch kein Interesse daran, er wollte nur allein gelassen werden, damit er an den Motorradteilen basteln konnte.« Scott nahm die Arbeit an, und »plötzlich mußte ich eine Firma, ein richtiges Unternehmen mit ordnungsgemäßen Büchern führen«.

Curtis leitete die Firma ein Jahr lang, und obwohl er dort zwölf bis vierzehn Stunden täglich verbrachte, fand er abends noch Zeit, an den Citroëns zu arbeiten, um weiterhin einen Kundenstamm aufzubauen. Außerdem fuhr er fast jede Nacht gegen elf Uhr mit seinem Motorrad herum, weil er einen geeigneten Standort für seine Werkstatt suchte. Ein Immobilienhändler vermittelte ihm schließlich eine 86 m² große Werkstatt, für die er monatlich 175 Dollar bezahlen mußte. Damit war Curtis im Geschäft.

Curtis erzählt, daß er mit 1000 Dollar in bar und einem Bestand an Citroën-Teilen im Wert von ungefähr 500 Dollar anfing. Er hatte außerdem eine ganze Menge gebrauchter Teile von dreizehn bis vierzehn Autos, die man ihm zum Ausschlachten überlassen hatte, und sechs Wagenladungen voll gebrauchter Teile, die er dann und wann aufgelesen hatte.

Curtis gründete den Curtis Circus mit einem Stamm von 150 zufriedenen Kunden. Seither hat er es mit ein bißchen Werbung und einer Menge Mund-zu-Mund-Propaganda auf mehr als 1500 gebracht, die ihm so viel Beschäftigung verschafft haben, wie er, mehrere Familienmitglieder und drei Helfer bewerkstelligen können.

Der Curtis Circus repariert die alten Citroëns so fachmännisch, daß dreizehn seiner Kunden zusammen schon mehr als 1,6 Millionen Kilometer mit ihren Autos gefahren sind. »Es ist mir ein Vergnügen«, so Curtis, »einen Citroën zur Reparatur anzunehmen, mit dem es zwar äußerlich schon bergab geht, mit dem man aber noch Hunderttausende von Kilometern fahren kann. Ich habe acht solcher Autos zu einem Stückpreis von 8000 bis 12 000 Dollar wieder auf Vordermann gebracht, und jedes erhält eine Plakette auf das Armaturenbrett, auf der steht: DIESER WAGEN WURDE FÜR [Name des Kunden] VOM CURTIS CIRCUS WIEDERAUFGEARBEITET [Jahr].«

Curtis hat stets einen Grundstock an Bremsen und anderen Teilen am Lager, die er zusammenbaut, wenn er mal ein bißchen Zeit findet, und die jederzeit eingesetzt oder bei Bedarf an Kunden geliefert werden können, die weit weg wohnen. »Wir versuchen, so viele Ersatzteile wie möglich unter Anwendung der heutigen Technologie wieder in Ordnung zu bringen«, sagt Curtis. So enthalten viele dieser Bauteile erneuerte Teile, die Curtis seit Jahren sammelt.

Curtis entwickelt und baut auch 47 verschiedene Baukästen für einen problemlosen Einbau zum Preis von 10 bis 2000 Dollar pro Stück, um die Wartung zu erleichtern und die Leistung von alten

Citroëns zu verbessern. »Jeder Autohersteller auf der Welt baut verschiedene Teile dorthin, wo ein normaler Mensch nicht rankommt. So liegt der Hydraulikregler des Citroëns ganz weit unten im Motorraum. Der Besitzer hat keine Lust, an dieser schwer zugänglichen Stelle herumzuhantieren, und deshalb habe ich eine Lösung entwickelt, diesen Hydraulikregler an einer Stelle zu montieren, wo er leicht gewartet werden kann.«

Seit Curtis angefangen hat, an Citroëns zu arbeiten, fordert er seine Kunden auf, ihm bei der Wartung ihrer Autos zu helfen, und er hat bebilderte »Schritt-für-Schritt-Blätter« ausgearbeitet, die ihnen dabei helfen sollen. »Wenn Sie den Kunden beibringen, wie sie sich um ihre Autos kümmern können, angefangen bei einfachen Dingen wie Waschen, Einwachsen, einen Ölwechsel vorzunehmen, den Reifendruck zu kontrollieren usw., dann sind sie viel zufriedener mit ihren Autos«, meint Curtis. »Wenn ich die Reparaturen selbst ausführen müßte, hätte ich bald keine Kunden mehr, da ich einen Stundenlohn von 40 Dollar nicht rechtfertigen könnte.«

Curtis' guter Ruf ist bis zu dem Punkt angelangt, an dem er mit Citroën-Besitzern in den ganzen USA zu tun hat, die ihm Teile zur Reparatur schicken (wobei sie oft Fotos ihrer Lieblinge mit liebevollen Namen wie Pierre, Fifi oder ähnlichen, französisch klingenden Namen mit dazustecken). Eine Ferngeneralüberholung führte er für einen Chicagoer Citroën-Besitzer aus, der das Getriebe seines Wagens auseinandergenommen hatte, aber da er schnell merkte, daß er eigentlich keine Ahnung davon hatte, was er da eigentlich tat, packte er ungefähr dreihundert Teile in eine Kiste und schickte sie an den Curtis Circus. Curtis baute schließlich das Getriebe wieder zusammen und sandte es zusammen mit einer Rechnung über 1600 Dollar an den Kunden zurück.

Seit dem siebzehnjährigen Bestehen seines Unternehmens hat Curtis die Fläche seiner Werkstatt von 86 m^2 auf 140 m^2, dann auf 230 m^2 und vor drei Jahren schließlich auf 1150 m^2 vergrößert – seine neueste Anlage kann sich rühmen, 24 Autoreparaturplätze, ein Büro und ein Konferenzzimmer zu besitzen und, was das wichtigste ist, einen Vorführraum, wo er einen prämiierten Wagen ausstellen kann, wofür man ihn zum Generalvertreter ernannt hat. Dieses Auto ist der dreirädrige »Trihawk«-Sportwagen, der von einem Citroën-Motor angetrieben wird und somit dem Circus eine ganz neue Kundschaft zuführt und sich gut verkauft.

Für die Erweiterung seines Unternehmens benötigte Curtis mehr Kapital, das er sich durch mehrere kurz- und langfristige Kredite und von privaten Investoren beschaffte. Curtis arbeitete sehr gut mit einem örtlichen Bankier zusammen, wodurch er gegen Unterschrift vier 90-Tage-Darlehen von 2500 bis 6000 Dollar erhielt und, als sein Unternehmen wuchs, zwei langfristige Kredite über 6000 und 10 000 Dollar erhielt. Curtis brauchte ebenfalls Geld für den Import von Ersatzteilen, ein Bereich seines Unternehmens, den seiner Meinung nach die Bankleute überhaupt nicht verstünden (»Die haben mich angeschaut, als käme ich vom Mond«). Er beschaffte sich daher das Bargeld von vier Privatinvestoren, denen er 20 Prozent Zinsen pro Jahr bezahlte. Da die importierten Ersatzteile erwiesenermaßen einer der einträglichsten Teile seines Unternehmens sind, ist Curtis der Meinung, daß die hohen Zinsen, die er für diese Betriebsmittel bezahlen muß, gerechtfertigt seien.

Die normalste Finanzierungsquelle für ein neues Unternehmen sind wohl persönliche Ersparnisse, meint Arnold C. Cooper, Professor für Management an der Perdue University's Krannert Graduate School of Management. Eigene Ersparnisse oder anderes persönliches Vermögen haben schon oft den Grundstein für sehr große Firmen gelegt.

Steve Jobs verkaufte seinen VW-Bus und Steve Wozniak seinen Taschenrechner HP 65, und mit den erzielten 1350 Dollar gründeten sie Apple Computer. Donald Burr übertraf die beiden noch durch den Verkauf seines Autos, zweier Mietbesitze und der Auflösung seines Sparkontos, um genug Startkapital für die Errichtung von People Express zu haben.

Calvin Kleins erste 10 000 Dollar

Ihre Familie und Freunde können Ihnen Startkapital zur Verfügung stellen, wenn Sie eine gute Idee haben und richtig mit ihr umzugehen wissen. Brett Johnson lieh sich von seiner Großmutter 1500 Dollar für die Gründung der Crowd Corporation in St. Paul, Minnesota, die Mützen mit Werbung für Coke, Skoal (Schnupftabak), Budweiser und andere Marken bedruckt, die Johnsons Kunden herstellen und die ihm 1984 Waren im Wert von 7 Millionen Dollar abnahmen. Der Modeschöpfer Calvin Klein begann sein äußerst erfolgreiches Konfektionsunternehmen 1968 mit 10 000 Dollar, die ihm ein Freund aus der Kindheit, Barry Schwartz, zur Verfügung gestellt hatte, der Kleins Teilhaber und knallharter Manager wurde.*

Wenn Sie keine Unterstützung für Ihr neues Unternehmen bei der Familie oder bei Freunden finden, sollten Sie es mal bei Ihrem Chef versuchen. General Electric gab zwei ehemaligen Angestellten 525 000 Dollar gegen eine 15prozentige Beteiligung an ihrer mobilen Kommunikationsfirma, der Mobileat Corporation, mit Sitz nahe Philadelphia. Xerox gab fünf Exmanagern die Konstruktionspläne des Heimcomputers C8/16 als Gegenleistung für einen Minoritätsanteil an der neuen Firma Sunrise Systems, Inc., die die Hardware herstellt und Xerox zu einem ihrer Kunden zählt.

Wohlhabende Einzelpersonen mit Spielerinstinkt sind dafür bekannt, verlockende Risikounternehmen von Broadway Musicals bis zu zauberhaften Restaurants zu finanzieren, wobei oft die Konzepte den Zuschlag bekommen, die mit wenigen Worten erklärt werden können. Der Karateweltmeister Chuck Norris war in dieser glücklichen Position, als er auf der Suche nach 1 Million Dollar zur Finanzierung seines ersten Films *Good Guys Wear Black*** bei den Spielfilmproduzenten in Hollywood die Runde machte. »Es gibt vier Millionen Amerikaner, die Karate als Sport betreiben«, soll Norris seinen künftigen Investoren gesagt haben. »Die kennen mich alle. Wenn sich nur die Hälfte den Film ansieht, werden wir 6 Millionen Dollar brutto bei einem Einsatz von 1 Million Dollar einspielen.« Norris hat sein Geld bekommen, und bisher hat der Film dreimal 6 Millionen Dollar eingespielt.

* Walter McQuade »*The Bruising Businessman Behind Calvin Klein*«, Fortune, 17. November 1980, S. 106–117.

** »Gute Jungs tragen Schwarz« (A. d. Ü.).

Überraschenderweise sind Banken und Sparkassen hervorragende Geldquellen für den Beginn eines neuen Unternehmens, vorausgesetzt, Sie können genug Sicherheiten bieten. Als er ganz neu anfing, erhielt Xavier Roberts, Schöpfer der Cabbage Patch Kids, einen kleinen Bankkredit gegen einige Autos als Sicherheit. Als ihm dieses Geld ausging, finanzierte Roberts sein junges Unternehmen mit einer Visa-Kreditkarte, womit er monatlich Stoff, Faden und Füllmaterial bis zu 700 Dollar bestellte, bis er seinen Zahlungsverpflichtungen nicht mehr nachkommen konnte und die Karte eingezogen wurde.

Herb Colvin, ein junger schwarzer Unternehmer, benutzte ebenfalls sein Auto und seine Ersparnisse, um Suncoast Supply in einem sehr ordentlichen Gebäude in der Nähe des Tampa International Airport zu gründen.

Colvin arbeitete als Manager für Johnson & Johnson, als die Möglichkeiten der Satelliten- und Kabeltechnologie großes Interesse bei ihm weckten. 1981 verkaufte Colvin seinen Porsche und kaufte von dem Geld eine große Parabolantenne, mit der er in seinem Garten herumexperimentierte. Einige Monate später ließ Colvin Suncoast Supply als privaten Fernsehsender eintragen und gewann den Grenelefe-Golf-und-Tennis-Club im nahe gelegenen Haines City als ersten Kunden.

Durch diesen Erfolg ermutigt, befaßte sich Colvin weiter mit den Chancen des Kabelfernsehens. Innerhalb einiger Monate hatte er mit Hilfe des Small Business Center der University of South Florida einen 65 Seiten langen Unternehmensplan für eine neue Firma erarbeitet, die die Kabelfernsehindustrie beliefern sollte.

Colvins Erfolge deuteten an, daß die Kabelfernsehfirmen in Kürze Multimillionendollarsysteme überall in den Großstädten installieren würden und viele dieser Städte, darunter Tampa, darauf bestehen würden, einen beträchtlichen Prozentsatz dieser Aufträge an Minoritätsfirmen weiterzugeben.

Colvin, der seine Chance gekommen sah, gab seine Arbeit auf, um Suncoast Supply zu gründen, die hauptsächlich durch einen Höchstkredit der Community Federal Savings and Loan in Tampa, einer im Eigentum von Schwarzen befindlichen Bank, finanziert wurde, deren Mitarbeiter sich aus allen Bevölkerungsteilen zusammensetzt.

»Meine Frau Carole, Sprach- und Gehörtherapeutin am Hillsborough County Education Department, meinte, ich sei verrückt«, so Colvin, aber binnen kurzer Zeit kündigte sie und wurde Vizepräsidentin der Firma, zu deren ersten Kunden Cable Atlanta, Tampa Cable Television und Times-Mirror Cable Television zählten. Suncoast Supply hatte in den ersten vier Monaten nach seiner Gründung ein Geschäftsvolumen von 150 000 Dollar, und 1984 betrug der Umsatz 1,2 Millionen Dollar. »Die Arbeitszeit ist lang und die Tätigkeit sehr anstrengend«, meint Carole Colvin, »aber es macht Spaß, ein Unternehmen aufzubauen.«

Die Wiederbelebung der Innenstädte

Viele Stadtverwaltungen in den USA haben alles unternommen, um Unternehmensneugründungen zu unterstützen, damit die stillgelegten oder kurz vor dem Konkurs stehenden Firmen ersetzt werden können, die diese Städte in Geisterstädte zu verwandeln drohen. Duluth in Minnesota ist dafür ein gutes Beispiel.

Das einstmals blühende Zentrum für die Verschiffung von Getreide und Eisenerz mußte miterleben, wie Bergwerksunternehmen geschlossen wurden und Firmen wie Jeno's Pizza weggingen und damit die Arbeitslosenquote auf 17 Prozent hochschnellte. »Es gibt einen direkten Zusammenhang zwischen einem steigenden Interesse an Kleinunternehmen und der Arbeitslosigkeit hier«, erklärt der geschäftsführende Direktor der Cummunity Enterprises einem Journalisten, der für die Zeitschrift *In Business* einen Bericht über den Unternehmergeist, der Duluth rettet, schrieb. Duluth hat Unterstützungsgruppen eingesetzt, die den Unternehmen bei der Beschaffung von Kapital, billigen Büroräumen und Dienstleistungen von Sekretariatsarbeit bis zur Buchführung helfen sollen. Die Stadt hat auch mehrere Millionen Dollar aufgebracht, um erfolgreiche Unternehmen aufzukaufen, die dann nach Duluth verlagert werden sollen.

Ein Einwohner, der aus der Arbeitslosenkartei von Duluth verschwand und zum Unternehmer wurde, ist Neil Mathison, der als Pilot von seiner Firma entlassen wurde und dann auch noch seine

Arbeit als Vertreter für eine Flugzeugfirma verlor. Ohne Aussicht auf neue Arbeit gründete er mit Unterstützung der Duluth's Community Enterprises die North Country Aircraft Sales, die sich auf den Ankauf und Verkauf von gebrauchten einmotorigen Cessna-Flugzeugen spezialisiert. »Es ging darum, anzufangen oder zu verhungern«, so Mathison, der an seinem bisherigen Erfolg weiterarbeitet, seinen ihm eingeräumten Kredit erweitert und erwartungsvoll in eine einträgliche Zukunft blickt.

Städte und Bundesstaaten in den gesamten USA verstärken heutzutage jegliche Hilfe für Unternehmer, und sie werden den roten Teppich vor Ihnen ausrollen, wenn Ihr Unternehmen im Spitzentechnologiebereich angesiedelt ist. Die National Governor's Association in Washington, D. C., hat eine Broschüre mit dem Titel *Technology & Growth: State Initiatives in Technological Innovation** herausgegeben, die eine umfassende Aufstellung der Angebote der einzelnen Bundesstaaten beinhaltet, dazu gehören Wagniskapital, Steuerstundungsmöglichkeiten, auf die Bedürfnisse zugeschnittene Schulungsprogramme, Unternehmensförderung, Forschungsanlagen und auf die Industrie ausgerichtete Forschung an den Universitäten.

Die Finanzierungsquelle für Unternehmen, für die die meiste Werbung betrieben wird, ist das Wagniskapital, das seinen Ursprung in den USA hatte, als die Rockefellers, Phippses, Whitneys und andere wohlhabende Familien sich nach neuen Möglichkeiten umsahen, ihr immenses Vermögen zu behüten und zu vergrößern. Einer der wenigen Wege, das legal zu tun, war die Errichtung von Wagniskapitalfirmen wie die Rockefellers Venrock, Inc. – ein früher Kapitalanleger bei Apple Computer –, die Millionen von Dollar in riskanten jungen Unternehmen anlegen, die schnell in Konkurs gehen können oder möglicherweise auch ihr Kapital innerhalb von fünf Jahren verfünft- bis verzehnfacht haben.

Amerikas etablierte Familien schlossen sich in den letzten Jahren einigen Neulingen im Risikokapitalgeschäft an wie Arthur Rock in San Francisco, der einige Millionen Dollar verdiente, weil er sich

* Technologie und Wachstum: Staatsinitiativen bei Technologieinnovationen (A. d. Ü.).

finanziell an Firmengründungen im Spitzentechnologiebereich wie bei Teledyne, Intel und Apple Computer beteiligte. Auf der Bühne der Risikokapitalszenerie sind neuerdings auch Großbanken und Versicherungsgesellschaften wie New Yorks Citibank, Manufacturers Hanover Trust, Prudential-Bache und Morgan Stanley aufgetaucht, wobei letztere Anfang 1984 bekanntgab, daß man 40 Millionen Dollar aufgebracht habe, um an den neuen privaten Forschungs- und Entwicklungsprojekten einen Anteil zu haben.

Nach Schätzung der Zeitschrift *Venture* fließen jährlich um die 2 Milliarden Dollar an Risikokapital in vielversprechende neue Unternehmen, während es im Jahr 1979 nur 39 Millionen Dollar waren. Der Grund für diesen sprunghaften Anstieg war die große Gewinneinbuße 1978 im Risikokapitalgeschäft, der noch ein weiterer 1981 folgte. Das ließ die sowieso schon steigenden Zinsen, die durch Vorsteuergewinne bei derartigen Geldtransaktionen erzielbar sind, auf 20 Prozent, auf 30 Prozent, ja sogar auf 50 Prozent ansteigen, was wiederum dazu beitrug, daß 1984 4 Milliarden Dollar mehr in die Risikokapitalbranche flossen. Dadurch erreichte das zur Verfügung stehende Kapital eine Rekordhöhe von 16 Milliarden Dollar, so jedenfalls die Feststellung der Zeitschrift *Venture Capital Journal.*

Die Kunst der Durchführung

Glücklicherweise gibt es für zahlungskräftige Unternehmen der Risikokapitalbranche unzählige Möglichkeiten, ihr Geld anzulegen. »Es gibt heute viele lukrative Investitionsmöglichkeiten«, so der Risikokapitalunternehmer Benjamin Rosen, »denen wir uns aus Zeitmangel und aufgrund eines Personalmangels jedoch gar nicht widmen können – sie sind einfach unbegrenzt. In den siebziger Jahren wurde eine Schlüsselerfindung gemacht, die unserer Beobachtung nach für 90 Prozent aller Firmengründungen wegweisend war – der Mikroprozessor. Alle von uns finanzierten Firmen arbeiten direkt mit den Mikroprozessoren. Ich bin zwar kein Experte, nehme jedoch an, daß es auf dem Gebiet der Biotechnologie ein Äquivalent zum Mikroprozessor gibt. Die Gentechnologie ist eine neue Technik, die ebenfalls viel Neues nach sich ziehen wird.

Wir meinen, daß die Ausarbeitung eines Unternehmensplans für den Unternehmer eine gute Übung ist, seine Träume realisierbar zu machen. In der Wirklichkeit sagt er Ihnen, ob Sie möglicherweise ein 1-Million-Dollar-, 10-Millionen-Dollar- oder 100-Millionen-Dollar-Unternehmen aufbauen können. Er hilft Ihnen dabei, Ihre Gedanken zu ordnen, hat aber unseres Erachtens wenig mit der Realität zu tun. Grund dafür ist, daß Ihre zukünftige finanzielle Situation schwer abschätzbar ist, der Großteil des Unternehmensplans bezieht sich jedoch auf die künftigen fünf Jahre. So errechneten wir zum Beispiel für die Firma Lotus Development auf der Grundlage ihrer Prognose für das erste Jahr einen Umsatz von 3 Millionen Dollar. Sie erzielten schließlich 53 Millionen Dollar, was bedeutet, daß wir uns um sage und schreibe das Siebzehnfache irrten. COMPAQ lag mit ihrer Kalkulation für das erste Jahr um ein Drittel zu niedrig, obwohl wir schon meinten, die Prognose sei viel zu optimistisch angesetzt gewesen, und wir es daher kaum glauben konnten. Die meisten Unternehmenspläne weisen in der einen oder anderen Beziehung erhebliche Mängel auf. Leider weiß man nie, in welcher Beziehung. Wir hatten Glück, daß sich Lotus und COMPAQ auf dem richtigen Weg befanden.

Unsere Vorgehensweise ist, zu Beginn ein Geschäft abzuschließen, wobei einfach ausgehandelt wird, wieviel Anfangskapital die Unternehmensgründer bekommen und was die Finanzhelfer als Gegenleistung erhalten. Das Anfangskapital jeder Firma muß erst drei-, ja sogar viermal aufgestockt werden, bevor Aktien ausgegeben werden. Wir beharren darauf, daß diese Meilensteine erst erreicht werden müssen, bevor wir einem Unternehmen weiteres beträchtliches Kapital zur Verfügung stellen. Dies halten wir für außerordentlich wichtig. Unsere Unternehmer müssen wissen, wie sie vorzugehen haben. Wenn sie ihren festgelegten Plan nicht durchziehen können, wird das verheerende Auswirkungen auf ihren zukünftigen Erfolg haben. Diese Fähigkeit ist wesentlich entscheidender, als über einen Markenartikel zu verfügen, wovon es heutzutage sehr wenige gibt. Alles, was jemand tun kann, kann jemand anderes in einem halben Jahr auch tun. Das Unternehmertum ist die Kunst der Durchführung.«

David T. Thompson, staatlicher Koordinator für Risikokapitalfinanzierung bei der großen Steuerberatungsfirma Deloitte Haskins & Sells, ist der Meinung, daß Sie Schwierigkeiten haben werden, an Risikokapital heranzukommen, wenn Ihr neues Unternehmen

- über wenig verkäufliches Betriebsvermögen verfügt, das im Falle eines Konkurses zu Geld gemacht werden kann;
- geringe Produktionsentwicklungskosten hat, die der Konkurrenz den Zugang zum Markt mit demselben Produkt ebenso leichtmacht;
- sich in einem Bereich einer sich schnell ändernden Technologie befindet, die zu einer raschen Überalterung des Produkts führt;
- ein schwerverkäufliches Produkt herstellt, dessen Vorteile gegenüber einem konkurrierenden Produkt noch nicht klar ersichtlich sind;
- ein revolutionäres Produkt herstellt;
- nur ein Erzeugnis vertreibt, wobei keine anderen in Entwicklung sind;
- ein unvollständiges und unerfahrenes Management hat;
- ein Produkt herstellt, für das der Markt noch nicht erschlossen oder erst im Wachsen ist.

Sie kommen mit einem Risikounternehmer am besten in Kontakt, wenn Sie sich persönlich bei ihm vorstellen; wenn Sie niemanden kennen, der das für Sie arrangieren kann, treten Sie an Ihren Bankier oder Steuerberater heran. Wenn das alles nichts hilft, suchen Sie einfach eine Risikokapitalfirma auf ohne vorherige telefonische oder schriftliche Anmeldung.

Nur wenige dieser Firmen werden sich mit Ihren Vorschlägen weiter befassen, wenn Sie nicht mit einem eindrucksvollen Unternehmensplan und einem starken Managementteam aufwarten. »Wenn wir uns einen Unternehmensplan ansehen«, meint Jacqueline C. Morby, Komplementärin der TA Associates in Boston, »schlagen wir zuerst die Seite auf, auf der etwas über das Management aufgeführt ist. Der Vorstand einer idealen jungen Firma, der mit größter Wahrscheinlichkeit Kapital zur Verfügung gestellt wird, sollte bestehen aus: 1. einem Vorstandsvorsitzenden (CEO) einer großen Firma, der Erfahrung mit Gewinnen und Verlusten hat; 2. einem Vertriebsexperten, versiert in Produktplanung und Management; 3. einem ausgezeichneten Techniker, der schon vorher Produkte entwickelt hat und fähig ist, ein Entwicklungsteam zu übernehmen.«

Da alle Risikokapitalfirmen stark miteinander verwoben sind, sollten Sie aufpassen, daß Ihr Vorhaben nicht in den Ruf verfällt, herumgereicht worden zu sein. »Sicherlich bedeutet die Entscheidung ein gewisses Risiko für den Unternehmer, wie vielen Risikounternehmen er den Plan zeigt«, sagt Bryan Cressey von der Firma Golder, Thoma und Cressey in Chicago. »Wenn er nur eine Firma aufsucht, macht er möglicherweise nicht das optimale Geschäft. Sind es mehr als zehn, schenken ihm die Risikokapitalunternehmer unter Umständen keine Aufmerksamkeit mehr. Ich schaue immer zuerst darauf, das wievielte Exemplar ich bekomme«, so Cressey weiter. »Ist es bereits das zwanzigste, dann widme ich mich dem Plan gar nicht mehr. Einige Leute haben das gelernt und versuchen zu verschleiern, das wievielte Exemplar sie einem vorlegen. Ich hatte mal einen Plan, der trug die Nummer #CP318. Das hört sich mehr nach einem Spiel als einem Plan an.«

Wenn Sie ein außerordentlich interessantes Konzept für eine neue Firma haben, besteht die Chance, daß Sie sich das Startkapital durch den Verkauf von Firmenanteilen beschaffen können. Die Securities Data Company, eine New Yorker Firma, die Finanzierungsinformation anbietet, berichtet, daß 65 unbekannte Firmen mit jährlichen Erträgen von Null bis 100 000 Dollar sich Anfang 1984 annähernd 411 Millionen Dollar durch die öffentliche Vergabe von Anteilen beschafft haben.

Der Schlüssel, um an Kapital heranzukommen, ohne die Finanzierungsquelle anzugeben, besteht darin, einen Spekulanten wie zum Beispiel D. H. Blair in New York, Steiner Diamond in Chicago oder Robertson, Colman & Stephens in San Francisco zu finden, der gewillt sein könnte, die Anteile des schnellen Spekulationsgewinns wegen, den sie bei gutem Verkauf erzielen könnten, zu verkaufen. Die Leute erhalten meist eine Gebühr in bar und die Garantie, die Aktien Ihrer Firma zu einem niedrigen Preis erwerben zu können. Sie verdienen ihr Geld, wenn sich die Investoren um die Anteile reißen und die Preise bis zu einem Punkt in die Höhe treiben, daß die Anteile mit erheblichem Gewinn verkauft werden können.

Somit ist es schwierig, alle Finanzierungsquellen aufzuzählen, so daß Sie eine ziemliche Detektivarbeit leisten müssen.

Am besten wenden Sie sich zuerst an Ihre örtliche Bank, den Rotary Club, das Büro des Bürgermeisters, das des Gouverneurs (ein Stabsmitglied des Gouverneurs sollte Sie zu einem Mitglied der Handelskammer in Ihrem Bundesstaat weiterleiten) und Ihre Abgeordneten im Kongreß in Washington, D. C.

Andere Quellen, denen Sie nachgehen sollten, sind Small Business Institutes und Small Business Development Centers, die auf dem Gelände von Hunderten von Universitäten und Colleges zu finden sind, der Service Corps of Retired Executives (SCORE), der sich aus Mitgliedern der SBA zusammensetzt, Freiwilligenorganisationen wie das Interracial Council for Business Opportunity und Leute, die im *Wall Street Journal, The New York Times* oder anderen Zeitschriften Anzeigen aufgeben wie »Anlagekapital frei«. Diese Anzeigen sollten mit äußerster Skepsis gelesen werden. Bei einigen scheint ein Druckfehler vorzuliegen wie zum Beispiel: »Greifen Sie zu, 1 Million Dollar bis zu 10 Millionen Dollar für jeden Zweck«, oder: »Kredite für Kleinunternehmen. Minimum 10 000 Dollar. Schnelle Abwicklung. Sicherheiten nicht erforderlich.« Leute, die sich Kapital beschaffen wollen, können ebenso Anzeigen in diese Zeitungen setzen wie der Zahnarzt Philip L. Hirschorn mit einer riesigen Anzeige für 2000 Dollar in *The Wall Street Journal,* mit der er 2,4 Millionen Dollar aufbrachte, um eine Unternehmenskette aus kombinierten zahnärztlichen und ärztlichen Notdienstzentren aufzubauen.

Der letzte kleine Tip, den Sie nicht vergessen sollten, wenn Sie den Geldbaum schütteln, ist, nicht bei der ersten Kapitalofferte, die Ihnen in den Schoß fällt, sofort zuzugreifen.

Carole Hires, Bea McHugh und Mary Ellen Gaffney lehnten zwei Finanzierungsangebote zum Aufbau einer Firma zur Gesundheitsversorgung zu Hause in Morristown, New Jersey, ab, bevor sie ein Angebot annahmen, das ihren Wünschen entsprach. Die drei Frauen verfügten über eine zwanzigjährige Berufspraxis als Krankenschwestern, hatten einen sehr detaillierten Unternehmensplan ausgearbeitet und in Carole Hires eine Partnerin gefunden, die eine Firma geleitet hatte, die sich mit der Heimpflege Kranker und Rekonvaleszenter beschäftigte.

Frau Hires erzählt, daß ihnen zwei Risikokapitalunternehmen Geld zum Aufbau ihrer Firma angeboten hätten, die als Gegenleistung einen Anteil von 60 Prozent an dem Unternehmen verlangten. »Ich weiß, wieviel Arbeit man in ein neugegründetes Unternehmen stekken muß, um es in Gang zu bringen«, meint Frau Hires, »und es wäre selbstzerstörerisch gewesen, hätten wir ihre Angebote angenommen. Das wäre sicher der letzte Ausweg gewesen.«

Frau Hires suchte dann die SBA auf, die ihr einen Pauschalkredit von 75 000 bis 100 000 Dollar anbot. Sie lehnte dieses Angebot ab, da sie nicht soviel Kapital benötigte, um die Firma auf die Beine zu stellen, und kam zu dem Schluß, daß sie die Zinszahlungen verringern könnte, wenn sie eine Kreditlinie aushandelte, auf die sie jederzeit zurückgreifen konnte.

Schließlich bekam sie eine Kreditlinie über 130 000 Dollar von der Horizon Bank in New Jersey, und die drei Partnerinnen eröffneten ihre Firma am 1. Januar 1984, die im ersten Jahr einen Gesamtumsatz von annähernd 1 Million Dollar erzielte.

6 Man braucht mehr als Geld

»Man braucht mehr als Geld, um einem Unternehmen zum Erfolg zu verhelfen. Man muß auch wissen, was man tut.«

Mary Kay Ash,
Gründerin und Vorsitzende von Mary Kay Cosmetics

Als Suzy Bass zu dem Entschluß kam, sich selbständig zu machen, war sie erst kurz von ihrem Mann, einem Rechtsanwalt in Dallas, geschieden und hatte zwei Kinder im Alter von vier und acht Jahren. Dennoch gründete sie eine Firma, die Bars, Restaurants und andere Kunden mit 25-kg-Säcken Eiswürfel in Austin, Texas, beliefert und jährlich einen Umsatz von annähernd 400 000 Dollar erzielt.

Bei der Scheidung wurden Frau Bass 12 000 Dollar Abfindung zugesprochen, mit denen sie ihr Unternehmen finanzierte und ihren Lebensunterhalt bestritt, bis sie durch den Eiswürfelverkauf Geld verdiente. Schon bald fand sie heraus, daß man für die Gründung einer Firma mehr braucht als nur Geld. Man braucht Verträge, Produktionsgeräte, Material, einen Fuhrpark, eine Produktionsstätte, Mitarbeiter, das Know-how, Ausdauer und dergleichen.

Suzy Bass begann, nach einem erfolgreichen Unternehmenszweig zu suchen, überprüfte verschiedene Konzepte einschließlich Boutiquen und Hobbyläden, kam aber zu dem Ergebnis, daß diese ihr und ihren Kindern keinen passablen Lebensstil garantieren können. Doch dann stieß sie auf einen unerwarteten Ausweg: Eine Freundin, die eine Eiswürfelfabrik besaß und einige Monate vorher in einem Restaurant gearbeitet hatte, erinnerte sich an ein Problem. Die Eiswürfelmaschine dieses Restaurants ging ständig kaputt, worauf der Manager den jüngsten Kellner zu einem nahegelegenen Laden schikken mußte, um teure Eiswürfelpakete zu kaufen, während er doch eigentlich dringend die Tische saubermachen sollte.

Frau Bass erkannte sofort, daß sie auf ein Konzept für eine Marktlücke gestoßen war – einen Eiswürfelnotdienst. Bevor sie jedoch den ersten Penny ihrer 12000 Dollar für das Unternehmen ausgab, sprach sie mit Leuten aus der Eisbranche in Houston und San Antonio und besuchte Kinos, Clubs, Bars, Restaurants, Lebensmittellieferanten und andere mögliche Kunden in Austin, die ihr alle das nötige Selbstvertrauen gaben, um Flash Cubes Fast Ice Delivery zu gründen.

Kaum war Frau Bass im Geschäft, als sie auch schon auf Schwierigkeiten stieß. Sie bekam einen Korb, als sie eine Eiswürfelmaschine und einen Lieferwagen mieten wollte. »Sie waren sehr aufrichtig«, meint Frau Bass. »Als Frau ohne Kreditwürdigkeit, ohne Übung und Unternehmenserfahrung wurde ich als kein besonders gutes Wagnis eingestuft.« Ihr kam jedoch ein Freund aus Houston zu Hilfe, der ihr bei der Beschaffung einer Eiswürfelmaschine half, und zudem bot er sich an, ihren alten Fließheck-Honda als Lieferwagen in ihrem Geschäft einzusetzen.

Das nächste Problem bestand darin, ein Gebäude für ihr Unternehmen zu finden. Sie brauchte eine billige und zentral gelegene Halle, die eine hohe Decke und eine Laderampe hatte. Sie fand schließlich ein altes Lagerhaus. Nun war sie bereit, Eileiswürfellieferungen an potentielle Kunden auszufahren, die sie in den vergangenen Monaten aufgesucht hatte. Um nicht in Vergessenheit zu geraten, gab sie ihnen Aufkleber für ihre Eiswürfelmaschinen. Auf den Aufklebern standen der Name ihrer Firma, die Telefonnummer und die Geschäftsstunden von 16 bis 22 Uhr, die Zeit, in der ihrer Meinung nach die größte Nachfrage bestand.

Der erste Anruf bei Flash Cubes kam um 8 Uhr morgens, und bevor Frau Bass merkte, was vor sich ging, war sie zwölf Stunden pro Tag damit beschäftigt, Eiswürfel tonnenweise aus der Eiswürfelmaschine zu entnehmen, sie in Säcke umzufüllen, die Säcke auf ihren Honda zu laden, zu den Geschäften ihrer Kunden zu fahren, die Eiswürfel abzuladen, die Rechnungen auszustellen, die Bücher zu führen und Kunden aufzusuchen – und sie erledigte das alles selbst. »Es war überwältigend, sehr anstrengend und doch anregend«, erzählt Frau Bass. »Ich leistete körperlich und auf allen anderen

Gebieten mehr, als ich mir es hätte vorstellen können.« Hinzu kam noch, daß sie sich um ihre Kinder kümmern mußte, die sie oft in ihr Lagerhaus mitnahm, wo sie Puzzles und andere Spiele aufbewahrte und wo auch zwei Kinderbetten standen; oder sie nahm sie einfach zu ihren Auslieferungen mit.

Das Unternehmen von Frau Bass war praktisch an seiner Kapazitätsgrenze angelangt, als die ersten Wachstumsschwierigkeiten bei Flash Cubes auftraten. Einen Monat nach Gründung ihrer Firma lieferte sie so viele Eiswürfel aus, daß sie ihren alten Honda-Hatchback gegen einen Lieferwagen austauschen mußte. Die erste Bank, bei der sie um einen Kredit für den Lastwagen nachfragte, gab ihr kein Darlehen, bei der zweiten bekam sie dann eine positive Antwort, so daß sie gleich ihre ganzen Bankgeschäfte diesem Institut übertrug. Eines Nachts jedoch brach sie sich während einer Auslieferung den Fuß, was zu einer Katastrophe hätte führen können, da sie die einzige war, die die Arbeit verrichten konnte. Frau Bass war zwar gezwungen, jemanden anzustellen, hatte somit aber Zeit, sich zu entspannen und einen strategischen Plan auszuarbeiten, eine Sache, die sie immer herausgezögert hatte.

Frau Bass merkte sehr schnell, daß sie mehr Kunden besuchen, einen Buchhalter für die schriftlichen Sachen einstellen und einen Erweiterungsplan aufstellen mußte, der sehr stark auf absatzfördernde Maßnahmen zugeschnitten war.

Frau Bass machte sich alle nur denkbaren Hilfsmittel zu eigen, um den Umsatz zu steigern:

- Sie verwandelte die beiden Seiten ihres LKWs in fahrende Werbetafeln, auf denen geschrieben stand: FLASH CUBES, FAST ICE DELIVERY, 474–4439.
- Jedes Frühjahr, wenn die Eissaison anfing, verschickte sie Informationsmaterial an alle möglichen Kunden.
- Sie sah die von der Handelskammer veröffentlichte Liste nach besonderen Veranstaltungen durch und nahm dann Kontakt mit den Veranstaltern auf, um ihnen ein Angebot zu unterbreiten, sie mit Eiswürfeln zu beliefern.
- Sie bat Getränkeauslieferfirmen, sie auf Veranstaltungen aufmerksam zu machen, die sie mit Getränken belieferten, damit sie sich um die Versorgung mit Eiswürfeln kümmern konnte.

- Sie freundete sich mit Leuten an, die Eiswürfel für Restaurants, Bars und andere Kunden, die sie betreute, kauften, damit sie sich an Flash Cubes erinnerten, wenn sie ihre Arbeitsstelle wechselten.

Durch diese Absatzstrategie konnte Flash Cubes seinen Umsatz so erhöhen, daß die Firma innerhalb von zwei Jahren größere Räumlichkeiten brauchte, die Frau Bass in einem Gebäude fand, in dem auch Redi-Ice untergebracht war, eine Tochtergesellschaft der Firma, der die Ladenkette für Bedarfsartikel 7-Eleven gehört. Sie mietete gerade so viel Lagerfläche an, wie sie für ein kleines Büro, eine Laderampe und zwei Eiswürfelmaschinen benötigte, und es war auch von Vorteil, daß sich ihre Firma direkt neben Redi-Ice befand, da diese Flash Cubes soviel Eiswürfel als nötig zur Verfügung stellte, wenn die eigenen Maschinen die ganzen Aufträge nicht mehr bewältigen konnten.

Das nächste Problem, das mit dem Firmenwachstum in Beziehung stand, war Frau Bass' Entdeckung, daß einer ihrer Angestellten die Firma bestahl. Die Fahrer von Flash Cubes haben numerierte Quittungsblöcke, und jeder Kunde erhält eine Quittung, wenn er das Eis, meist in bar, bezahlt. Einer der Fahrer hatte eine Schublade aufgebrochen, in der noch unbenutzte Quittungsblöcke waren, und hatte einen Block herausgenommen, der eine wesentlich höhere Zahlenfolge hatte als die, die gegenwärtig verwendet wurden. Er gab dem Kunden eine Quittung aus diesem Block und steckte das Geld in die eigene Tasche. Bevor man ihm auf die Schliche kam, hatte er sich schon mit 10 000 bis 20 000 Dollar aus dem Staube gemacht. Dieser Rückschlag veranlaßte Frau Bass, ihren Angestellten weniger blind zu vertrauen, ihnen zu erklären, wie nötig die enormen Summen an Bargeld, mit denen sie umgingen, für den Betrieb und die Erhaltung ihrer Arbeitsplätze waren, und sie führte wesentlich strengere Finanzkontrollen durch.

Suzy Bass, nun seit mehr als fünf Jahren im Geschäft, unterhält fünf Lastwagen, hat zehn Angestellte und gründete 1984 eine zweite Firma mit dem Namen Sno Delights, die gefrorene Desserts in 30 verschiedenen Geschmacksrichtungen herstellt, die von Eiswagen aus verkauft werden, die über ganz Austin verteilt sind. »Ich habe wahrscheinlich mit mehr Sno-Delights-Eiswagen angefangen, als ich tatsächlich bewerkstelligen konnte«, meint Frau Bass, »aber die Firma läuft sehr gut, und es macht mir viel Spaß.«

Suzy Bass' Erfahrung mit der Gründung von Flash Cubes und Sno Delights spiegelt die Erfahrung anderer Unternehmer wider, die ihr Unternehmen mit Erfolg konzipiert und die Mittel gesammelt haben, die nötig sind, um ein Unternehmen in Gang zu bringen. Es gibt keine standardisierte Vorgehensweise für die Mittelbeschaffung, obwohl die meisten Erstunternehmer denselben Weg gehen, der damit beginnt, die Rechtsform des Unternehmens festzulegen, ihm einen Namen zu geben, einen Standort zu finden, es mit Betriebseinrichtungen auszustatten, eine Dienstleistungs- und Zulieferstruktur aufzubauen und Leute einzustellen.

Drei Wege, um ein Unternehmen erfolgreich zu führen

Eine der ersten Entscheidungen, die Sie als neuer Unternehmer treffen müssen, befaßt sich mit der Rechtsform, mit der Sie sich entscheiden, ob Ihre Firma ein Einzelunternehmen, eine offene Handelsgesellschaft oder eine Aktiengesellschaft sein soll.

Wenn Sie Ihren eigenen Rasenmäher nehmen und in das Rasenmähgeschäft einsteigen, müssen Sie überhaupt nichts tun. Der bloße Akt, daß Sie dafür bezahlt werden, sich um den Rasen Ihrer Nachbarn zu kümmern, macht Sie zu einem Alleinunternehmer.

Der Vorteil dabei ist, daß Sie Ihr eigener Chef sind, und wenn das Unternehmen so groß wie General Motors wird, gehört alles Ihnen allein. Der Nachteil ist, daß Sie ganz auf sich allein angewiesen sind. Sie haben keine Partner, die Ihnen dabei behilflich sind, das Unternehmen zu finanzieren, es zu einer erfolgreichen Firma zu machen, und die Ihnen in guten wie in schlechten Zeiten zur Seite stehen. Als Alleinunternehmer haften Sie persönlich für Ihre Verbindlichkeiten, und wenn Sie einem Kunden beim Rasenmähen die große Zehe mit abmähen, kann der Schadensersatzprozeß Sie das letzte Hemd kosten.

Wenn Sie Alleinunternehmer sind, kann die Firma Ihren eigenen Namen tragen (zum Beispiel Mary's Lawn Service), wenn Sie jedoch einen erfundenen Namen verwenden wollen wie Marvelous Lawn Service, müssen Sie sich eine Bescheinigung »tätig als . . .« von der zuständigen Behörde ausstellen lassen (Bundesstaat, Gemeinde, Stadt). Sie brauchen ebenso eine Lizenz oder Zulassung, wenn Sie als Arzt, Rechtsanwalt oder anders freiberuflich tätig sind, wenn Sie sich mit etwas beschäftigen, das der allgemeinen Gesundheit schaden könnte wie die Beseitigung von Giftmüll oder wenn Sie als Inkassostelle für Steuern fungieren, die der Bundesstaat oder die Gemeinde erheben.

Wenn Sie meinen, Sie wollen die Last, die eine Unternehmensgründung bedeutet, mit jemandem teilen, sollen Sie über eine Personengesellschaft nachdenken. Mit diesem Übereinkommen haften Sie und Ihre Teilhaber persönlich für die Verbindlichkeiten der Firma oder für gerichtliche Entscheidungen, wenn die Firma verklagt wird; die Verantwortung für die Unternehmensführung kann aufgeteilt werden, so wie die Partner es vereinbaren.

Sie können in Schwierigkeiten geraten, wenn Sie keinen Vertrag mit Ihren Teilhabern geschlossen haben, der genau aufführt, auf was Sie sich geeinigt haben, angefangen von der Höhe der Einlage, die jeder in das Unternehmen investiert hat, bis zur Arbeitsaufteilung und der Gewinn- und Verlustverteilung.

Nur wenige Beziehungen einschließlich der Ehe sind in dem Maße »Sturm-und-Drang-Situationen« ausgesetzt wie die Handelsgesellschaften, die sehr empfindliche Organismen sind, deren Überleben von klar abgesteckten Kompetenzbereichen, dem Informationsaustausch und Respekt vor dem Führungsstil Ihrer Teilhaber abhängig sind, sei er autoritär, auf gegenseitiger Übereinstimmung beruhend oder etwas dazwischen.

Drei junge Leute aus Kalifornien entdeckten dieses Zusammenspiel innerhalb einer Handelsgesellschaft 1974, kurz nachdem sie aus dem Rezept für einen Käsekuchen die Bäckerei Just Desserts in San Francisco entwickelt hatten, deren Umsatz sich 1984 auf 5 Millionen Dollar belief.

Die Teilhaber Elliot Hoffman und Gail Horvarth hatten gleich am Anfang Schwierigkeiten, da sie verheiratet waren und ihr ungestümes Unternehmen mit ihrem Privatleben kollidierte. Sie fanden jedoch eine Lösung: Gail schuf eine Distanz zwischen sich und ihrem Mann, als sie die Leitung eines Ladens im innerstädtischen Embarcadero Center übernahm. Später stieg sie für zwei Jahre aus dem Betrieb aus, da sie ein Kind bekam, und kehrte dann zum Unternehmen in einen anderen Zuständigkeitsbereich zurück.

Die Besitzer von Just Desserts kamen erst spät darauf, die Arbeiten untereinander aufzuteilen, da sie sich vorher permanent in die Quere kamen und ihre Kompetenzen überschritten. »Es wurde zu einem Alptraum«, meint die Teilhaberin Barbara Radcliff. Elliot Hoffman kümmerte sich um die geschäftlichen Dinge, war aber trotzdem häufig in der Küche zu finden. »Als ich dieses Arbeitsfeld aufgeben mußte, meinte ich, mir würde das Herz aus der Brust gerissen«, erzählt Hoffman. Die Partner arbeiteten auch so hart, daß sie kaum Zeit zu Gesprächen miteinander fanden. »Während dieser Zeit«, berichtet Frau Radcliff, »war oft nicht klar, was eigentlich vor sich ging. Wir verloren die Beziehung zueinander, und die Planung wurde unkoordiniert.« Die Partner haben seitdem an einer klareren Struktur, Arbeitsplatzbeschreibungen, gegenseitigem Informationsaustausch usw. gearbeitet, um den Arbeitstag in der Bäckerei weniger streßbeladen zu gestalten.

Sie können jederzeit eine Personengesellschaft auflösen, wobei eine Möglichkeit darin besteht, die Partner auszubezahlen. Stina Hans, der 1975 mit zwei Teilhabern Mini-Computer Applications in Montrose, Kalifornien, gründete, bezahlte fünf Jahre später seine Partner aus, um Alleineigentümer der schnell wachsenden Firma zu werden, deren Umsatz zum Ende des Geschäftsjahres 1984 eine Höhe von 7,3 Millionen Dollar erreichte.

Die Zeitbombe entschärfen

Wenn Ihnen diese Zeitbombe der unbeschränkten Haftung, die in einem Einzelunternehmen oder in einer Personengesellschaft tickt, Unbehagen bereitet, dann sollten Sie die Haftung durch eine geeignete Rechtsform beschränken. Sie können sich durch den Abschluß einer Haftpflichtversicherung schützen, die dann in Kraft tritt, wenn

Sie für Fehler Ihrer Firma haftbar gemacht werden oder für Rechtsverletzungen der Firma – ausgenommen unbezahlte Rechnungen – aufkommen müssen. Sie könnten sogar eine offene Handelsgesellschaft finden, die Sie als stillen Teilhaber aufnimmt, was Sie vor allen Verlusten außer dem Ihrer Einlage schützt.

Die sicherste Art, sich vor der Verarmung zu schützen, sollte Ihre Firma in Konkurs gehen, besteht in der Gründung einer Körperschaft. So verlieren Sie nur das, was Sie in Ihr Unternehmen investiert haben, wenn die Dinge in Ihrem Unternehmen schiefgehen. Ihr Heim, Ihr Auto und Ihr übriges Vermögen bleibt von den Gläubigern der Firma oder denen, die eine Verfügung gegen Sie haben, unangetastet. Ihr Privateigentum kann nur dann gepfändet werden, wenn Sie eine persönliche Haftung für Ihre Firma übernommen haben, worauf die meisten Banken bestehen, wenn Sie eine Firma gründen und einen Kredit benötigen.

Es gibt auch gravierende Nachteile bei der Gründung eines Unternehmens mit beschränkter Haftung. Ganz oben auf der Liste stehen folgende:

- Es ist sehr teuer, da sich die Anwalts- und Gerichtskosten auf Hunderte oder Tausende Dollar belaufen.
- Viel Zeit geht durch Formalitäten und Schreibarbeit verloren, einschließlich der Gesellschaftervollversammlungen, dem Abfassen der Versammlungsprotokolle, dem Verschicken laufender Berichte an die Anteilseigner und dem Ausfüllen unzähliger Formulare von verschiedenen Regierungsbehörden.
- Die Gewinne unterliegen der Körperschaftsteuer, und jeder Teil der Einnahmen, der an Sie und die anderen Gesellschafter in Form von Gewinnanteilen ausgeschüttet wird, ist einkommensteuerpflichtig. Diese Doppelbesteuerung kann durch die Gründung einer Subchapter Corporation vermieden werden – siehe das Beispiel der Kolences mit ihrer Palo Alto Brewery –, wodurch Sie nur beschränkt haften, sofern Ihre Firma in Konkurs geht oder verklagt wird, der ganze Gewinn hingegen Ihnen als persönliches Eigentum zufließt. Der große Nachteil besteht darin, daß Sie keine unversteuerten Gewinne in dem Unternehmen zurückbehalten können, wie Sie es in einer regulären Gesellschaft im allgemeinen tun können.

Wenn Sie der Gründung Ihres eigenen Unternehmens näher kommen, mag Sie die Furcht, isoliert und allein gelassen zu werden, zu quälen beginnen, wie es bei vielen anderen auch der Fall war. Sie können diese Angst schnell überwinden, indem Sie sich einer Interessengruppe anderer Unternehmer in Ihrer Nachbarschaft anschließen wie der Handelskammer oder dem Rotary Club. Joseph Sonnenreich leitet eine nicht eingetragene Einmannwerbeagentur von seinem Appartement in New York City aus und gehört seit mehr als zwanzig Jahren der League of Advertising Agencies an, einer Gruppe von achtzig kleineren und mittleren privaten Werbeagenturen. Sonnenreich kann sich mit den anderen Mitgliedern der League unterhalten, wann immer er Lust dazu hat, und nutzt die Gruppe als Zentraleinrichtung für Fotografen, Künstler, Graphikdesigner und andere Fachleute, die er nach Bedarf einstellen kann. »Der freie Austausch von Informationen erspart sehr viel Zeit«, meint Sonnenreich, »und alle Mitglieder sind gewillt, ihre Erfahrung auch an andere weiterzugeben.« Briarpatch Network wurde 1974 in San Francisco geschaffen, »um gleichgesinnte Leute zu ermutigen, einander zu helfen«, indem sie ihr Unternehmerwissen und -erfahrung austauschen. In Connecticut wurde kürzlich der erste und größte einer ganzen Reihe neuer Wagniskapitalclubs gegründet, in dem Unternehmer, Rechtsanwälte, Ingenieure, Erfinder und andere an Unternehmen Interessierte sich einmal im Monat zusammenfinden, um Vorträge über Produkte und Dienstleistungen zu hören, die sie anbieten wollen, um zu diskutieren und um nach Finanzierungsmöglichkeiten für neue Unternehmenskonzepte der Mitglieder zu suchen.

Jetzt sollen Sie allmählich so weit in der Ausarbeitung Ihres eigenen Unternehmenskonzepts sein, daß Sie darüber nachdenken können, welchen Namen Sie Ihrem Unternehmen geben. Gute Geschäftsnamen sind die halbe Miete, obwohl die bekanntesten aus Zufall entstanden sind. Steve Jobs und Steve Wozniak wollten ihre Firma Executexo der Matrix Electronics nennen, bis Jobs, ein ehemaliger Vegetarier, »Apple« vorschlug. Eine Freundin von Frank und Dan Carneys Mutter zeigte den beiden einen Artikel in der *Saturday Evening Post* über eine neue Zusammenstellung mit dem Namen Pizza und schlug den beiden vor, eine Pizzeria in einem Gebäude zu eröffnen, das ihr in ihrer Heimatstadt Wichita, Kansas, gehörte. Die Jungs mieteten das Gebäude an, und da es so aussah wie eine Hütte, nannten sie ihre Pizzeria Pizza Hut. Anfang der siebziger Jahre war Pizza Hut zur größten Pizzeriakette der Welt geworden, und 1977 verkauften die beiden Brüder ihr Unternehmen an PepsiCo für 316 Millionen Dollar.

Die besten Namen sind die, bei denen man gleich erkennt, um welchen Geschäftszweig es sich handelt – Dunkin' Donuts, 5 Minute Oil Change, Just Pants, Nursefinders und Yummi Yogurt. Superlaws hört sich besser an als Nitro-Green oder Rasenpflegefirma; genauso wie Kwik-Kopy Vorteile gegenüber Sir Speedy bei Schnellkopien hat.

Man nimmt heutzutage die Erfindung einprägsamer Namen für Firmen und ihre Produkte so ernst, daß zumindest eine Firma entstanden ist, die sich auf Namensgebungen spezialisiert hat, und zwar das NameLab in San Francisco, zu dessen Kunden RCA, Chrysler, Honda und Federal Express gehören. Die gelungenste Namensgebung von NameLab ist wohl »Compaq«, womit eine neue Firma beschrieben werden sollte, die tragbare Computer verkauft und die im ersten Jahr den höchsten Umsatz neugegründeter Firmen in der amerikanischen Geschichte verbuchen konnte. Ira Bachrach, Gründer des NameLab, ist der Ansicht, daß die Produktnamen genauso einprägsam sein sollten wie die Firmenzeichen der Herstellerfirmen. Sein Vorschlag für den werbewirksamsten Markennamen, der jemals erfunden wurde, war »DieHard«, um Sears-Batterien mit langer Lebensdauer zu erkennen. Bachrach hat auch eine Tabelle entworfen, um unter Verwendung einer Skala von −5 bis +5 feststellen zu können, wie gut sich die Verbraucher einen Markennamen einprägen. Seine Bewertung für die Einprägsamkeit von drei märchenhaften Nudelschnellgerichten ist zum Beispiel: »Dehydrated Noodle Dinner« (−3), »Instant Mini-Meal« (0) und »Wacko-Snacko« (+5).

Die Sicherstellung von guten Betriebsanlagen und Zulieferern ist entscheidend für neue Unternehmen, und hier gibt es auch wieder Wahlmöglichkeiten, um Ihren Bedürfnissen gerecht zu werden.

Unternehmerschulungszentren

Eine erfreuliche Entwicklung hat die Einrichtung von Unternehmerschulungszentren genommen, wo Arbeitsräume, Konferenzräume, Kantinen, Teilzeitsekretariatsarbeit, Telefondienste, Möbel, Lastwagen und dergleichen in Anspruch genommen werden können und auf der Basis der tatsächlichen Abnutzung abgerechnet werden. Universitäten einschließlich dem Rensselaer Polytechnic Institute in Troy, New York, und dem Science Park der Yale University in New Haven, Connecticut, bieten Schulungszentren an mit Zugang zu den Beratern der Fakultät in Unternehmens- und Ingenieurwesen.

Loren A. Schultz, ein Unternehmer, der schon mehrere Firmen gegründet hat, darunter die 100 Millionen Dollar schwere Decision Data Computer Corporation, baute eine Reihe dieser Schulungszentren unter dem Namen Technology Centers International mit Hauptsitz in Montgomeryville, Pennsylvania, auf, die sich der Unternehmensberatung widmen und von einem ortsansässigen »Center Champion« koordiniert werden. Der »Champion«, der gewöhnlich über eine beträchtliche Erfahrung im Management verfügt, hilft Firmen bei der Aufstellung von Unternehmensplänen, der Sicherung von Hilfsmitteln einschließlich dem Wagniskapital, der Unternehmensgründung und schließlich der Gewinnerzielung. Schultz ist der Meinung, daß Ende 1985 zehn Zentren in Betrieb sein werden und es für ihn die größte Genugtuung sei, in erfolgreiche Unternehmen zu investieren, die mit Hilfe des Zentrums entstanden sind.

Schulungszentren für Unternehmensneugründungen sind eine Marktlücke, deren Zeit gekommen ist, und in einigen Monaten werden zweifellos einige exotische Nachahmungen auftauchen wie Kitchen Privileges in Alexandria, Virginia, das von Saul Barry Wax und seinen Partnern gegründet worden ist. »Wir sind das erste Unternehmen in den USA«, so Wax, »das gegründet wurde, um Küchen für kommerzielle Zwecke zu vermieten.« Die von Wax komplett eingerichtete und von den Gesundheitsbehörden auf allen Ebenen zugelassene Küche kann von bis zu sechs Köchen vierzehn Stunden pro Tag zu einem Preis von 27 Dollar pro Stunde benutzt werden. Wax sieht seine Küche als Schulungszentrum für Unternehmer, die neuartige Lebensmittel herausbringen wollen. »Sie können 300 Dollar für die Entwicklung eines neuen Produkts ausgeben«, so Wax weiter, »und wenn es nicht klappt, verlieren sie nicht viel Geld. Die Küche ist so konzipiert, daß sie mit ihrem Produkt so lange arbeiten können, bis sie eine eigene Küche brauchen.«

Das amerikanische freie Unternehmertum ist auf seine eigene Art und Weise ein die ganzen USA umfassendes Schulungszentrum, bei dem alle Zutaten, die zur Umwandlung eines Konzepts in Geld nötig sind, bei Bedarf »vom Regal weg« gekauft werden können.

Richard Manney, Gründer der Mediators, Inc., einer zwanzig Jahre alten Einkaufs- und Vertriebsfirma in New York City, wollte immer sein eigenes Produkt kontrollieren und machte sich 1982 mit seinem Kompagnon Settineri dieses »Selbstbedienungskonzept« zunutze, um MBC Beverages zu gründen. Ihr Produkt war eine Reihe Diätlimonaden, deren Rezept von der Firma Hurty-Peck & Company in Indianapolis stammte. Das Soda wird als Konzentrat an Abfüllerfirmen verkauft, die die Limonade herstellen, in Flaschen füllen und an Lebensmittelgroßhändler weiterverkaufen, diese wiederum liefern die Limonade an Lagerhäuser, die für die Verteilung an Supermärkte in den ganzen USA zuständig sind. MBCs wichtigste Zutat ist jedoch der Name der neuen Limonade, »Sweet 'n Low«, den die Firma unter einer Exklusivlizenz von der Cumberland Packing Corporation in Brooklyn, New York, erhalten hat, die den kalorienarmen Süßstoff herstellt.

Es ist bei jeder Unternehmensneugründung wichtig, Bargeld zurückzubehalten, und es gibt viele Möglichkeiten, das zu bewerkstelligen.

Die gebräuchlichste Art, Bargeld zu sparen, besteht darin, das, was Sie brauchen, zu leasen anstatt es zu kaufen. Fast alles, was im Unternehmen nicht verarbeitet wird, kann geleast werden einschließlich Gebäuden, Produktionsgeräten, Büroeinrichtung, Fahrzeugen und jetzt auch Vollzeitkräften (einschließlich Ihnen selbst). Die Zeitarbeit bildet somit eine der am schnellsten wachsenden Branchen, wobei sich die Zahl der vermittelten Arbeitskräfte von schätzungsweise 4000 im Jahre 1983 auf heute 60 000 erhöht hat, und laut einem Experten, der in der Zeitschrift *Nation's Business* zitiert wurde, wird sich die Zahl in den nächsten zehn Jahren auf zehn Millionen erhöht haben.

Momentan gibt es in den USA rd. 200 Zeitarbeitsvermittlungen, von denen Omnistaff in Dallas die größte ist, die mehr als 7000 Angestellte hat, die für 1000 Kunden in vierzehn Bundesstaaten arbeiten. Sie können eine dieser Firmen dafür bezahlen, die Personalangelegenheiten zu übernehmen ebenso wie die Stellenanzeigen aufzugeben, Auswahlverfahren sowie Vorstellungsgespräche durchzuführen und die Auswahl der besten Bewerber für die freien Stellen, die Sie anzubieten haben, vorzunehmen (Sie können das auch alles selbst machen neben der Schulung, Förderung und Entlassung der Arbeitskräfte). Die Hauptaufgabe der Zeitarbeitsfirmen besteht jedoch darin, die wöchentlichen Gehaltslisten anzufertigen, die Lohnsteuern und die Sozialversicherungsabgaben zu ermitteln, sich um die Arbeitslosen- und Arbeitsunfallversicherung zu kümmern, Formblätter auszufüllen und Ihnen allgemein die Schreibarbeiten abzunehmen, damit Sie sich ganz auf die Unternehmensführung konzentrieren können. Die Kosten für diesen Service betragen von 4,5 bis 10 Prozent der gesamten ausbezahlten Löhne Ihrer Firma plus dem gegenwärtigen Arbeitgeberanteil an der Sozialversicherung, um dessen Abführung sich der Zeitarbeitsvermittler ebenfalls kümmert.

Die berühmten »Amos« Kekse

Man kann ebenso wertvolles Bargeld sparen, wenn man wichtige Mittel austauscht, wie Wally Amos es schon früh tat, als er Schokokekse im Wert von 750 Dollar gegen Werbezeit im örtlichen Radio tauschte. Bei einem anderen Vorgehen bezahlen Sie das, was Sie brauchen, mit einem Nettoanteil an Ihrer Firma und machen somit Ihre Lieferanten zu Ihren Partnern. Führungskräftevermittlungsfirmen, Steuerberater, Rechtsanwälte und andere Dienstleistungsunternehmen berechnen Ihnen oft nur geringe oder gar keine Gebühren, wenn sie Anteile an einem neuen Unternehmen mit geringen liquiden Mitteln erhalten.

Robinson, Wayne, Levin, Riccio & LaSala, eine führende Anwaltskanzlei mit Hauptsitz in Newark, New Jersey, erledigte einen erheblichen Teil der Rechtsgeschäfte für eine Kommanditgesellschaft, die Gartenhäuser in Tucson, Arizona, baute, als Gegenleistung für ungewöhnlich niedrige Gebühren und einen Anteil am Gewinn und Verlust und an Steuervergünstigungen. Die Kanzlei zeichnete auch Aktien und Bezugsberechtigungsscheine bei einer neuen Firma, die später in eine Aktiengesellschaft umgewandelt wurde, wodurch sie wesentlich mehr Geld für ihre Rechtsanwaltstätigkeiten bekamen, als wenn sie der Firma eine Rechnung ausgestellt hätte.

Obwohl die meisten neuen Unternehmen am Anfang Einzelinhaberfirmen sind, die von einer Person wie Suzy Bass geführt werden, können sie dennoch nicht ohne die Hilfe von guten Mitarbeitern wachsen. Das wird am besten an Männern und Frauen demonstriert, die für Spitzentechnologiefirmen arbeiten und irgendwann beschließen, ihren eigenen Weg zu gehen, wobei sie einige Leute in Schlüsselpositionen als Co-Unternehmer mitnehmen.

Als James Meadlock 1969 IBM verließ, um Intergraph, Inc., in Huntsville, Alabama, zu gründen, nahm er vier seiner Ingenieure und seine Sekretärin mit (sie wurde später seine Frau und stellvertretende Vorsitzende der 400 Millionen Dollar schweren CAD-Firma). Meadlock gründete Intergraph mit 39 000 Dollar Eigenkapital, und innerhalb von zwei Jahren nach der Umwandlung in eine Aktiengesellschaft im Jahre 1981 war es 80 Millionen Dollar wert.

Wenn Sie in Ihrem eigenen Unternehmen Erfolg haben wollen, müssen Sie gute Leute finden, sie anstellen, sie führen und sie motivieren. Sie werden einen Rückschlag erlitten haben, wenn Sie eines Morgens zur Arbeit kommen und feststellen müssen, daß einer Ihrer Mitarbeiter einen Zettel an die Wand mit der Aufschrift gehängt hat: »Diejenigen, die glauben, daß die Toten nicht mehr auferstehen, sollen bei Dienstschluß mal hier sein.«

»Die Leute zu führen macht wenigstens ein Drittel der Unternehmensführung aus«, meint William H. Scott, Professor für angewandtes Management an der University of New Hampshire. »Die meisten Leute sind zufrieden und arbeiten hundertprozentig, wenn man sie angemessen bezahlt, ihnen ein Sicherheitsgefühl, Möglichkeiten zu sozialen Kontakten und angenehme Arbeitsbedingungen gibt. Wenn

Sie eine außergewöhnliche und begeisternde Leistung erzielen wollen«, so Scott weiter, »müssen Sie Ihren Angestellten ein Gefühl von Größe, Anerkennung, Leistungsstärke und Mitbestimmungsmöglichkeiten geben.«

Zu den einfachsten und kostengünstigsten Möglichkeiten gehört die Einrichtung eines Programms für Vorschläge von Mitarbeitern, eines, das die Angestellten dazu ermutigt, Ideen vorzutragen, wie die Firma Geld sparen könnte, und die dann für ihre Vorschläge belohnt werden. Laut der National Association of Suggestions Systems in Chicago gibt es heute rd. 3000 verschiedene Programme für herkömmliche Vorschläge, was 1984 insgesamt 300758 neue Ideen ausmachte, wodurch die Arbeitgeber Kosten von insgesamt 800 Millionen Dollar nach Abzug von 98 Millionen Dollar für Auszeichnungen einsparten. Das ist kein schlechter Ertrag für das investierte Kapital, und das Schöne daran ist, das es sogar dem kleinsten Unternehmer direkt zur Verfügung steht.

In ihrem 1984 veröffentlichten Buch *The Best Companies to Work For in America** kamen die Autoren Robert Levering, Milton Moskowitz und Michael Katz während ihrer Untersuchungen zu dem Ergebnis, daß die Arbeitsbedingungen in einer kleinen Firma besser sind als in einer großen. Ein Grund sind die phantastischen Möglichkeiten, die kleine Firmen haben, um ihren Mitarbeitern das Gefühl zu geben, Teil eines Teams zu sein. Die Autoren führen das als das drittwichtigste Merkmal von erstklassigen Arbeitgebern nach guter Bezahlung und hohen Vergünstigungen an. Ein paar Beispiele:

- Zwei Monate nach Eintritt bei der Firma Apple Computer bekommen die Angestellten einen Computer, den sie nach zehn Monaten Betriebszugehörigkeit ihr eigen nennen können.
- Wenn der Gründer und Vorsitzende der Firma Advanced Micro Devices zu spät zur Arbeit im Firmenhauptsitz nach Sunnyvale, Kalifornien, kommt, muß er seinen Rolls-Royce auf dem überfüllten Parkplatz auf der anderen Straßenseite parken.
- In der Olga Company in Van Nuys, Kalifornien, einem Hersteller

* Robert Levering, Milton Moskowitz, Michael Katz, *The 100 Best Companies to Work For in America*, Addison-Wesley 1984.

von Damenunterwäsche, gibt es kleine Gruppen von Angestellten; sie werden Teilhaber genannt und treffen sich jede Woche, um dem Manager Vorschläge über eine effektivere Betriebsführung zu unterbreiten.

- People Express in Newark, New Jersey, legt besonderen Nachdruck auf Eigenmanagement, bei dem jeder Angestellte – von denen jeder mindestens einhundert Anteile an der Fluglinie besitzen muß – sich in der Firma nach Arbeit umsehen muß, die er gern tut oder die getan werden muß. Flugbegleiter können am Boden Flugpläne ausarbeiten, Piloten können sich darin versuchen, die Billigfluglinie ohne Bordverpflegung und sonstigen Service zu vermarkten, einem System, dem People Express enorme Umsatzsteigerungen in einer Branche zu verdanken hat, die für ihre Kostenstreichung bekannt ist.
- Quad/Graphic, Inc., in Pewaukee, Wisconsin, veranstaltet einmal im Jahr den »Spring Fling and Management Sneak«,* an dem die Führungskräfte dieser Druckerei teilnehmen und die Firma zum Besuch des Milwaukee Art Museum verlassen, während die Partner – die Angestellten – die Firma unbeaufsichtigt leiten sollen.
- Tandem Computers ist im ganzen Silicon Valley für seine Freitagnachmittageinladungen bekannt, bei denen sich alle, vom Präsidenten angefangen, auf der Terrasse der Cafeteria zu Freibier und Gesprächen einfinden.

Die beste Strategie, um das Beste aus Ihren Arbeitskräften herauszuholen, ist, sie zu motivieren, sich besonders auszuzeichnen, und nur wenige Unternehmen verwenden darauf mehr Energie als Mary Kay Ash, deren Kosmetikfirma in Dallas, Texas, mit auf der Liste der einhundert Firmen in den USA steht, in denen die besten Arbeitsbedingungen herrschen.

Mary Kay ist wahrscheinlich die Spitzenunternehmerin der USA, die Mary Kay Cosmetics von einem 48-m^2-Laden in Dallas im Jahre 1963 zu einem Unternehmen gemacht hat, dessen Aktien an der New Yorker Börse gehandelt werden und deren rund 194 000 selbständige Schönheitsberaterinnen Hautpflegemittel, Toilettenartikel, Parfüms

* Ein Betriebsausflug zum Frühlingsanfang.

und andere Kosmetika bei Kosmetikvorführungen im Haus der Kunden in den gesamten USA verkaufen, deren Wert sich 1985 auf ungefähr 300 Millionen Dollar belief.

»Der beste Grund, eine neue Firma zu gründen«, schreibt Mary Kay in ihrer Biographie, »ist der, ›*daß es einen Bedarf an dem gibt, was sie anzubieten haben*‹. Als wir anfingen, bot keine Firma Hautpflegemittel an. Alle verkauften nur Rouge, Lippenstifte oder neue Lidschatten. Keine Firma brachte den Frauen bei, wie sie ihre Haut schützen könnten. Wir haben eine richtige Marktlücke aufgedeckt – und sie ausgefüllt.«

Mary Kay hatte einen Tiefpunkt in ihrem Leben gleich nach dem Zweiten Weltkrieg, als ihr Mann, der Vater ihrer drei Kinder, verkündete, daß er sich scheiden lassen wolle. Plötzlich mußte sie eine Familie versorgen, und da sie soviel Zeit wie möglich mit ihren Kindern verbringen wollte, nahm sie einen Teilzeitjob an, bei dem sie Stanley Home Products auf sogenannten Parties (Verkaufsausstellungen für Gruppen) in den Heimen der Kunden verkaufte. Mary Kay verdiente durchschnittlich 10 bis 12 Dollar Provision auf jeder Party, und so mußte sie am Tag drei veranstalten, um überleben zu können.

Auf einer dieser Parties bemerkte Mary Kay etwas sehr Seltsames. Es befanden sich zwanzig Frauen jeden Alters in diesem Raum, von denen jede eine Pfirsichhaut hatte. Nach der Vorführung trafen sich alle zu einer Tasse Kaffee in der Küche, wobei Mary Kay zusehen konnte, wie ihre Hosteß jeder Frau ein Döschen mit einem mit Bleistift beschriebenen Aufkleber übergab. Jedesmal, wenn die Hosteß einer Frau ein Döschen gab, machte sie eine Notiz in ihr Verzeichnis. »Wollen wir mal sehen, Sie haben also Nummer 3 zwei Wochen lang verwendet, nehmen Sie also Nummer 4 siebzehn Tage lang.«

Es stellte sich heraus, daß diese Frauen Versuchspersonen für Hautpflegemittel waren, die die Hosteß entwickelt hatte, und darauf fragte Mary Kay, ob sie sich freiwillig zur Behandlung zur Verfügung stellen könne. Sie diagnostizierte den Hauttyp Mary Kays und gab ihr eine Schachtel voll mit den Produkten in wiederverwendbaren Döschen zusammen mit einem Anwendungsplan, der vor schlechter Grammatik und falsch buchstabierten Wörtern strotzte. Mary Kay verwendete diese Produkte, fand Gefallen an ihnen und kaufte schließlich der Tochter dieser Frau die Formel ab, die seit Jahren in ihrem Besitz war, die aber nie vorgehabt hatte, daraus ein Geschäft zu machen. Mary Kay war zuversichtlich, daß sie es schaffen könnte, und eröffnete am 13. September 1963 ihren winzigen Laden in Dallas, in dem neun Verkäufer und ihr zwanzigjähriger Sohn Richard als kaufmännischer Leiter angestellt waren. Der Laden war voll mit Tiegeln ihrer Hautpflegeprodukte und einer Büroeinrichtung, für die sie 5000 Dollar ausgegeben hatte, was für sie ein Vermögen war.

Mary Kays Formel für den Erfolg

Tausende von Frauen kamen täglich an Mary Kays Laden vorbei, aber nur wenige traten ein, um die neuen Kosmetika auszuprobieren. Mary Kay merkte schnell, daß sie etwas tun mußte, um ihr Unternehmen in Gang zu bringen, da es andernfalls in Konkurs gehen würde, und so beschloß sie, der ganzen Sache ein bißchen Spannung zu verleihen, indem sie Echthaarperücken verkaufte, die zu dieser Zeit groß in Mode waren. Sie stellte also im ganzen Laden Perücken aus, hängte Schilder mit der Aufschrift ›NEUERÖFFNUNG‹ im Fenster auf und engagierte einen Modefriseur, der diesen Perücken den neuesten Schnitt verpassen sollte. Außerdem engagierte sie ein ansprechendes Modell, das den Kunden Sekt anbot.

Sie verkaufte ungefähr zwölf Perücken am Eröffnungstag, jedoch kamen die meisten Kundinnen am nächsten Tag zurück, weil ihre Ehemänner meinten, sie sähen damit schrecklich aus. »Wir machten die Erfahrung«, so Mary Kay, »daß es ein ganz schlimmer Fehler ist, eine Perücke zu kaufen, die nicht der eigentlichen Haarfarbe entspricht. Eine Perücke sollte eine Ergänzung zur Garderobe einer Frau sein und sie schön aussehen lassen, wenn sie keine Zeit hat, zum Friseur zu gehen.« Durch die Perücken entstand auch ein ziemliches Durcheinander in dem Laden, da die Föns und Lockenwickler überall herumlagen und so viel Platz wegnahmen, daß die Kosmetika kaum mehr untergebracht werden konnten. Zu allem Übel brauchte auch eine Schönheitsberaterin von Mary Kay acht Stunden, um eine

Perücke zu verkaufen und herzurichten, so daß sich Mary Kay unter diesen Umständen entschied, sich auf Hautpflegemittel und Kosmetika zu konzentrieren.

Aus diesem Entschluß heraus entstand Mary Kays Fünf-Schritte-Programm für Schönheit durch Hautpflege: Reinigen, Stimulieren, Erfrischen, Auffrischen und Schützen, die man durch Anwendung ihrer auf wissenschaftlicher Grundlage entwickelten Produkte für praktisch jeden Hauttyp erreicht. Dieses Konzept setzte sich durch, und die Anzahl der in ihrem Laden und bei kleinen, intimen Kosmetikvorführungen verkauften Kosmetika begann, in die Höhe zu schnellen. Im ersten Jahr erzielte sie einen Umsatz von 198 000 Dollar, und am Ende des zweiten Jahres war er schon bei 800 000 Dollar angelangt. »Wir stolpern vorwärts zum Erfolg«, ist einer von Mary Kays Lieblingsaussprüchen.

Mary Kays Sohn Richard hat das Management der Firma übernommen, während sie sich selbst ganz der Führung und Motivierung der Verkaufsorganisation widmet, die der Schlüssel zu ihrem Erfolg sind. Mary Kay Cosmetics muß ebenso wie Avon, Tupperware, Shaklee und andere Direktverkaufsorganisationen eine Schar von Teilzeitverkäufern für sich gewinnen und motivieren, zumal sehr viele das Unternehmen ständig verlassen. Rund 80 Prozent von Mary Kays Schönheitsberaterinnen geben die Arbeit auf und müssen ersetzt werden. Während eines Jahres verkauft jede Mitarbeiterin Kosmetika im Wert von nur 3600 Dollar, von denen Mary Kay 1800 Dollar behält. Diese selbständigen Verkäuferinnen zu motivieren, mehr Ware abzusetzen und neue Beraterinnen anzuwerben ist wahrscheinlich die wichtigste Aufgabe in Mary Kays Arbeitsalltag.

Mary Kays Motivationsphilosophie basiert auf einem Prinzip, das da heißt: Wende dich dem Kunden zu und versuche, seine Wünsche zu erfüllen, wobei mehr Nachdruck auf die Erfüllung der Wünsche als auf den Verkauf gelegt wird. Mary Kay besteht darauf, daß ihre Schönheitsberaterinnen niemals in Form von »Wieviel kann ich diesen Leuten heute verkaufen?« denken, sondern »Was kann ich tun, damit diese Frauen zufrieden mit ihrem Äußeren sind und ich sie dann mit einem guten Gefühl verlassen kann?«

Mary Kay bedient sich dieses Prinzips, wenn sie sich an ihre selbständigen Beraterinnen wendet, die in keinen festen Bezirken arbeiten, sondern überall Mary Kays Produkte verkaufen und neue Verkäuferinnen anwerben können, wo sie wollen, und deren Verhältnis 140 zu 1 beträgt. Die Beraterinnen müssen die Ware im voraus mit einem Barscheck oder per Zahlungsanweisung bezahlen – Verrechnungsschecks sind nicht erlaubt –, damit der Firma keine Kosten für die Einforderung von Zahlungsrückständen entstehen und sie so das eingesparte Geld in Form von höheren Provisionen an die Beraterinnen weitergeben kann.

Mary Kay sucht ständig nach neuen Möglichkeiten, ihre Beraterinnen zu belohnen, deren Umsatz und das Bemühen um Neuanwerbungen eine bestimmte Normgrenze überschritten haben. Wenn eine Beraterin zum erstenmal Kosmetika während nur einer Vorführung im Wert von 100 Dollar verkaufen konnte, erhält sie ein Band, bei 200 Dollar noch eines dazu. Beraterinnen, die drei neue Verkäuferinnen angeworben haben, dürfen eine rote Jacke tragen, diejenigen, die fünf anwerben, erhalten ein Brusttaschenemblem mit den Buchstaben TLC »Team Leader Consultant« (führende Gruppenberaterin, A. d. Ü.), und wer acht Verkäuferinnen einführt, bekommt ein noch auffallenderes Emblem. Alle TCLs dürfen für jede neu angeworbene Verkäuferin eine goldene Anstecknadel in Form einer Hummel tragen.

Erfolgreiche Schönheitsberaterinnen, die den höchsten Umsatz erzielt und die meisten Verkäuferinnen angeworben haben, erhalten als Symbol für ihren Aufstieg auf der Leiter des Erfolgs eine Anstecknadel in der Form einer Leiter, deren Sprossen mit je einem Diamanten besetzt sind. Andere als Anreiz dienende Kostbarkeiten werden einmal jährlich während Mary Kays spektakulärer »Awards Night« ausgehändigt, die im Convention Center in Dallas stattfindet. Mehr als 25 000 nehmen an diesem extravaganten Abend teil, der sich mit einem bestimmten Thema, wie »Träume können wahr werden«, befaßt und bei dem eine vierstöckige Burg auf der Bühne aufgebaut wird, um die Ritter und ihre Damen zu der Musik von »Camelot« tanzen.

Während gewöhnlich Dutzende von Mary Kays rosa Cadillacs an die Verkäuferinnen vergeben werden, erhält die »Director Queen of

Unit Sales« den schönsten Gewinn. So wurden letztes Jahr folgende Dinge vergeben: zwei märchenhafte Diamantringe; eine goldene und mit Diamanten versehene Halskette; eine Nerzjacke; ein Nerzmantel mit Kragen und Manschetten aus Labradorfuchs; ein Traumurlaub in Spanien für die Siegerin und ihren Gatten, alle Spesen inklusive; eine mit Diamanten besetzte Brosche als Zeichen der Leistung ihrer Gruppe und schließlich ihre heißgeliebte Brosche mit neunzehn Diamanten.

Mary Kays Belohnungen bestehen allerdings nicht nur aus materiellen Geschenken. Motivationen auf psychischer Ebene sind ebenso wichtig, wobei Mary Kay alle Register zieht, um den Mitarbeiterinnen das Gefühl zu geben, für das beste Unternehmen des Landes zu arbeiten.

7 Die Stunde der Wahrheit

»Mein Motto war immer: Offensive, Offensive und noch mal Offensive. Da draußen gibt es kein Mitleid.«

GLENN R. JONES,
Vorsitzender der Jones Intercable

Anthony Seraphin aus Conshohocken, Pennsylvania, hatte ein seiner Meinung nach unfehlbares Unternehmenskonzept entwickelt. Seine Idee war es, Boote durch eine stabile Plastikfolie, die sich bei Wärmeeinwirkung zusammenzieht, zu schützen und so für die Überwinterung zu präparieren.

Seraphins »Protect-A-Boat-Konzept« genügte allen Anforderungen. Die Folie war billig und konnte schnell und einfach angewendet werden. Der Freizeitmarkt, für die sie vorgesehen war, war groß, reich und im Wachstum begriffen. Seine Idee wurde patentiert. Trotzdem lag sein Artikel zwei Jahre lang brach, da Seraphin keine Verkaufsstrategie entwickelt hatte.

Einmal wickelte Seraphin ein 4,8 Meter langes Boot in diese Plastikhaut und schleppte es überallhin mit, sogar zum Supermarkt. Ein anderes Mal blockierte er aus lauter Verzweiflung den Eingang eines Jachthafens mit seinem Boot, so daß die Geschäftsführer des Clubs gezwungen waren, sich sein Produkt anzuschauen und sein Verkaufsangebot anzuhören.

Während er hier Erfolge erzielte, erlitt er auf anderen Gebieten Rückschläge. Er zögerte so lange mit dem Verkauf an die Jachtbesitzer der nahe gelegenen Küste von New Jersey, bis er ein Haus zum preisgünstigeren Nachsaisontarif mieten konnte, zu einer Zeit, in der die Vorbereitungen für die Überwinterung der Boote jedoch schon abgeschlossen waren. Er bestand auch darauf, jedes Boot selbst einzupacken anstatt die Folie mit einer Gebrauchsanweisung zu versehen, so daß die Bootseigner die Folie hätten kaufen und das Boot selbst hätten einpacken können.

Seraphin kam bald seinen Verbindlichkeiten nicht mehr nach, worauf man ihm riet, Konkurs anzumelden. Fünf örtliche Investoren beschlossen jedoch, gegen einen 38prozentigen Firmenanteil 123 000 Dollar in die Firma zu stecken. Durch diese Geldspritze und eine massive Werbekampagne wendete sich das Blatt. Seraphin zahlte seine Schuldner aus, entwickelte einen Selbstbaukasten, finanzierte Werbekampagnen und verzeichnete 1985 einen Umsatz von 700 000 Dollar gegenüber 73 000 Dollar im Jahre 1983.

Die tollste Idee der Welt ist völlig wertlos, wenn sich das Produkt auf dem Markt nicht etablieren kann und nicht die Beachtung potentieller Käufer findet, die noch mit Herz und Seele an den Produkten der Konkurrenz hängen. Mary Kay Ash lernte diese Lektion durch ihren Mißerfolg, Kundinnen für ihr Kosmetikgeschäft in Dallas zu gewinnen, sie war jedoch erfolgreich, als sie anfing, Kosmetikpräsentationen bei ihnen zu Hause abzuhalten.

Das Auto, das es niemals gab

Unzählige Unternehmen sind sang- und klanglos verschwunden, weil die Kunden nicht auf sie aufmerksam wurden oder weil sie trotz Beachtung kein lebensfähiges Produkt liefern konnten. Die kleine Firma Holosonics machte zum Beispiel in der Öffentlichkeit von sich reden, weil sie 90 Prozent aller ausgegebenen Patente für eine Laserfototechnik zur Herstellung von 3-D-Bildern, die sogenannte Holographie, innehatte. Holosonics hatte praktisch alle Rechte an dieser vielversprechenden Technologie, mußte jedoch Konkurs anmelden, weil sie nicht begreiflich machen konnte, was ihr Produkt war, und von niemandem Hilfe erhielt, um die Käufer über das Produkt aufzuklären. Andererseits hatten ziemlich viele Firmen großartige Starts und stürzten dann in den Abgrund, als ihre Erzeugnisse nicht das hielten, was ihre Vorabwerbung so trügerisch versprach.

Im Sommer 1947 enthüllte der damals 35jährige Preton T. Tucker sein neues Tucker-Torpedo-Auto vor dreitausend gänzlich gespannten Autohändlern, die jeder bis zu 50 000 Dollar für das Privileg bezahlt hatten, das Auto verkaufen zu dürfen, das Tucker selbst als »das erste völlig neue Auto seit fünfzig Jahren« angepriesen hatte.

Tucker führte seine »Weltneuheit« in einer großen Fabrik vor, in der während des Zweiten Weltkriegs B-29-Motoren hergestellt worden waren. Die Miete bestritt er aus den 26 Millionen Dollar, die er aufgebracht hatte, um dieses »wirklich moderne Fahrzeug, das von erfolgreichen Rennwagen abstammt«, herzustellen und das alle anderen Autos überflüssig machen würde.

Betretenes Schweigen herrschte unter den Autohändlern, als der Vorhang den Blick auf eine hastig errichtete Bühne freigab und ein kastanienbraunes Auto enthüllt wurde, auf dessen Kühlerhaube ein Frontscheinwerfer angebracht war, der wie ein Zyklopenauge aussah und sich synchron zu den Vorderreifen bewegte. Niedliche Revuegirls standen um das Auto herum und trugen Pappmachénachbildungen einiger der achthundert Teile, die Tucker vermutlich aus seinem Auto entfernt hatte. »Das Auto braucht kein Differential«, säuselte die eine. »Das Auto braucht keine Kupplung«, schnurrte eine andere. »Das Auto braucht kein Getriebe«, piepste eine dritte.

»Innerhalb von drei Monaten werden wir dreitausend dieser Autos bauen«, rief Tucker triumphierend aus, als er in seinen Torpedo stieg und eine 15 Meter lange Rampe herunterrollte. Das Auto wurde sofort von einem Polizeispalier abgeschirmt, damit keiner der Händler einen näheren Blick auf das Fahrzeug werfen konnte.

Die ganze extravagante Galavorstellung war nur fauler Zauber, eine Art Potemkinsches Dorf, den Tucker veranstaltete, um ein Auto zu feiern, das es niemals gab. Das Ding, das er die Rampe hinuntergleiten ließ, war ein selbstzusammengebautes Monster aus wild zusammengewürfelten Teilen alter Fords, Dodges, Oldsmobiles und Gott weiß was für Autos, die er auf Müllkippen und Schrottplätzen gesammelt hatte. Tuckers Torpedo wog viel zuviel, die Karosserie hing durch, es verlor Wasser und Öl, war unstabil und wackelte, konnte nicht ohne Starthilfe, sondern nur mittels einer Reihe von Akkumulatoren gestartet werden und hatte außerdem keinen Rückwärtsgang.

In den letzten Monaten, bevor die Tucker Corporation, die nur

49 Wagen hergestellt hatte, schließlich zu Grabe getragen wurde, nannte die Securuties and Exchange Commission das Auto ein »Maschinenmonster«. Tausende von Autohändlern, Anteilseignern und unschuldiger Autoinhaber, die 23 Millionen Dollar Vorschuß auf Sitzbezüge, Radios, Heizgeräte und andere Accessoires für dieses Auto bezahlt hatten, das niemals serienmäßig produziert wurde, weinten dem Unternehmen nach.*

Auf einem Markt, auf dem jeder jeden ausstechen will, bedeutet eine Unternehmensgründung die Stunde der Wahrheit für jeden Unternehmer. Es zahlt sich aus, der Konkurrenz mit möglichst viel Phantasie und einer guten Spürnase ein Schnippchen zu schlagen, aber Sie tun gut daran, im Gegensatz zu Tucker mit einem erstklassigen Artikel oder Dienstleistung anzufangen.

Wenn Sie ein neues Einzelhandelsgeschäft wie zum Beispiel einen Automobilhandel, ein Restaurant, einen Geschenkartikelladen oder dergleichen eröffnen möchten, steht Ihnen ein ganzes Instrumentarium zur Verfügung, um Kunden zu Ihrem Geschäft zu locken: Schilder mit der Aufschrift »Neueröffnung«, grelle Reklame, Werbegeschenke, Preisausschreiben, Erfrischungen, Angebote von zwei Artikeln zum Preis von einem und sogar Suchscheinwerfer, die den nächtlichen Himmel erleuchten. Als Selma Weiser ihre erste Charivari-Modeboutique in Manhattan eröffnete, ließ sie ein Go-go-Girl in ihrem Schaufenster tanzen, um auf ihr Geschäft aufmerksam zu machen. Dieser Einfall muß wohl sehr werbewirksam gewesen sein. Heute besitzt Frau Weiser sechs Geschäfte, die 1984 einen Bruttoumsatz von weit über 10 Millionen Dollar erzielten. »Der Einzelhandel ist wie ein Theater«, meint Irwin Greenberg, Generaldirektor der schnell wachsenden Ladenkette Hess Department Stores, deren Hauptsitz in Allentown, Pennsylvania, liegt.

Kaliforniens Tower Records brachte einen ganzen Schwarm neuer Kunden zu den beiden neueröffneten Filialen in Manhattan einfach dadurch, daß dort kostenlose Unterhaltung angeboten wurde. Die Firma gab 2 Millionen Dollar für die Dekoration des ersten Ladens

* Lester Velie, *The Fantastic Story of The TUCKER CAR*, Collier's, 25. Juni 1949, S. 13–15, 68–69, 71.

aus, die aus blitzendem Chrom und regenbogenfarbigem Neonlicht bestand, das pulsierendes Licht auf die rosagrauen Wände warf. Über den Köpfen der Leute präsentierten fünfzehn Monitoren die neuesten Musikvideoclips, und ein Diskjockey hinter einer gläsernen Kabine versorgte die verschiedenen Abteilungen des Geschäfts mit Jazz-, Rock- und klassischer Musik. Am Wochenende lud man bekannte Künstler ein, die sich unters Volk mischen sollten: den Maler Robert Rauschenberg, die Rockstars Hall und Oates, den Sänger Lou Reed, den Pianisten Wladimir Horowitz und die Besatzung erfolgreicher Broadway-Bühnenshows.

Die Konkurrenz überlisten

Zwei sehr entscheidende Bestandteile jeder Firmengründung sind Werbung und Öffentlichkeitsarbeit, die Ihr Unternehmen bekanntmachen und fördern sollen.

Eine auf diesem Gebiet außergewöhnlich gute Werbeagentur ist Fallon McElligott Rice, die Mitte 1980 ihr Büro über Peter's Grill in der Innenstadt von Minneapolis gründete und 1983 von der Zeitschrift *Advertising Age* zur Agentur des Jahres gewählt wurde. Diese Agentur ging aus einem unabhängig tätigen Werbeunternehmen, der Lunch Hour Ltd., hervor, die von Pat Fallon und Tom McElligott sieben Jahre zuvor gegründet worden war, die für große, konkurrierende Firmen arbeiteten und so Fallon, »die kreativste Agentur in Amerika« aufbauen wollten. In der Werbeanzeige für die neue Agentur vertraten Fallon McElligott Rice die Auffassung, daß »Phantasie das letzte noch übriggebliebene Mittel sei, um einen großen Vorteil über die Konkurrenz zu erringen«, und daß sie »für Firmen arbeiten wollten, die es vorzögen, cleverer zu sein und weniger Geld ausgeben wollten als die Konkurrenz.« Pat Fallon, Generaldirektor der Agentur, meint, daß es schwierig sei, gute Werbung auf einem so hart umkämpften Markt zu machen, ohne eine Menge Geld auszugeben, dieses dennoch aber nicht unmöglich sei.

»Was man bedenken muß«, so Fallon, »ist die Tatsache, daß dieses Jahr über 90 Milliarden Dollar für Werbekampagnen investiert werden, womit etwas weniger als 200 000 Impressionen auf jeden Mann, jede Frau und jedes Kind in Amerika kommen. Das bedeutet, daß Ihnen täglich ungefähr 560mal jemand etwas zu verkaufen versucht. Von den 560 Anzeigen bemerkt man 76, auf die man nicht weiter reagiert, an die man sich nicht erinnert, die man einfach nur bemerkt. Von den 76 erinnert man sich an 12, wobei man mit 3 unter ihnen etwas Negatives verbindet. Außerdem besagen die zunehmenden Erfahrungswerte, daß die Kunden, sofern sie Ihre Art zu werben nicht mögen, von der Absicht abgehen, Ihr Produkt zu kaufen. Der Quotient beträgt somit 9 zu 580, was bedeutet, daß mehr als 98 Prozent der Werbung herausgeworfenes Geld sind.

Im Werbefach muß man wissen, was man tun. Die Welt verändert sich, sie ist ein Dschungel, sie ist wie der Darwinismus in Reinkultur, was es den Anbietern von Konsumgütern sehr erschwert, ihr Produkt abzusetzen, da die meisten Anzeigen keinen Erfolg einbringen, auch nicht, wenn sie von kompetenten Werbefachleuten erstellt wurden. Gute Werbung kann auch sehr teuer sein. Ich würde sagen, daß Sie in Minneapolis 500 000 Dollar für einen guten Mann ausgeben müssen und in New York sogar mindestens 1 Million Dollar. Wenn Sie gerade neu angefangen haben und für Werbung kein Geld haben, dann müssen Sie unheimlich gewitzt sein oder einfach Glück haben. Ich würde in diesem Fall einfach alle Publikationen über Werbung und Vertrieb, die ich finden kann, durchlesen. Sie könnten sich außerdem bei Beauftragten von Zeitungen, Radio und Fernsehen erkundigen, ob sie junge, freiberuflich tätige Werbefachleute kennen, die für Sie preiswerte Kampagnen durchführen könnten.

Als mein Kompagnon und ich unser unabhängiges Unternehmen gründeten, verbrachten wir fast sieben Jahre damit, Werbung für Kleinkunden mit wenig Kapital zu machen, die sich im Endeffekt als brillante Kampagnen herausstellten. Wir machten einen prämiierten Werbefeldzug für ein Friseurgeschäft hier in Minneapolis. Zu dieser Zeit verwendeten alle Friseure große Modefotos, aber da sich dieses Geschäft keine großartigen Fotografen wie Richard Avedon leisten konnten, sahen ihre Anzeigen ziemlich dämlich aus. Da Avedon auch für uns zu teuer war, vergrößerten wir einfach die Fotos von bekannten Persönlichkeiten. Wir kopierten ein Bild von Einstein und versahen es mit dem Text: ›Ein schlechter Haarschnitt verleiht selbst den klügsten Menschen ein dummes Aussehen.‹ Wir suchten uns auch eine Aufnahme von Shakespeare heraus und schrieben darunter: ›Ein schlechter Haarschnitt ist eine wirkliche Tragödie.‹ Die Kampagne kostete den Kunden 25 000 Dollar, und jedesmal, wenn wir sie durchführten, stieg der Umsatz um 35 Prozent.«

Obwohl Sie sich glücklich schätzen können, wenn Sie für eine mittelmäßige Werbekampagne 25 000 Dollar aufbringen müssen, kann man eine gute Werbung zu einem Ausverkaufspreis bekommen. Jeff Slutsky, der mit 29 Jahren in der Zeitschrift *Inc.*, im *Wall Street Journal* und in anderen Publikationen erwähnt wurde, stellte dies unter Beweis, da er die unwahrscheinliche Fähigkeit besaß, auf seine Kunden, die alle Kleinunternehmer waren, ohne großen finanziellen Aufwand aufmerksam zu machen. Ein Beispiel dafür ist die riesige Diskothek Brickley's Firehouse in Fort Wayne, Indiana, die noch niemand, selbst sechs Monate nach der Eröffnung, bemerkt zu haben schien. Slutsky hatte in die Diskothek 10 000 Dollar, die er sich geliehen hatte, investiert und machte sich allmählich Sorgen, als er zufällig erfuhr, daß der lokale Radiosender eine große Fete für seine Hörer geben wollte. Also sprach Slutsky mit dem Leiter des Senders und schlug ihm vor, das Fest in Brickley's Firehouse zu veranstalten, wobei der Nachtclub alle Getränke kostenlos ausschenken würde. »Dem Sender gefiel die Idee so gut«, erzählt Slutsky, »daß er sehr viel Reklame dafür machte. Jede volle Stunde wurden die Hörer über das anstehende Fest informiert. Und plötzlich standen die Leute buchstäblich Schlange auf der Straße vor der Diskothek. Wir gaben für die Getränke ungefähr 2000 Dollar aus, aber die Bekanntheit und die Beachtung, die wir dafür erhielten, waren 30 000 Dollar wert. Von dem Tag an bildeten sich draußen immer Warteschlangen.« Mehrere Jahre danach gründete Slutsky mit dem Gewinn von Brickley's Firehouse das Retail Marketing Institute, das 1984 von Fort Wayne nach Columbus, Ohio, umzog, um dort besonders kleinen, aber nicht zu kleinen Einzelhandelsunternehmern zu helfen, gegenüber der Konkurrenz die Nase vorn zu haben.

Slutsky ist ein beschäftigter Mann, und wenn er sich nicht in seinem Büro aufhält, teilt er seinen Anrufern über den Anrufbeantworter folgendes mit: »Wir haben unsere Empfangssekretärin gefeuert und geben die dadurch entstandenen Kostenersparnisse an Sie weiter.« Um noch mehr Ausgaben der Kunden zu sparen, bietet Slutsky »ein Paket für Eigenmaßnahmen zum Preis von 189 Dollar an, das die Kunden direkt bei mir bestellen können und das für jene Kleinunternehmer bestimmt ist, für die ich als persönlicher Berater zu teuer bin. Dieses Paket enthält ein auf Kassette aufgezeichnetes Trainingsprogramm, ein Trainingshandbuch für Fortgeschrittene, in dem Anregungen für billige Werbekampagnen aus den gesamten USA zu finden sind, und ein Exemplar meines Buches *Streetfighting.* Ich habe die meiste Zeit damit verbracht, Werbeprogramme für große Firmen zu entwickeln, die von ihrem Firmenhauptsitz aus in den gesamten USA durchgeführt werden können und sehr kosteneffektiv waren.

Eine der einfachsten und billigsten Techniken ist die gegenseitige Werbung, die zwei verschiedenen Unternehmern gleichzeitig hilft. Als ich zu einem Drittel am All Sports Nautilus Fitness Center in Fort Wayne beteiligt war, traten wir an den Besitzer des dortigen Wildwood Racquet Club heran und zeigten ihm eine Anzeige in einer Zeitschrift, in der Billie Jean King, Chris Evert Lloyd, Arthur Ashe und andere Tennisstars abgebildet waren. Sie benutzten die Ausrüstung von Nautilus, um ihre Ausdauer, die Stärke des Aufschlags usw. zu erhöhen. Wir sagten dem Besitzer des Tennisclubs, daß es für seine Mitglieder von Nutzen wäre, die Ausrüstung von Nautilus zu benutzen, und schlugen ihm deshalb vor, er solle ihnen eine Exklusivmitgliedschaft in unserem Center mit den Empfehlungen der Direktion zum halben Preis anbieten. Als erstes fragte er natürlich: ›Wieviel wird mich die ganze Sache kosten?‹ ›Das ist ja gerade das Gute daran‹, antworteten wir ihm, ›Sie müssen keinen Pfennig bezahlen, und wir kümmern uns sogar um Druck und Versand des Werbematerials an Ihre eintausend Mitglieder.‹ Wir gaben knapp 40 Dollar aus und bekamen dafür sechs neue Mitglieder, die insgesamt 1800 Dollar bezahlten.

Wenn ein Unternehmen gerade anläuft, bedienen wir uns einer anderen Strategie, um es so richtig in Schwung zu bringen. Sie läuft darauf hinaus, daß man an einem Tag alles beinahe gratis weggibt.

Wir führten diese Strategie in einem Pizza Hut Restaurant mit 500 Sitzplätzen in Elkhart, Indiana, durch, wobei die Pizzeria mit einem Spezialangebot für 99 Cent warb, bei dem man so viel Pizza essen konnte, wie man wollte. Bei dieser Werbeaktion, die Pizza Hut zusammen mit dem lokalen Radiosender finanziert hatte, ließen die Leute alles stehen und liegen und machten sich auf den Weg zur Pizzeria, so daß sich kilometerlange Autoschlangen vor dem Lokal bildeten und uns die Polizei deshalb bat, die ganze Aktion abzublasen.

Kostenlose – oder zumindest so gut wie kostenlose – Werbung ist sehr wichtig, aber man muß schon etwas Bemerkenswertes tun, wenn man sich ihrer bedienen will. Wir ließen einmal am St. Patrick's Day von einer irischen Restaurantkette für einen Tag lang Miß Ireland nach Chicago einfliegen. Wir reichten Miß Ireland von einem zum anderen Restaurant weiter und erregten viel Aufsehen damit. Ich glaube, der Kunde mußte alles in allem 4000 Dollar bezahlen. Wenn Sie also für eine Sache mit Kartoffeln werben wollen, holen Sie sich Miß Idaho, wenn es mit Mais zu tun hat, dann soll es Miß Iowa sein, und wenn es für ein Sonnenschutzmittel sein soll, dann ist Miß California zuständig.«

John Wayne speist hier

»Ich habe viel über andere nette Werbetricks geschrieben, dazu gehört auch das Beispiel eines Restaurantbesitzers, der seinen Umsatz steigern wollte und deshalb ein Schild mit der Ankündigung ins Fenster hing: ›John Wayne wird am kommenden Dienstagabend hier speisen.‹ Es war klar, daß John Wayne kommen würde, nur daß es ein alter Mann im Flanellhemd und Latzhose war, der denselben Namen wie der berühmte Schauspieler trug. Die Leute, die gekommen waren, um den richtigen John Wayne zu sehen, waren so begeistert, daß sie sich zusammen mit dem Mann fotografieren ließen und ihn sogar um ein Autogramm baten. Diese Werbetricks können natürlich nur begrenzt angewandt werden, aber ich schreibe über sie, um selbst ein bißchen Werbung für mich zu machen, was mir auch zur Veröffentlichung meines Konterfeis im *Wall Street Journal* verhalf.

Am Erscheinungstag der Story im Journal klingelte mein Telefon ununterbrochen von 6 Uhr morgens bis 10 Uhr abends, so daß ich mich keine Sekunde entfernen konnte. Vom anderen Apparat aus mußte ich meine Eltern anrufen, damit sie mir ein paar Brote vorbeibrachten; und das ging die ganze Woche so. Ich konnte Werbepakete im Wert von 20000 Dollar verkaufen und bekam ein paar neue Kunden. Noch immer rufen mich aufgrund des Artikels, der bereits im Oktober 1983 erschienen ist, ein bis zwei Leute in der Woche an.«

Wenn Sie in einer Branche mit scharfer Konkurrenz wie der Computerindustrie tätig sind und ihre Firma bekannt machen wollen, könnten Sie die Hilfe einer Allroundwerbeagentur wie der Franson & Associates im Silicon Valley in Anspruch nehmen. Die Gebühren solcher Firmen belaufen sich jährlich durchschnittlich auf 100000 bis 150000 Dollar, und außerdem sollten Sie Ihnen die Möglichkeit geben, preiswerte Gründeranteile an Ihrer Firma zu erwerben. Paul Franson gründete seine Firma Ende 1980, und bereits vier Jahre später war sie eine der erfolgreichsten PR-Agenturen in den USA mit mehr als vierzig Mitarbeitern in Los Angeles und San José. Zu ihren Kunden zählen Unternehmen wie Software Publishing und die Personalcomputerabteilung von Hewlett-Packard. Franson meint dazu: »Wir erhalten täglich von zwei bis drei Firmen Anrufe, von denen bisher niemand etwas gehört hat und die Hilfe bei ihrer Public-Relations-Arbeit benötigen, wobei wir natürlich nicht allen helfen können.« Diejenigen, die die Agentur als neue Kunden aufnimmt, können verschiedene Dienste erwarten wie zum Beispiel Fransons Reise mit einem Softwarehersteller nach New York, damit dieser Kunde Kontaktleute bei den Fachzeitschriften *Fortune, The Wall Street Journal, PC, Computer Software News, Computer and Electronics* und *New York* kennenlernte. Dazu gehört aber auch, daß der Kunde an einer Pressekonferenz teilnehmen kann, die von dem Hardwarehersteller Data General einberufen wurde.

Franson ist der Meinung, daß neue Firmen viel selbst dazu beitragen könnten, sich auf dem Markt zu etablieren, und selbst entscheiden könnten, wie und bei wem sie ihr Unternehmen anpreisen, ohne ein Vermögen für Werbung auszugeben. »Sie können einen Anfang machen«, rät Franson, »indem Sie Zeitschriften wie *Business Marketing* lesen, an Vorträgen oder Seminaren von PR-Fachleuten teilnehmen oder einfach eine PR-Agentur aufsuchen, um mit Leuten dort über Ihr Unternehmen zu sprechen. Wenn Sie diesen Leuten sagen, daß Sie mit ihnen zusammenarbeiten wollen, bekommen Sie oft schon in einer Stunde wertvolle Auskünfte, ohne dafür etwas zu bezahlen. Sie können auch einen PR-Fachmann für einige Stunden oder einen ganzen Tag als Berater anstellen, wobei die Kosten wahrscheinlich sehr gering ausfallen werden, wenn Sie von ihm kein weiteres schriftliches Gutachten anfordern. Sie können auch eine PR-Agentur bitten, Ihnen bei einem speziellen Vorhaben wie der Einführung Ihres neuen Produkts auf dem Markt behiflich zu sein. Sie sollten auch in Erwägung ziehen, einen PR-Fachmann in das Direktorium Ihrer Firma zu berufen. Vielleicht müssen Sie ihm einige preiswerte Gründeranteile verkaufen, aber dafür bekommen Sie als Gegenleistung eine gute Öffentlichkeitsarbeit und wahrscheinlich den Zugang zu einigen wertvollen Kontakten.«

In einigen Fällen bleibt einem neuen Unternehmen nicht viel Geld für Werbemaßnahmen übrig, nachdem das meiste Kapital in die Entwicklung des ersten Produkts geflossen ist. Das ist bei den meisten der annähernd zweitausend Spitzentechnologiefirmen der Fall, die wie Pilze aus der Erde geschossen sind, um sich mit der Erstellung von Programmen für Personalcomputer zu befassen. Sie werden daher in einer Branche mit einem Jahresumsatz von 2 Milliarden Dollar kaum Beachtung finden, wenn Sie nicht 4 Millionen Dollar für eine Werbekampagne für Ihr Produkt ausgeben können, was sich nur Branchenführer wie Lotus, Ashton-Tate und Microsoft leisten können. So bleibt den kleinen Mitanbietern kaum eine andere Wahl, als für ihre Produkte mit billigen Methoden wie Broschüren oder Überredungskünsten bei Computerclubs hausieren zu gehen. Eine außergewöhnlich kreative Lösung für dieses Problem fand man bei der Rabbit Software Corporation in Malvern, Pennsylvania, einem Unternehmen, das mehr als 1 Million Dollar in ein Programm investierte, das Kleincomputern die Möglichkeit gab, Informationen mit Großcomputern auszutauschen.

Da die Firma Rabbit keine großangelegte Werbekampagne bezahlen konnte, um ihr Produkt sofort überall bekannt zu machen, beschloß sie, sich an den Rockzipfel von einer anderen Firma, der Convergent Technologies, zu hängen, deren begehrte Kleincomputer in großer Zahl an andere Firmen verkauft wurden, die sie wiederum unter ihrem eigenen Markennamen weitervertrieben. Bei Rabbit war man der Ansicht, daß diese Firmen die idealen Abnehmer für ihr neues Programm seien. Der Firma Convergent gefiel die Idee, da sie so die Nachfrage nach ihren Computern noch erhöhen könnte. Für Rabbit bestand der Nutzen darin, das Programm als Produkt mit Eigennamen in Zusammenarbeit mit Convergent vermarkten zu können, ohne für eine aufwendige Werbung aufkommen oder eine Reihe von Leuten anstellen zu müssen, um das Programm zu verkaufen und zu warten. Für Rabbit besteht eine Gefahr in dieser Vorgehensweise, da Convergent Technologies beschließen könnte, ihre eigenen Programme zu entwickeln, oder daß die Computer von Convergent bei den Endverbrauchern nicht mehr gut ankommen.

Wenn Sie Ihr Unternehmen mit knapp bemessenen Mitteln beginnen, müssen Sie einige Phantasie aufbringen, um aus der Masse herauszustechen und die Aufmerksamkeit auf sich zu lenken. Einige Beispiele dafür:

- Schlagen Sie aus einem bekannten Namen oder Gesicht in der Werbung Kapital, wie im Fall von Jerry Kern, der den immer jugendlich aussehenden Dick Clark, 55, von American Bandstand überredete, für sieben neue Hautpflegeprodukte von Kerns Firma Skin Control, Inc., in Beverly Hills, Kalifornien, zu werben.
- »Klinken« Sie sich bei einem Marktführer ein, der schon einen vielversprechenden Markt erschlossen hat. Die Grist Mill Company in Lakeville, Minnesota, verfuhr so beim Verkauf ihrer eigenen Müsliriegel, nachdem General Mills Tausende von Dollar ausgegeben hatte, um ihr Produkt in den amerikanischen Supermärkten verkaufen zu können.
- Streichen Sie dem Verkaufspersonal um den Bart, das dafür verantwortlich ist, daß Ihr Produkt in die Hände der Verbraucher gelangt. Der Autor eines Buches über den Aktienmarkt gab jedem Verkäufer einen Aktienanteil im Wert von 2 Dollar an einer Chicagoer Hotelkette und einen persönlichen Brief über die Vor-

züge seines Buches, um sicherzugehen, daß sein Werk nicht unter den übrigen Titeln seines Verlags unterging.

Maniküre über den Wolken

Jedes Produkt hat einen bestimmten Nutzen zu einem bestimmten Preis, wobei beide im richtigen Verhältnis zueinander stehen müssen, wenn Ihr Unternehmen erfolgreich sein soll. Die Casinobesitzer Clifford und Stuart Perlman entdeckten diesen Grundsatz nach der Gründung von Regent Air, die ihren Kunden Flüge von Newark nach Los Angeles mit dem Luxus einer arabischen Nacht zu einem relativ hohen Preis anbot. Die Boeing-727-Maschinen von Regent Air, die ursprünglich für 125 Fluggäste konzipiert waren, wurden für die Unterbringung von 35 Passagieren in gutgepolsterten Ledersesseln umgebaut. Die Passagiere konnten an der Jugendstilstehbar einander kennenlernen, Spitzenweine und Champagner schlürfen, an einem opulenten Delikatessenbuffet, an dem natürlich Hummerschwänze und Kaviar nicht fehlten, schwelgen oder die Dienste eines Kellermeisters, einer Maniküre oder einer Stenographin in Anspruch nehmen, und das alles zu einem Preis von 1650 Dollar für ein einfaches Ticket, also dem Doppelten, was konkurrierende Fluggesellschaften verlangten. Die Kundenströme bei Regent Air blieben jedoch aus, so daß die Perlmans ihre Fluggesellschaft verkaufen mußten. Aber die Hoffnung auf Erfolg blieb bestehen, und so fliegt Regent Air jetzt unter neuer Leitung, die den Preis für die Annehmlichkeiten in der Luxusklasse auf 785 Dollar gesenkt hat, was dem Preis für ein Ticket von Küste zu Küste bei anderen Fluggesellschaften entspricht.

Regent Air konnte nicht vom Boden abheben, weil sie zuviel für ihre Leistung verlangte. Neue Unternehmen können jedoch auch in Schwierigkeiten geraten, wenn sie zuwenig für ihr Produkt verlangen, so das Beispiel der Firma Dial Dictation, einer Art Vorläufer der millionenschweren Textverarbeitungsindustrie von heute.

Ein Kunde von Dial Dictation im New Yorker Geschäftsviertel konnte eine spezielle Nummer anwählen und einen Text automatisch auf Plastikdisketten in der Hauptgeschäftsstelle von Dial Dictation aufzeichnen lassen, die nur ein paar hundert Meter entfernt lag. Die Typistin von Dial Dictation schob dann die Diskette in ihr Abspielgerät, spannte einen Geschäftsbogen des Kunden in die Schreibmaschine ein und tippte seinen Text ab. Der maschinengeschriebene Text wurde dann innerhalb weniger Stunden persönlich im Büro des Kunden abgegeben. Binnen kürzester Zeit hatte die kleine Firma eine erstklassige und zahlungskräftige Kundschaft, darunter AT&T und IBM.

Dial Dictation setzte jedoch den Preis für seine Dienste zu niedrig an. Mit jedem getippten Brief verlor die Firma Geld und geriet so in die groteske Situation, Konzerne zu subventionieren. Die Firma gab dennoch um des Überlebens willen nicht auf und weigerte sich, die Preise zu erhöhen, weil sie nicht riskieren wollte, sich ein gutes Geschäft entgehen zu lassen, wodurch ihr in nur wenigen Monaten der Todesstoß versetzt wurde.

Einige Preisstrategien erweisen sich innerhalb des Lebenszyklus eines Unternehmens besser als andere, wobei die Big-Eight-Steuerberatungsgesellschaft von Price Waterhouse der Ansicht ist, daß man den folgenden neun Strategien Beachtung schenken sollte:

Preiskalkulation durch einen Gewinnzuschlag auf die Herstellungskosten:

Schlagen Sie einen festen Prozentsatz auf die Herstellungskosten Ihres Produkts auf, um einen Ihrer Meinung nach angemessenen Gewinn zu erzielen.

Gewinnabschöpfung:

Maximieren Sie kurzfristige Gewinne, indem Sie Kunden anpeilen, die großen Wert auf Ihr neu auf den Markt gebrachtes Produkt legen und bereit sind, dafür einen hohen Preis zu zahlen.

Preiskalkulation mit Niedrigstpreisen:

Verschaffen Sie sich den Vorteil bei einem Geschäft, indem Sie Ihr Produkt unter den Selbstkosten anbieten, um so in Zukunft möglicherweise Nachfolgeaufträge zu erhalten.

Aggressive Preiskalkulation:

Verlangen Sie einen niedrigen Preis für Ihr Produkt, um einen großen, noch nicht abgeschöpften Anteil des Marktes zu bekommen, wenn Sie erwarten können, daß der erzielte Absatz die Stückkosten senkt und den Gewinn erhöht.

Opportunistische Preiskalkulation:

Erhöhen Sie Ihre Preise zu Zeiten extremer Knappheit, wobei Sie riskieren, Kunden zu verlieren, die Ihr Produkt unbedingt brauchen und einen höheren Preis dafür zahlen werden, aber dafür von Ihnen abspringen, wenn die Marktsituation zur Normalität zurückgekehrt ist.

Preiskalkulation mit Lockangeboten:

Verbilligen Sie auserlesene Produkte, um so Kunden anzulocken, sich Ihre ganze Produktpalette anzusehen.

Defensive Preiskalkulation:

Damit können Sie alte Produkte oder Marktanteile schützen, da Sie die Preise niedrig halten, um so die Konkurrenz auszuschalten, oder die Preise bei der Einführung eines neuen Produkts hoch halten, damit ähnliche oder schon gut eingeführte Produkte aus Ihrer Produktreihe keine Umsatzeinbußen erleiden.

Anzapfen:

Eine Strategie zur kurzfristigen Gewinnerzielung, die Sie verfolgen können, wenn Sie sich zum Beispiel aus einem Markt allmählich zurückziehen wollen und gewillt sind, auf einen Marktanteil zu verzichten, da Sie Ihre überhöhten Preise mit einer hohen Gewinnspanne beibehalten.

Schlechtwetterpreiskalkulation:

Setzen Sie Ihre Preise so fest, daß die variablen und auch ein Teil der festen Kosten gedeckt sind, damit Ihr Unternehmen eine Rezession oder eine andere schwierige wirtschaftliche Lage gut übersteht.

Price Waterhouse führt an, daß man von Unternehmen manchmal behaupte, ihr Lebenszyklus bestünde aus Gründung, Wachstum, Höhepunkt und Abstieg, wobei die Strategien zur Preiskalkulation oft mit folgenden Stadien zusammenhingen:

Gründung:	Gewinnabschöpfung.
Wachstum:	Kalkulation mit Niedrigstpreisen, aggressive Preiskalkulation.
Höhepunkt:	Kalkulation mit Lockangeboten, defensive Preiskalkulation, Anzapfen.
Abstieg:	Anzapfen, Schlechtwetterpreiskalkulation.

Die Strategie der Werbegeschenke

Jede Erörterung der Preiskalkulation wäre ohne die Erwähnung der gefährlichsten Strategie unvollständig, nämlich der kostenlosen Vergabe eines Produkts an die Kundschaft. So das Beispiel der Zoohandlung, die jedem Kunden einen Goldfisch schenkt in der geduldigen Hoffnung, daß dieser mit 5 Dollar zurückkommt, um ein Glas für den Goldfisch, Kies und Futter zu kaufen (der Kunde wird immer wiederkommen, weil der Fisch regelmäßig Futter braucht).

Während es bei der Unternehmensgründung wichtig ist, gute Produkte zu vernünftigen Preisen anzubieten, müssen Sie auf Qualität und guten Service achten, wenn Ihr Unternehmen wachsen soll. Ein Apostel dieser Philosophie ist »Herkie« Herkimer, Amerikas bester Lehrer und Ausstatter von Cheerleaders, Trainern und Fitneßzentren. »Wir halten unsere Preise so niedrig wie möglich«, meint Herkimer. »Eine Schülerin bezahlt für einen vier- oder fünftägigen Kurs inklusive Kost und Logis 100 Dollar in einer meiner Ausbildungsstätten und wird von den ausgezeichnetsten Lehrern der USA unterrichtet. Unsere Uniformen sind von hoher Qualität, da wir wissen, daß diese Kleidungsstücke während der Cheerleadersaison wesentlich mehr strapaziert werden als sonst irgendein Kleidungsstück eines Mädchens. Deshalb verwenden wir bei der Herstellung guten Stoff und festes Garn. Wir legen auch auf einen guten Service wert. Wir versuchen immer, unsere Sendungen pünktlich auszuliefern, damit die Schulen sie rechtzeitig zu Beginn der Ballspielsaison bekommen. Alle Änderungen werden gern vorgenommen. Bei uns ist der Kunde König, und deshalb kommen sie immer wieder auf uns zurück.« Die größte Herausforderung, der sich ein Unternehmer während der Gründungsphase stellen muß, ist die Schaffung einer günstigen Ausgangsposition für das Produkt auf dem Markt. Einige Unternehmer, wie zum Beispiel Preston Tucker, werden dabei niemals Erfolg haben, da sie über kein entwicklungsfähiges Produkt verfügen. Andere hingegen besitzen nicht nur ein tolles Produkt, sondern es gelingt ihnen auch, es über alle Kanäle zu verteilen, bis man das Produkt schließlich überall kaufen kann. Ich kenne zwei Unternehmer, die diese beiden Extreme repräsentieren.

Zuerst einmal Marie-Claire Wadden, eine adrette kanadische Künstlerin mittleren Alters, die buchstäblich eine neue Art »entwikkelt« hat, Landschaften oder abstrakte Bilder zu malen, die man selbst gesehen haben muß, um zu wissen, wie schön sie sind. Ihre Idee brachte ihr jedoch bisher nichts ein.

Das andere Beispiel ist Lawless Barrientos, ein junger Wirtschaftsprüfer aus Tallahassee, Florida, der mit seinem neuen Unternehmensführer einen Erfolg nach dem anderen erzielt.

Frau Wadden kam zu mir mit einer Postkartensammlung von bunten Landschaften, wobei jede so gemalt schien, als habe die Künstlerin für deren Herstellung mit Hunderten kleinen Pinselstrichen unzählige Stunden aufgebracht. Auf den Landschaftsbildern sah man traumhafte alte Scheunen und Windmühlen, Regenbögen, Segelboote, Möwen und Rohrkolben, wobei jedes ein einzigartiges Kunstwerk war, das es wert war, gerahmt zu werden.

Dann zeigte mir Frau Wadden, wie sie ihre zauberhaften Bilder herstellte. Aus einer übergroßen Handtasche holte sie eine Wärmehalteplatte, die sie für 3 Dollar auf dem Flohmarkt erstanden hatte, ein Reisebügeleisen, eine Plastiktüte voll mit zerbrochenen Wachsmalkreiden und einen Stapel weißer Postkarten.

Frau Wadden wärmte die Warmhalteplatte auf, bis sie heiß genug war, und legte den Stummel der blauen und gelben Kreide darauf, die sofort schmolzen und kleine Pfützen aus Farbe bildeten. Daraufhin zog sie eine Postkarte über die geschmolzene Kreide und schuf so in Sekundenschnelle ein im Wind wehendes Kornfeld gegen einen leichtbewölkten, blauen Himmel.

Als nächstes schloß sie ihr kleines Bügeleisen an und ließ einige Stückchen orangefarbener und roter Kreide auf der Warmhalteplatte schmelzen. Dann tauchte sie die Spitze des Bügeleisens in die geschmolzene Kreide, schwenkte es ein paarmal über das Bild und formte so einen wundervollen, fast leuchtenden Schmetterling auf dem Vordergrund des Bildes. Frau Wadden hatte ein reizendes Miniaturgemälde vor meinen Augen geschaffen, wozu sie gerade eine Minute brauchte. An guten Tagen stellt sie dreihundert dieser Gemälde fertig, die sie als Grußkarten zum Preis von 1,50 Dollar zu verkaufen versucht.

Frau Wadden und ihr Mann Mark, der als ihr Manager fungiert, sind der festen Überzeugung, daß sich ihre Maltechnik sehr gut verkaufen ließe, wenn sie als Hobbykasten auf den Markt käme. Bisher konnten sie jedoch keinen Fabrikanten für ihre Idee begeistern, auch nicht die Firma Binney and Smith, den Hersteller der Crayola-Wachsmalkreide, die vor kurzem von der Firma Hallmark Cards aufgekauft wurde. Die Waddens dachten, daß sich die Firma auf die Gelegenheit stürzen würde, den Markt für ihre Malkreide über die Elfjährigen hinaus auf erwachsene Hobbymaler auszuweiten.

Die Geschichte von Lawless Barrientos ist eine völlig andere. Er hatte ein neues Produkt geschaffen, das er innerhalb weniger Monate auf einem Dutzend verschiedener Absatzwege verkaufen konnte.

Sein Produkt sind verschiedene Broschüren in Zeitschriftenformat, in denen Nachdrucke aller Antragsformulare und außerdem Informationen zu finden sind, die Unternehmer benötigen, um eine Firma in jedem der fünfzig Bundesstaaten und dem District of Columbia zu gründen. Die Broschüren tragen den Titel *Businesskit for Starting and Existing Businesses.** Ein Jahr nach Beginn der Bearbeitung dieser Broschüren verkaufte Barrientos seine aus fünf Mitarbeitern bestehende Steuerberatungsgesellschaft mit Gewinn, wodurch er sich ganz der Veröffentlichung der Broschüren widmen konnte.

Barrientos' erstes Programm enthielt Informationen und Antragsformulare für die Gründung eines Unternehmens in seinem Heimatstaat Florida. Seine erste Verkaufsanstrengung bestand darin, seine Sekretärin zu beauftragen, allen den Leuten ein schriftliches Angebot für sein Programm zum Preis von 9,95 Dollar zu unterbreiten, die eine Geschäftslizenz beantragten und deren Namen deshalb jede Woche auf einer Liste im *Tallahassee Democrat* veröffentlicht wurden.

Da auf dieser Liste jedoch nur wenige Namen standen, ging der Verkauf der Programme nur schleppend voran, bis Barrientos schließlich auf eine Reihe von Fachzeitschriften stieß, die genau das auflisteten, wonach er suchte. Er abonnierte einige dieser Zeitschrif-

* Unternehmensprogramm für neue oder schon existierende Unternehmen (A. d. Ü.).

ten, worauf er innerhalb kurzer Zeit auf 8 Prozent seiner Postwurfbriefe, die seine Sekretärin unablässig tippte, eine Antwort erhielt. Da die Kosten für den Versand dieser Briefe jedoch viel zu hoch waren, sah sich Barrientos wieder nach etwas Besserem um und stieß dabei auf die Schreibwarengeschäfte.

Er ließ seine Programme auf Kommissionsbasis von diesen Geschäften verkaufen, die sofort monatlich fünf bis zehn Exemplare absetzen konnten. »Ich wußte, daß ich den Nagel auf den Kopf getroffen hatte«, meint Barrientos, »da sich meine Programme zwei- bis dreimal besser verkaufen ließen als Norman Daceys Werk *How to Avoid Probate*«.*

Durch diesen Erfolg bestärkt, trat Barrientos mit einem Vertreter in Atlanta in Kontakt, der seine Programme im ganzen Südosten der USA vertreiben sollte.

Kurz darauf hatte Barrientos schon wieder eine glänzende Vertriebsidee. Eines Morgens ging er zum Postamt, das sich gegenüber der Handelskammer von Florida befand. Dabei fiel ihm plötzlich ein, daß die Handelskammer Probleme bezüglich der Kleinunternehmer hatte und bei ihr daher vielleicht Interesse an seinen Programmen bestand, die speziell auf unerfahrene Unternehmer zugeschnitten waren.

Unerwartete Bonbons

Die Handelskammer von Florida war nicht nur begeistert von der Idee, sondern erklärte sich auch einverstanden, ihm größere Mengen abzunehmen, um sie durch die örtlichen Handelskammern zu vertreiben. Barrientos verkaufte die Programme an die Handelskammer für 6 Dollar pro Stück, die sie wiederum an die örtlichen Handelskammern für 10 Dollar weiterverkaufte, wobei diese sie zum Preis von 15 Dollar an ihre Mitglieder weitergaben. Die Handelskammer übernahm auch die Verkaufsvertretung der Broschüren an die Kammern aller anderen fünfzig Bundesstaaten, worauf sie binnen kurzer Zeit

* Wie vermeide ich die Erbschaftssteuer (A. d. Ü.).

den ersten Auftrag über 10 000 Programme von der kalifornischen Handelskammer erhielt. Wenn Sie jetzt glauben, daß Barrientos mit seinem Vertriebssystem zufrieden war, dann irren Sie. Als nächstes bekam er einige unerwartete Bonbons, die Folgegeschäfte, wie Barrientos sie nennt.

Eine Großbank kaufte 1000 Programme und gab sie mit einer Werbeanzeige von ihr auf der ersten Seite an Kleinkunden weiter, die ein neues Konto eröffneten. Die Bank hatte natürlich einen Hintergedanken bei der ganzen Sache. Viele Kleinunternehmer lassen sich nicht bei lokalen oder staatlichen Behörden registrieren, um keine Steuern bezahlen zu müssen. Wenn sie dabei erwischt werden, müssen sie ihre Steuerschulden nachbezahlen, auch auf die Gefahr hin, daß sie die Kredite, die sie von der Bank erhalten haben, nicht mehr abbezahlen können. Mit diesem umfassenden Programm wird den neuen Bankkunden die Registrierung erleichtert, sie bezahlen ihre Steuern und bleiben mit ihren Zahlungen an die Bank auf dem laufenden.

Barrientos erkannte auch, daß es sich mit den Rechtsanwälten ähnlich verhielt. Sie befassen sich mit den zur Unternehmensgründung notwendigen Rechtsgeschäften und empfehlen ihren Klienten dann, einen Steuerberater wegen der nötigen Steuererklärungsformulare aufzusuchen. Die Klienten zögern das oft hinaus oder vergessen es ganz einfach. Wenn sie dann mit einer Strafe wegen Steuerhinterziehung belegt werden, geben sie den Rechtsanwälten natürlich die Schuld dafür. Mit einem umfassenden Unternehmensgründungsprogramm für 15 Dollar ziehen sie sich aus der Affäre und können die Kosten dem Klienten mit auf die Rechnung setzen.

Barrientos verkaufte seine Programme auch an Franchisegeber, die sie an ihre neuen Franchisenehmer weitergeben, ebenso wie an andere Bundesstaaten, damit sie ihre Formulare mit denen der anderen Bundesstaaten vergleichen können, was eine nützliche Übung ist. Ein Beispiel dafür: Da jeder Bundesstaat Steuern zur Finanzierung der Arbeitslosenversicherung erhebt, wird auf jedem Formular um die Angabe der Daten zum Beispiel für die letzten drei Jahre gebeten. Einige Staaten führen die Jahre nicht explizit auf, also 1985, 1984, 1983, wie Illinois oder Pennsylvania es tun, was für diese beiden

Staaten bedeutet, daß sie die Formulare jedes Jahr für sehr viel Geld wieder neu drucken lassen müssen. In diesem Zusammenhang erzählt Barrientos auch, daß New Mexico und Oregon die besten Steuererklärungsformulare hätten, Ohio dagegen die zweifellos schlechtesten.

Kurz nachdem Barrientos mit dem Vertrieb seiner Programme begonnen hatte, trat der New Yorker Verlag Simon and Schuster an ihn heran, um ihm ein günstiges Angebot für die Übernahme seiner Firma zu unterbreiten. Der Verlag schlug Barrientos vor, ihm alle Ausgaben für den Satz seiner ersten Programme zu vergüten, ihm seine Bestände an Programmen abzukaufen, ihm einen sechsstelligen Vorschuß auf zukünftige Urheberrechte für die Fertigstellung der Serie zu bezahlen und ihn am Erlös aller verkauften Programme zu beteiligen. Barrientos nahm das Angebot an, stellte alle 51 Programme fertig und übernahm danach den Posten eines Wirtschaftsprüfers bei der Steuerberatungsgesellschaft May Zima & Company.

Beim Vergleich zwischen Barrientos' Programmen für Unternehmensgründungen und Frau Waddens Bildern aus geschmolzener Wachsmalkreide fallen einem mehrere Dinge sofort auf.

Barrientos hatte Erfolg dabei, sich in die Rolle eines Unternehmers zu versetzen. Er sah die Handelskammer von Florida und sagte sich: »Ich glaube, diese Leute haben einen Bedarf, den ich decken kann.«

Seine Ausbildung zum Wirtschaftsprüfer war ihm ganz offensichtlich von Nutzen, wie die Aufdeckung von Vertriebsmöglichkeiten und die Festsetzung des Preises zeigen. Er experimentierte mit verschiedenen Preisen und fand schließlich heraus, daß er mehr Programme verkaufen konnte, wenn er einen höheren Preis verlangte.

Barrientos hatte auch schon das Endprodukt, was von äußerster Wichtigkeit ist, außerdem waren die Verteilungskanäle, um sein Produkt an den Mann zu bringen, schon vorhanden und arbeiteten gleichmäßig, und seine Programme paßten schließlich zur Produktpalette der Firma, die ihn aufkaufte. Frau Wadden besitzt nicht das Produkt, von dem sie träumt, sondern nur eine Maltechnik, die zu einem Artikel für Hobbymaler verpackt werden könnte.

Barrientos entdeckte, daß man sich bei der Vermarktung auf unzählige Käufergruppen konzentrieren kann, wenn man jedoch die falschen anspricht, kann das auf Kosten von Geld und Zeit gehen.

Diese Erfahrung machte die Firma Primefax, Inc., in San Antonio, die eine Datenbank entwickelt hatte, mit der Reparaturwerkstätten für Fernseher und Videorecorder über Computer die aufgetretenen Defekte sofort mit den am häufigsten vorkommenden Fehlern vergleichen konnten. Die Datenbank von Primefax enthielt eine Aufzeichnung von 750 000 tatsächlich aufgetretenen Störungen bei Fernsehern und Videorecordern, und durch die Eingabe von einigen Störungssymptomen in das System erhielt der Reparaturfachmann sofort eine Aufstellung der wahrscheinlichsten Ursachen für die Störung.

Primefax hatte angemessene Preise festgesetzt, da sie den Reparaturwerkstätten 100 Dollar für die Ersteinrichtung berechnete, außerdem monatlich 20 Dollar für den Anschluß an die Datenbank, 40 Dollar Miete für den Terminal und 5 Dollar für jede Anfrage. Die Firmengründung von Primefax war ein Erfolg gewesen, und innerhalb weniger Monate waren vierhundert zumeist kleine und selbständige Reparaturwerkstätten mit ihrer Datenbank verbunden. Das Problem war nur, daß die Facharbeiter der Reparaturfirmen des Primefaxsystem als einen Affront gegenüber ihrem Berufswissen empfanden und es daher nicht benutzten, bevor sie nicht alle anderen Tricks ausprobiert hatten. Da die Haupteinnahmequelle für Primefax jedoch die Anfragen waren, wurde der Firma sehr schnell klar, daß sie sich die falschen Kunden herausgesucht hatte.

Primefax richtete seine Vertriebsanstrengungen in eine andere Richtung aus, nämlich zu großen Firmen wie Montgomery Ward, RCA und General Electric, die über ein Reparaturnetz für Fernseher und Videorecorder in den ganzen USA verfügen und deren Fachleute willens waren, von diesem System Gebrauch zu machen. Primefax ist nun der Meinung, daß sie aufgrund dieser Strategie die Krise überwunden hat. »Der notwendige Grundstock für ein einträgliches Wachstum ist annähernd vorhanden«, meint der Generaldirektor von Primefax, Royal Elmore.

Primefax hatte so lange Schwierigkeiten, seinen Reparaturservice zu vermarkten, bis sie die richtige Käufergruppe ansprach. Es ist ebenso wichtig, mit einem Produkt auf einen Bedarf zu zielen, der wirklich vorhanden ist, und nicht auf einen Bedarf, *von dem man nur annimmt*, er würde durch das Produkt gedeckt. Um das zu verdeutlichen, will ich Ihnen von der Erfahrung der Firma Kimberly-Clark mit Kleenex berichten.

Die ersten Kleenextücher wurden aus einem feinen, weichen Papier hergestellt, das die Firma Kimberly-Clark in Neenah, Wisconsin, zum Gebrauch für Gasmasken im Ersten Weltkrieg entwickelt hatte. Die Firma begann 1924 mit der Vermarktung als Wegwerftücher, die die meist feuchten und schmutzigen Taschentücher ersetzen sollten, mit denen die Frauen allabendlich ihre Schminke entfernten. Für die Tücher in der bekannten Schachtel sah die Zukunft recht rosig aus, obwohl die Umsätze bis 1930 nur mittelmäßig waren, bis die Firma mittels einer Umfrage herausfand, daß die Verbraucher die Kleenextücher eher zum Naseputzen gebrauchten, als Schminke damit zu entfernen.

Kimberly-Clark warb von da an für Kleenex als Ersatz für die Stofftaschentücher, wobei sie einen der bekanntesten Werbeslogans überhaupt benutzte – *Don't Put a Cold in Your Pocket.** Da sich der Umsatz von Kleenex 1931 verdoppelt hatte, konnte sich die Firma auf den Absatz eines anderen Produkts namens Kotex konzentrieren, das sich noch schwerer auf dem Markt etablieren ließ als Kleenex. Kimberly-Clark konnte schließlich Kotex an die Frauen verkaufen, da sie den Artikel, in weißem Papier verpackt, direkt an der Kasse aufstellte und die Frauen ihn so einfach wegnehmen konnten, ohne danach fragen zu müssen. Die hohen Umsätze von Kleenex und Kotex halfen den Fabriken von Kimberly-Clark über die schweren dreißiger Jahre hinweg.

»Garantiert über Nacht«

Nur wenige Firmen, die innerhalb der letzten fünfzig Jahre nach der Weltwirtschaftskrise entstanden sind, erfreuten ihre Investoren so sehr wie die von Fred Smith gegründete Federal Express Corporation, die nur zehn Jahre nach der Gründung einen Umsatz von 1 Milliarde Dollar verzeichnen konnte.

* »Steck' keine Erkältung in Deine Tasche« (A. d. Ü.).

Smith ist der Sohn eines millionenschweren Busunternehmers und Besitzers einer Restaurantkette, der verstarb, als Fred vier Jahre alt war, und dem Jungen über 4 Millionen Dollar vererbte.

Der junge Smith machte mit fünfzehn seinen Pilotenschein und gründete mit zwei Klassenkameraden aus der zehnten Klasse ein Plattenstudio in einer Garage in Memphis, Tennessee, das sie Ardent Record Company nannten. In der Firma der Jungs wurden Stücke örtlicher Rock'n'Roll-Gruppen, darunter auch *»Big Satin Mama«*, aufgenommen, und sie ist noch heute ein erfolgreiches Unternehmen, obwohl Smith mit achtzehn ausstieg, um Politik und Volkswirtschaft an der Yale University zu studieren.

Während seines Studiums verfaßte Smith einen wirtschaftswissenschaftlichen Aufsatz, in dem er verdeutlichte, wie er auf effektive Weise sein Interesse am Fliegen und an Geschäften zu verbinden plane.* Seine Idee setzte er neun Jahre später in Federal Express um. In seiner Seminararbeit, für die er nur eine mittelmäßige Note erhielt, drückte Smith die Überzeugung aus, daß die Luftfrachtindustrie niemals kosteneffektiv und somit gewinnbringend arbeiten könne, solange sie nicht von den Fluglinien abgekoppelt werde, für die sie nur ein lästiges Anhängsel der Personenbeförderung sei. Zu Beginn seiner Arbeit stellte Smith fest, daß die Luftfracht über Nacht befördert werden sollte, da die Pakete zur Verladung nach Beendigung des Arbeitstages bereitstünden. Andererseits fände die Personenbeförderung tagsüber statt, wobei die Flugpläne so ausgearbeitet seien, daß die Passagiere ihr Ziel vor Sonnenuntergang erreichten. Smith führte im weiteren aus, um die Luftfracht profitabel zu machen, müßten spezielle Frachtflugzeuge, Verladegeräte und Lagerhallen zur Verfügung stehen, wo die Ladung schnell angenommen werden könne, damit sie ihr Ziel am nächsten Morgen erreicht habe. Smith schloß seinen Aufsatz mit der Feststellung, daß der Personenflugverkehr dafür nicht ausgerüstet sei, da die Personenflugzeuge ihre Gepäckverladungen und Abfertigungshallen auf die Bedürfnisse der Fluggäste und nicht auf die Verladung von Paketen zugeschnitten

* Sidney Furst und Milton Sherman, Hrsg., *›Unternehmensentscheidungen, die unser Leben veränderten,* New York 1964, S. 151–163.

hätten. Die Luftfracht sei für die großen Fluggesellschaften ein nahezu unrentabler Posten, so daß sie versuchten, kleine Pakete bis zu 5 kg überhaupt nicht zu verladen, und genau darin läge nach Smiths Ansicht das Geheimnis, mit der Luftfracht Gewinne zu machen.

Nach seinem Abschluß in Yale 1966 trat Smith dem Marine Corps bei und diente als dekorierter Kompaniechef und später als Pilot in Vietnam. Nach der Entlassung aus dem Militärdienst im Jahre 1969 erwarb der 25jährige Smith mit seinem Millionendollarerbe die Mehrheitsbeteiligung an der Arkansas Aviation Sales in Little Rock, die sich in den roten Zahlen befand. Smith verwandelte die Arkansas Aviation schnell zu einem aggressiven und profitablen Käufer und Verkäufer von Firmenflugzeugen.

Als das Unternehmen wuchs, suchte Smith nach weiteren Möglichkeiten, die Luftfrachtindustrie zu revolutionieren, so wie er es in seinem Aufsatz in Yale herausgearbeitet hatte. Smith hatte ein System vor Augen, bei dem Lastwagenfahrer in Pilotenuniformen die Pakete kurz nach 17 Uhr abholten und sie zum nächstgrößten Flughafen transportierten, von wo aus sie in die Frachtflugzeuge verladen und zu einem Knotenpunkt geflogen würden. Nach deren Ankunft am Knotenpunkt würden sie von Studenten sortiert, auf schnellaufende Transportbänder geworfen und wieder in die den Zielort anfliegenden Flugzeuge verladen werden, so daß sie vor 12 Uhr des darauffolgenden Tages ausgeliefert werden könnten.

Smith war entschlossen, diesen Service anzubieten, und gab seiner Firma den Namen Federal Express, da er der Meinung war, daß das Federal Reserve System (die Notenbanken) der USA sein erster Kunde sein würde und ihm den Auftrag erteilen würde, annullierte Schecks zwischen den Mitgliederbanken in den gesamten USA hin und her zu befördern. Obwohl Smith die Regierung nicht für seine Idee gewinnen konnte, behielt er den Namen Federal Express bei, da er seiner Ansicht nach einen eindrucksvollen Klang hatte und die Aufmerksamkeit auf sein noch junges Unternehmen lenken würde.

Smith beschloß also, Federal Express in der Nacht zum 12. März 1973 zu gründen. Zu dieser Zeit hatte er ein Netz aus zwölf Städten als Verlade- und Auslieferpunkte aufgebaut, besaß einige kleine

Falcon-Flugzeuge für die Beförderung der kleinen Pakete bis 5 kg, auf die er sich einmal spezialisieren sollte, und war soweit, den Startschuß zu geben. In Memphis, dem Knotenpunkt von Federal Express, hatten sich die Mitarbeiter der Firma und ihre Familien, ein Abgesandter einer New Yorker Anlagebank und viele Schaulustige versammelt, um das Spektakel mitzuerleben. Alle Augen starrten gen Himmel, und man wartete gespannt auf die ersten Falcon-Maschinen. Schließlich setzten die kleinen Vögel zur Landung an, die Verladetüren wurden geöffnet, im Laderaum befanden sich jedoch nur sechs Pakete, wovon eins ein Geburtstagsgeschenk von Smith an einen Mitarbeiter war.

»Damit war uns klar, daß wir nicht genügend Städte anflogen und die Leute noch zuwenig von uns gehört hatten«, meint Mike Fitzgerald, Vorsitzender der Verkaufsorganisation von Federal Express. »Diese Premiere war ein ganz schöner Reinfall.« So gingen Fitzgerald und ein paar Kollegen in Klausur, bauten ein neues Netz aus 25 Städten auf, und einen Monat später, am 17. April, startete Federal Express einen neuen Anlauf. Diesmal landeten die Falcons in Memphis mit 186 Paketen an Bord, worauf Fitzgerald am nächsten Tag ein Rundschreiben kursieren ließ, auf dem er stolz verkündete: »Der Laden läuft.«*

Seit dieser historischen Nacht ist Federal Express zu einem Unternehmen geworden, dessen rund 30 000 Mitarbeiter und 10 000 mit Funk ausgestattete Lastwagen täglich bis zu 450 000 Verladungen und Auslieferungen an Kunden in 40 000 Orten in den gesamten USA bewerkstelligen. Dieses unglaubliche Unternehmenswachstum erreichte Federal Express zum Teil mit Hilfe zweier neuer Dienstleistungen: Overnight Letters und Courier-Pak Overnight Envelopes, zu denen 1984 noch ZapMail kam. Federal Express steht gegenwärtig mit viel Hoffnung und Skepsis die Entwicklung des sehr teuren elektronischen ZapMail-Systems durch, dessen Effizienz noch unter Beweis gestellt werden muß. Dieses System übermittelt Dokumente

* Das anschaulichste Buch über die stürmische Gründung von Federal Express ist Robert A. Sigafoos *Absolutely Positively Overnight!*, Memphis 1983.

zwischen zwei Orten in den gesamten USA über Satelliten innerhalb von zwei Stunden nach der Aufnahme am Versandort.

Die Bereitstellung des ZapMail-Service hat ein Loch von 83 Millionen Dollar in den Gewinn von Federal Express zu Beginn des Jahres 1985 gerissen (der Break-Even-Punkt ist innerhalb der nächsten Jahre noch nicht abzusehen), und das sehr zur Freude von John C. Emery jr., Vorsitzender der Emery Air Freight Corporation, einem der Erzfeinde von Federal Express. In einem Interview mit dem Chefreporter des *Planning Review*, dem Journal der North American Society for Corporate Planning, sagte Emery: »Heute bekam ich zum erstenmal eine Kostprobe des neuen ZapMail-Service von Federal Express. Er ist wirklich schlecht. Es überrascht mich sehr, daß sie mit so viel Stolz auf eine Kopie zeigen, die aussieht, als sei sie auf einem kaputten Fotokopierer gemacht worden.«

Ein Grund, warum Emery so schlecht auf ZapMail zu sprechen ist, liegt darin, daß Fred Smith mit Federal Express in zwei sehr profitable Geschäftszweige vordringt, in denen Emery momentan unangefochten an der Spitze steht, nämlich dem Versand von schwerem Frachtgut und die internationale Beförderung von Dokumenten, Paketen und Päckchen. Da dies riesige Märkte mit großem Wachstumspotential sind, überrascht es nicht, daß es den Sohn des Emery-Air-Freight-Gründers stört, einen Konkurrenten wie Fred Smith zu haben, der an diesem langfristigen Wachstum auch einen Anteil haben möchte.

Das Wachstum bestimmt jedoch den Werdegang eines Unternehmens, wobei man eine gewinnbringende Idee haben muß wie Fred Smith mit seiner »Garantiert-über-Nacht-Auslieferung« von kleinen Paketen. Diese Idee muß man verwirklichen, aus unvermeidlichen Fehlern lernen, neue Produkte einführen und gegen die Konkurrenz antreten, die nur darauf wartet, einem einen Bissen wegzuschnappen. »Her mit der Konkurrenz, aber sie soll mir nicht das Geschäft verderben«, ist der Slogan von Ray Danner, dem Vorsitzenden der Shoney's, Inc. (eine äußerst gewinnbringende Restaurantkette mit Firmensitz in Nashville, die einen Umsatz von 477 Millionen Dollar abwirft und um deren Wachstum sie die ganze Branche beneidet).

8 Erfahrungen sammeln

»Nur wenn man die Wünsche, Bedürfnisse und Sehnsüchte der Verbraucher ganz genau kennt, kann man ein erfolgreiches Produkt kreieren.«

WILLIAM J. MC DONALD,
Vertriebsdirektor für neue Produkte bei Frito Lay

Wie bei allen anderen Dingen in einem Unternehmen gibt es auch für das Wachstum keine magische Formel. Wenn das so wäre, gäbe es Unternehmen wie General Motors an jeder Ecke.

Gelegentlich scheint sich das Wachstum einfach so zu verwirklichen wie bei der kleinen Firma Advanced Input Devices, Inc., in Cœur d'Alene, Idaho, deren Umsatz innerhalb eines Jahres von 4 Millionen Dollar auf 16 Millionen Dollar emporschnellte, nachdem IBM die Firma beauftragt hatte, die Tastatur für den IBM *PCjr* herzustellen.

Aber selbst in diesem Fall kommt das Wachstum nicht von ungefähr. Wachstum entsteht aus der Entwicklung guter Produkte und deren aggressiver Vermarktung. Sobald sich Ihre ersten Produkte gut verkaufen lassen, müssen Sie die alten Artikel verbessern und neue auf den Markt bringen, um die Zukunft des Unternehmens zu sichern. »Wenn Sie sich in dieser Branche schnell zufriedengeben, sind Sie gleich weg vom Fenster«, meint Steve Blank, Vertriebsfachmann aus dem Silicon Valley. »Sie können nur mithalten, wenn Sie ein neues Produkt und noch eins und noch eins anbieten.«

Man braucht nicht unbedingt ein Diplom in Betriebswirtschaft von der Harvard-, Wharton- oder Stanford-Universität zu haben, um eine erfolgreiche Produktpalette herauszubringen. Sie müssen nicht mal ein gebürtiger Amerikaner oder dort aufgewachsen sein, gut Englisch sprechen oder eine Menge Geld auf der Bank haben. Als Elie Tahari vor dreizehn Jahren aus Israel nach New York kam, hatte er nur 60 Dollar in der Tasche und mußte die ersten zwei Wochen im

Central Park übernachten. Dank seiner guten Erzeugnisse und deren fachmännischer Vermarktung erzielt Taharis Unternehmen für Damensportbekleidung heute einen Jahresbruttoumsatz von 50 Millionen Dollar. Jetzt kann es sich Tahari auch leisten, ein luxuriöses Penthaus zu bewohnen, von dessen Schlafzimmer aus man einen schönen Ausblick auf den Central Park hat.

Das grundlegendste auf dem mit Erfahrungen gespickten Weg zu einem langfristigen Wachstum sind die Leidenschaft, ein solides Unternehmen aufzubauen, die Fähigkeit, die richtigen Mitarbeiter einzustellen und sie zu dirigieren, die Entschlossenheit, sich ganz auf die Details der Produktion und der Vermarktung zu konzentrieren, und natürlich das Produkt, das sich zum Wachstum eignet (Postkarten von einem einsamen Maler reichen da nicht). »Unsere Mitarbeiter wollen Chancen haben; ohne Wachstum wären sie schon längst gegangen«, meint Donald Burr, Gründer und Vorsitzender von People Express. »Erst dadurch ist es spannend, und man kann daraus lernen; es ist für Engagement und ein hohes Maß an Energie notwendig.«

Ein junger Unternehmer mit all diesen Attributen ist Chris Nguyen, der mit achtzehn aus Südvietnam in die USA kam, weder über Unternehmenserfahrung noch Kapital verfügte und nur sehr stockend Englisch sprach. Dennoch hat er ein Unternehmen für die Herstellung und Vermarktung von selbstgemachten Frühlingsrollen aufgebaut, dessen Bruttoertrag sich 1984 auf 4 Millionen Dollar belief.

Nguyen ist das typische Beispiel eines USA-Einwanderers, die über die vorhandenen Möglichkeiten erstaunt sind, sich aber zu Tausenden selbständig machen und somit einen ausschlaggebenden Teil am Gedeihen des amerikanischen Systems des freien Unternehmertums leisten.

Nguyen verließ Saigon 1966, um an der Trinity University in San Antonio, Texas, Industriechemie zu studieren, wechselte dann aber das Studienfach und machte 1970 seinen Abschluß als Marketingkaufmann. Danach bereitete er sich an der University of Iowa in Iowa City auf das Diplom in Betriebswirtschaft vor, das ihn jedoch sehr schnell langweilte, so daß er 1971 sein Studium aufgab, um sein eigenes Unternehmen zu gründen.

Die Entscheidung, worauf er sich spezialisieren sollte, machte Nguyen keinerlei Schwierigkeiten, da er kurz nach seiner Ankunft in den USA in Rage darüber geriet, zu sehen, was die Amerikaner als original Frühlingsrollen verkauften. »Zu Hause in Saigon stellten wir echte Frühlingsrollen nach einem alten Familienrezept her«, erzählt Nguyen. »Wir füllten sie mit Fleisch und anderen guten Sachen. Es waren echte selbstgemachte Rollen im Gegensatz zu diesen viereckigen, mit Gemüse vollgestopften pampigen Teigrollen, die aus der Fabrik von Chun King und La Choy kommen.«

Für Nguyen war die Herstellung von Frühlingsrollen auch deshalb attraktiv, da sie sehr arbeitskräfteintensiv war, keine teuren Maschinen benötigte und er die Rollen sehr leicht verkaufen konnte. Er mußte dafür wenig Startkapital aufbringen, was für ihn von Vorteil war, da er über keinerlei Mittel verfügte. Was er hingegen einbringen konnte, waren ein umfassender Unternehmensplan einschließlich einer auf drei Jahre angelegten Umsatz- und Gewinnprognose und zwei Familienangehörige, sein Bruder Tuan und seine Schwester Isabelle, die beide an der University of Nebraska, eine knappe Autostunde von Omaha entfernt, studierten.

Während des nächsten Jahres suchten Tuan und Isabelle ein Dutzend Investoren auf, darunter Ärzte, Professoren, eine Anlagebank und einen Landwirt, der sich bereit erklärte, 20 000 Dollar gegen einen fast 50prozentigen Anteil an Nguyens Firma, der Oriental Food Delicacies, Inc., zu investieren. Sobald Nguyen die 20 000 Dollar als Startkapital in der Tasche hatte, bat er die Small Business Administration um einen Kredit über 40 000 Dollar. Die SBA erklärte Nguyen, daß sie ihm keinen Kredit gewähren könne, bis sein Antrag nicht von drei Geschäftsbanken abgelehnt worden sei. Nguyen holte sich schnell die nötigen Ablehnungen und erhielt so 40 000 Dollar von der SBA.

Nguyen begann mit der Probeherstellung der Frühlingsrollen in einer kleinen, kommerziell genutzten Küche in Omaha, die er von einem Mann gemietet hatte, der dort während der Woche Sandwiches für Selbstbedienungsautomaten herstellte, sie aber am Wochenende nicht benutzte. Kurz danach fand Nguyen jedoch eine 150 m^2 große, vom amerikanischen Landwirtschaftsministerium abgenommene Lebensmittelküche, die zur Herstellung von Fleischprodukten vorgesehen war, die auch in anderen Bundesstaaten verkauft wurden. Er erwarb einige Geräte und stellte Mitarbeiter ein, darunter auch seine Schwester Isabelle, die die Produktionsleitung übernahm. Nguyen selbst begab sich mit Probeexemplaren seiner sogenannten mit Fleisch gefüllten »CHA-ZAH«-Frühlingsrollen auf die Straße, »die man im Orient serviert« und »die man jetzt auch im Westen bekommen kann, wo sie in unserer vom Landwirtschaftsministerium abgenommenen Küche hergestellt werden«.

Nguyen setzte sich zuerst mit Hotels, Motels, Restaurants und Country Clubs in Omaha in Verbindung. Obwohl ziemlich viele Leute Geschmack an seinem Produkt fanden, gaben sie ihm nur Bestellungen über wenige Kisten auf (eine Kiste enthielt 72 Frühlingsrollen). Den ersten Durchbruch schaffte Nguyen bei den Hinky-Dinky Stores in Omaha, die mehr als 50 Kisten bestellten, nachdem er den Kunden in der neuesten Filiale eine heiße Kostprobe seiner Frühlingsrollen gegeben hatte.

1972 verzeichnete Oriental Food Delicacies einen Umsatz von 128000 Dollar, was unterhalb von Nguyens Prognose lag. »Der Einstieg in den Markt vollzog sich langsamer, als wir dachten«, bemerkt Nguyen, »da die Amerikaner an einen nachgemachten und eingeschmuggelten Artikel, der noch dazu einen falschen Namen trägt, gewöhnt waren, die viereckige Frühlingsrolle. Als wir unsere authentische Rolle auf den Markt brachten, scherte sich keiner darum. Wir stießen auf ziemlich viel Ablehnung.«

Nguyen sah sich noch anderen Widrigkeiten gegenüber, so der Tatsache, daß ihm das Know-how und das Kapital fehlten, um eine Maschine zur automatischen Herstellung der Frühlingsrollen zu kaufen, und er sich daher mit allem begnügen mußte, das ihm in die Hände fiel, so ein Gerät, das ursprünglich zur Herstellung von Doghnuts vorgesehen war.

Ein weiterer negativer Aspekt seines Unternehmens waren die äußerst kostspieligen Zutaten für sein erstes Frühlingsrollenrezept, zu dem eigens importierte schwarze Pilze und mexikanische Süßkartoffeln gehörten, die man roh wie Eßkastanien ißt. Abgesehen davon, daß Nguyen schließlich die modernsten und rationellsten Maschinen aufstellte, konnte er darüber hinaus auch diese exotischen Pilze und Kartoffeln weglassen, wodurch es ihm gelang, seine Preise zu senken. Eine Zutat, die Nguyen nicht weglassen konnte, war das Fleisch, das er als die Seele seiner Frühlingsrollen anpries im Gegensatz zu den Rollen von Chun King und La Choy, in denen ein bißchen Fleisch enthalten ist, und Matlow (eine andere Konkurrenzfirma), die gar kein Fleisch verwendete.

Der letzte negative Faktor waren die langsam zu Ende gehenden Bargeldreserven von Oriental Food Delicacies, wodurch Nguyen gezwungen war, die SBA um eine Erweiterung des alten Kredits und die Bürgschaftsübernahme eines neuen Kredits zu bitten, den diese bewilligte.

»In den ersten paar Jahren, in denen Unternehmer neu im Geschäft sind«, so Nguyen, »können ihnen zwei Dinge schaden: zuwenig Kapital und Verlust. Wenn man genug Kapital besitzt, bleibt einem auch genug Spielraum, um sich um die Verluste zu kümmern, bis das Unternehmen auf Touren kommt. Wenn man jedoch zuwenig Kapital und noch dazu Verluste hat, kann das das ›AUS‹ für eine Firma bedeuten.«

Nguyens anfängliche Strategie bestand darin, seine Frühlingsrollen in den Delikatessenabteilungen der Supermärkte im Mittelwesten zu verkaufen. Er mußte daher von einer Stadt zur anderen fliegen, voll beladen mit Kostproben seines Artikels und einer Tasche, in der sich eine kleine Fritteuse und eine Flasche Speiseöl befanden, damit er heiße und knusprige CHA-ZAH-Frühlingsrollen im Korridor vor den Büros seiner zukünftigen Kunden zubereiten konnte.

1974, als Oriental Food Delicacies wöchentlich einhundert Kisten voll Frühlingsrollen herstellte, suchte Nguyen das Büro von Steve Osder, dem Direktor der Delikatessenabteilung der Farmer-Jack-Supermärkte in Detroit, auf. Osder probierte eine CHA-ZAH-Frühlingsrolle, die ihm so gut schmeckte, daß er gleich eine Bestellung über 600 Kisten (43 200 Frühlingsrollen) aufgab. »Ich war so aufgeregt«, erzählt Nguyen, »daß ich zu diesem feinen Herrn sagte: ›Mein Gott, ich weiß gar nicht, ob ich Ihnen die 600 Kisten sofort schicken kann. Wäre es Ihnen recht, wenn ich Ihnen nächste Woche einhundert Kisten schicke, in der übernächsten Woche dreihundert und den Rest danach?‹« Da Osder damit einverstanden war, stellte Nguyen mehr Leute ein, ließ Überstunden machen und erledigte Farmer Jacks Auftrag so, daß noch genug Spielraum blieb, um die anderen Kunden zu versorgen.

Oriental Food Delicacies kam 1974 in die Gewinnzone, und 1975 überschritt der Umsatz die 500 000-Dollar-Grenze. 1978 verlagerte Nguyen seine Firma von Omaha nach Tampa, Florida, wo er eine knapp 900 m^2 große, vom Landwirtschaftsministerium abgenommene Produktionsstätte anmietete.

Die Zukunft sah rosig aus. Der Umsatz von Oriental Food Delicacies stieg jährlich um satte 15 Prozent, wodurch Nguyen die meisten Firmenanteile zurückerwerben konnte, die er an Leute in Nebraska verkauft hatte und denen es nicht zusagte, 2500 Kilometer von ihrem Investitionsobjekt entfernt zu sein. Aber es gab immer noch ein Problem.

»Das Problem war«, so Nguyen, »daß niemand wußte, wie unser Produkt hieß. Man servierte den Leuten unsere Rollen auf einem Hotelbankett, und sie schmeckten ihnen, oder sie kauften sie in der Delikatessenabteilung der Supermärkte und waren begeistert von ihnen, aber sie wußten niemals, daß die Frühlingsrollen von uns stammten. Es gab keine Kunden, die unserer Marke treu waren. Wenn der Einkäufer eines Supermarktes, eines Hotels oder eines Restaurants die Rollen von einer anderen Firma etwas billiger kaufen konnte, tat er dies ohne Zögern.«

Um dem zu begegnen, beschloß Nguyen, seine CHA-ZAH-Frühlingsrollen zu verpacken, so daß die Kunden sie in der Tiefkühlabteilung ihres Supermarktes kaufen konnten. Der Markenname CHA-ZAH steht nicht weniger als zehnmal in Großbuchstaben auf der Verpackung. Um ganz sicherzugehen, daß ja niemand sein Produkt vergäße, verschönerte er die Schachtel mit einer farbigen Abbildung einer bildschönen vietnamesischen Frau namens Lo-An, die Saigon wenige Tage vor dem Einmarsch der Kommunisten verlassen hatte und die Nguyen kurz nach ihrer Ankunft in Tampa geheiratet hatte.

Ende 1982, als Nguyen amerikanischer Staatsbürger geworden

war, verfügte Oriental Food Delicacies über 36 Mitarbeiter, die Frühlingsrollen im Wert von 2 Millionen Dollar herstellten. Die Frühlingsrollen wurden über ein Netz von annähernd sechzig Zwischenhändlern und Verteilern vertrieben, die von zwei Vollzeitverkäufern beliefert wurden. Somit konnte sich Nguyen zum erstenmal nach der Unternehmensgründung ganz auf eine langfristige Wachstumsplanung konzentrieren.

Nguyen war sich darüber im klaren, daß seine Frühlingsrollen in einer Branche mit einem Jahresumsatz von 100 Millionen Dollar nahezu unbekannt waren und man daher auf seine Frühlingsrollen aufmerksam machen mußte, wenn er das gesteckte Ziel, den Umsatz bis zum Jahre 1990 auf 10 Millionen Dollar zu verdoppeln, erreichen wollte. Die Strategie, auf die Nguyen schließlich stieß, bestand aus drei Elementen: Geschenke, Humor und die wunderschöne Lo-An.

Nguyens erster Schritt war, Geschäfte unter dem Namen Lo-An Delicacies zu betreiben, wodurch er noch mehr Nutzen von seiner Frau als reizendes Abbild seiner Firma hatte. Lo-Ans Name und Antlitz zierten bald alle Verpackungen der Firma, ihre Briefbögen, ihre »Lo-An-Gramms« (wichtige Mitteilung von Lo-An Delicacies) und sogar die großen Werbetafeln an den Fernstraßen, auf denen Lo-An die Vorbeifahrenden fragt: »Wann haben Sie zuletzt meine Frühlingsrollen gegessen?«

Der Phantom-Jachtclub

Als nächstes deckte sich Nguyen mit Werbegeschenken aller Art ein, die an die Zwischenhändler weitergegeben wurden: Kaffeetassen, T-Shirts, Polohemden, federleichte Jogginganzüge, Taschenrechner, Kugelschreiber, Bleistifte und Dosen für Tennisbälle, alles mit dem Schriftzug Lo-An oder CHA-ZAH verziert, wobei auch ein bißchen versteckter Humor nicht fehlte. Die Hemden und Jogginganzüge tragen das Emblem des fiktiven Lo-An Yacht Club, der sich im nichtexistierenden Cape St. Jacques, Florida, befindet. Die weißen Plastikkaffeetassen tragen die Inschrift: »LIEBE bedeutet, niemals um Verzeihung bitten zu müssen, wenn man die letzte CHA-ZAH aufgegessen hat«, und wenn man eine Dose mit drei vakuumverpackten Dunlop-Tennisbällen öffnet, sieht man, daß sie alle den Aufdruck »CHA-ZAH-Designer-Frühlingsrollen« tragen.

Hervorragende Zwischenhändler erhalten eine Einladung zu einem Diner für zwei in einem führenden American Express Restaurant, ein Schneider fertigt ihnen zu Hause einen Maßanzug an, und wenn sie einen außergewöhnlichen Erfolg erzielen, erhalten sie und ihre Gattinnen eine Karibikkreuzfahrt mit allem Drum und Dran. »Dieses Geschenkeprogramm läuft sehr gut, schafft gute zwischenmenschliche Beziehungen und ist sehr kosteneffektiv«, so Nguyen. Es hat sich so bewährt, daß es auf die Lo-An-Delicacies-Mitarbeiter ausgeweitet wurde.

Chris und Lo-An entwerfen die Verpackungen mit Hilfe eines Graphikers, beschriften den darauf erscheinenden Abdruck und fügen einen Brief mit bei, der mit den Worten »Liebe Freunde . . .« beginnt und in dem drei verschiedene Zubereitungsarten der Frühlingsrollen beschrieben und die Kunden gebeten werden, ihre Meinung über das Produkt zu äußern. Der Brief endet mit den Worten: »Wir wünschen Ihnen einen schönen Tag.«

»Wir bekommen täglich drei bis vier Briefe von unseren Kunden, die wir alle persönlich beantworten«, sagt Nguyen. Ein Kunde schlug vor, die Zubereitungsweise für Mikrowellenherde abzudrucken, was jetzt bei den Verpackungen gemacht wird, in denen sich die neue Generation der CHA-ZAH-Frühlingsrollen befindet, die kein geschmacksverstärkendes Mononatriumglutamat oder Konservierungsmittel enthalten.

Durch den Wegfall dieser chemischen Zusätze würden seine Frühlingsrollen, so Nguyen, einen Vorsprung vor der Konkurrenz gewinnen, wobei die wissenschaftliche Bedeutung dieses Wegfalls in einem Brief auf der Verpackung erklärt wird, der die Unterschrift von Lo-An trägt, die staatlich geprüfte Pharmazeutin ist.

Diese neuartigen Frühlingsrollen sind Teil einer großangelegten Strategie Nguyens zur Verdopplung des Umsatzes. Er hat außerdem ein 2 Hektar großes Stück Land ganz in der Nähe des jetzigen Standorts seiner Fabrik erworben, auf dem er eine 3000 m² große Fabrik für 1 Million Dollar errichten will. Mit Hilfe der neuen

Produktionsstätte kann Nguyen die steigende Nachfrage nach seinen CHA-ZAH-Frühlingsrollen bewältigen und gleichzeitig neue Produkte wie Chow Mein, Egg Foo Yung und Teriyaki mit Huhn herstellen.

Chris und Lo-An tun gerade etwas, was geschätzte 95 Prozent der amerikanischen Unternehmer niemals tun würden, ein Unternehmen mit zwanzig oder mehr Mitarbeitern aufzubauen.

Die Gründe für das Wachstum von Lo-An Delicacies lassen sich sehr schnell finden. Das Produkt der Firma trägt einen Markennamen und kann so über alle Verteilungskanäle die Konsumenten in den gesamten USA erreichen. Chris und Lo-An sind die geborenen Manager, die wissen, wie sie ihre Mitarbeiter am besten motivieren können. Sie bieten weitere und ins Programm passende Produkte an, die sich gut verkaufen, außerdem erlaubt ihnen die neue Anlage, diese Produkte in großer Menge herzustellen.

Das wirft jedoch die Frage auf, warum die meisten Unternehmer, die nie so recht den Absprung schaffen, nicht einfach in die Fußstapfen von Chris und Lo-An Nguyen treten können? Dazu fallen einem sofort mehrere Antworten ein:

1. Ein Großteil der Unternehmer will nicht die qualvollen Mühen auf sich nehmen, ein Multimillionendollarunternehmen aufzubauen und zu leiten. Ein kleines Unternehmen mit einem Jahresumsatz von 500 000 Dollar nimmt sie weniger in Anspruch, und sie haben trotzdem noch ein angenehmes Leben mit viel Freizeit für geruhsame Nachmittage auf dem Golfplatz.
2. Die meisten Unternehmer verfolgen Konzepte, die nicht unbedingt auf Wachstum ausgerichtet sind – Friseursalons, Tankstellen, Torffarmen und Buchläden. Im Gegensatz zu den Anbietern von Produkten, die ohne Schwierigkeiten leicht über die gebräuchlichen Kanäle verteilt werden können, handelt es sich hierbei um Unternehmen, die Umsatzsteigerungen nur dann erzielen können, wenn sie:

- Expandieren, wie Grossinger's in New York und Knott's Berry Farm in Kalifornien es sehr erfolgreich bewerkstelligt haben.
- Dem ursprünglichen Betrieb eigene oder Franchiseunternehmen »aufpfropfen«; durch diese Vorgehensweise kamen Culligan,

Western Auto, Ramada Hotels und McDonald's ganz groß ins Geschäft, wobei ziemlich viele andere Unternehmer dieselbe Richtung einschlagen (Sie werden gleich einen von ihnen kennenlernen).

- Den ursprünglichen bekannten Firmennamen verwenden, um eine neue Produktreihe auf den Markt zu bringen, so das Beispiel der New Yorker Firma Chock Full o' Nuts und ihres »himmlischen« Kaffees, den man überall in den USA kaufen kann.

3. Die meisten Unternehmer können die große Zahl der Mitarbeiter, die zum Aufbau eines Großunternehmens nötig sind, weder leiten noch inspirieren. 1956 gründete Dr. William Shockley, Nobelpreisträger für die Miterfindung des Transistors, das Shockley Semiconductor Laboratory, an dem acht der wohl talentiertesten Elektroingenieure mitarbeiteten. Shockley gelang es jedoch nicht, Fachleute wie Robert Noyce, Gordon Moore, Shelton Roberts und Eugene Kleiner an sich zu binden, so daß sie die Firma verließen und wenig später Fairchild, Semiconductor, Intel und andere erfolgreiche Firmen im Silicon Valley gründeten, während Shockleys Unternehmen Umsatzeinbußen hatte und schließlich in Konkurs ging.
4. Den meisten Unternehmern mangelt es an der Fähigkeit zur strategischen Planung, die man zum Aufbau eines Unternehmens unbedingt braucht. »Als wir einen Umsatz von 3 Millionen Dollar erzielt hatten«, meint George Hatsopoulos, Vorsitzender der Thermo Electron Corporation in Waltham, Massachusetts, »sah ich dem Tag, an dem wir die 100-Millionen-Dollar-Grenze erreicht hätten, erwartungsvoll entgegen. Als wir 30 Millionen Dollar erzielten, machte ich mir Gedanken, was wir wohl tun sollten, wenn wir bei 1 Milliarde Dollar angelangt wären.«
5. Ein Großteil der Unternehmer ist nicht fähig, ständig neue Produkte auf den Markt zu bringen, was jedoch der Schlüssel zum Wachstum ist, wie wir gesehen haben. Ein Spezialist für neue Produkte ist Martin J. Fiedman, geistiger Vater und Herausgeber der von der New Yorker Werbeagentur Dancer Fitzgerald Sample publizierten Fachzeitschrift *New Product News*. Friedman, heiter, ehrfurchtslos und unersättlich in seiner Lesewut, ist eine lebende

Enzyklopädie für Wissen über neue Produkte. Er besucht niemals fremde Städte, ohne einen Streifzug durch die dortigen Supermärkte auf der Suche nach neuen Produkten zu machen, die vielleicht seiner Aufmerksamkeit entgangen sein mögen.

Laut Friedman würden heute viel mehr neue Produkte auf den Markt gebracht als früher, wobei die meisten unter die Kategorie der Lebensmittel, der Drogerie- und Kosmetikartikel fielen, deren Ladenpreis bis zu 2 Dollar betrage. Ein Großteil dieser neuen Produkte seien lediglich Sortimenterweiterungen von bereits erfolgreichen Markenprodukten, wobei das einzig Neue der Geschmack oder der Geruch seien, wie Butter-Flavored Crisco oder Spice Scent Right Guard.

Stellen Sie Ihre eigenen Zigarren her

Die Kreativität bei der Vermarktung neuer Produkte bei Amerikas führenden Produktpionieren erstreckt sich nicht nur auf Sortimenterweiterungen, was auch gelegentlichen Lesern von Friedmans *New Produkt News* sehr schnell klar wird. Drei Beispiele dafür:

Neue Produkte für gesündere Ernährung, die nach Friedmans Ansicht in den kommenden Jahren zu der wichtigsten Entwicklung zählen. Obwohl viele der heute angebotenen neuen Energie- und Vitalitätsprodukte alte Marken sind, die als neue Produkte ohne Salz, ohne Zucker, mit niedrigem Cholesteringehalt, mit vielen Ballaststoffen und ähnlichem wieder auf den Markt gebracht werden, gibt es viele ganz neue Artikel, so das massenhafte Angebot von Kassetten mit Anleitungen zur Stärkung von Körper und Geist (»Letting Go of Stress)* und hochtechnisierten Übungsgeräten (Gravity Gym, ein Gerät, bei dem man mit dem Kopf nach unten wie eine Fledermaus hängt.)

Neue »Do-it-Yourself«-Produkte wie der Grecian Delight Gyros (»Jede Packung enthält die Zutaten zur Herstellung von vier original griechischen Gyros in Pita«) und eine »Ausrüstung für 9,95 Dollar

* Den Streß loswerden (A. d. Ü.).

zum Anbau von Tabak, die Samen für 50 Tabakspflanzen, ein Gewächshaus mit Eigenbewässerung und ein Mittel, das den Sämling zum Wachsen bringt, enthält, außerdem eine detaillierte Anleitung zum Anbau von Tabak einschließlich Hinweisen zur Eigenherstellung von Zigarren.

»Produktwerbung mit Unterstützung von Comicfiguren«, so die Produkte, die dem millionenschweren Geschäftszweig für vorgesüßte Frühstücksflocken für Kinder als neuer Energiespender, neuen Aufschwung geben, wobei neue Marken wie Pac-Man, Donkey Kong, die Smurfs (Schlümpfe) und der einzigartige Strawberry Shortcake alteingesessene Marken wie Cap'n Crunch beiseite drängen.

Die meisten neuen Produkte schaffen den Durchbruch nicht, und so führt Friedman eine Liste von bedeutenden Produktflops in den Supermärkten – sie bilden das Äquivalent im Lebensmittel- und Drogeriebereich zu Ford Edsel, der Nehru-Jacke und dem Geruchsfernsehen. Im Laufe der Jahre hätten laut Friedman die Verbraucher unter anderem an folgenden Artikeln keinen Gefallen gefunden:

- Margarine mit Geschmack: »Lever und Kraft haben sich mit ihrer Margarine mit Erdbeer- oder Schokoladengeschmack selbst ein Bein gestellt, deren Idee es war, die Margarine einfach auf einen Toast zu streichen und sofort eine dänische Pastete zu haben, was die Verbraucher jedoch verschmähten.«
- Künstlicher Schinken: »General Food experimentiert weiter mit diesem Produkt, wartet aber immer noch auf den durchschlagenden Erfolg.«
- In Dosen verpackte Kartoffelchips wie die tadellosen, aber teuren Pringles von Procter & Gamble: »Es zeigte sich, daß die Verbraucher die leicht zerbrechlichen, normalen Kartoffelchips mit den dunkelbraunen Flecken bevorzugten.«
- Fruchtweine. Produkte wie Ripple und Annie Greenspring. »Eine Zeitlang sah es so aus, als ob diese Produkte das Weingeschäft an sich reißen würden.«
- Ketchup in verschiedenen Geschmacksrichtungen: »Heinz probierte es mit mexikanischem und Barbecuegeschmack, die Verbraucher zogen das gewöhnliche Tomatenketchup diesen Geschmacksrichtungen vor.«

- Erdnußbutter und Gelee im selben Gefäß: »Eine tolle Idee, aber es war ein Reinfall.«
- Tiefkühlsuppen: »Die Firma Campbell's, die über Suppen besser Bescheid wissen sollte als sonst jemand, mußte mehrere Mißerfolge mit den neuen Suppen verzeichnen, gibt aber dennoch nicht auf, so daß sich momentan neue Produkte in der Testphase befinden.«
- Kleine Desserts: »Zum Beispiel Schokoladenpudding in kleinen Bechern. Anfangs wurde er gut aufgenommen, verschwand dann aber allmählich nach einem Jahr vom Markt wie viele andere Produkte auch.«

Friedman ist der Ansicht, daß man von einem neuen Artikel wöchentlich eine Kiste in Amerikas Supermarktketten verkaufen muß, um damit Erfolg zu haben. Bisher hätten nur wenige Produkte, wie Campbell's Tomatensuppe, Hellmanns Mayonnaise oder die Nacho Cheese Doritos von Frito-Lay, dieses gesteckte Ziel erreicht.

»Um ein erfolgreiches Produkt auf den Markt zu bringen«, meint William J. McDonald, Vertriebsdirektor für neue Produkte bei Frito-Lay, »muß man die Wünsche, Bedürfnisse und Sehnsüchte der Verbraucher ganz genau kennen. Als nächstes muß man diese mögliche Nachfrage in einem Konzept für ein neues Produkt ausdrücken, danach muß dieses Konzept bei den Verbrauchern getestet und ein Artikel entwickelt werden, der diesem Konzept gerecht wird (das kann von sechs Monaten bis zu mehreren Jahren dauern). Wenn die Verbraucher positiv auf diesen Artikel reagieren, sollte der Artikel in Produktion gehen.« Die Erfolgsaussichten für ein neues Produkt können durch gewaltige Absatzstrategien wesentlich erhöht werden, die auch die Nacho Cheese Doritos zu einem Goldesel gemacht haben, der einen Jahresumsatz von 500 Millionen Dollar abwirft, wodurch sie in den erlesenen Kreis so erfolgreicher Produkte wie Valium, Jell-O-Pudding und Crest-Zahnpasta aufgenommen wurden.

Eines der auffallendsten Merkmale eines Supermarktartikels wie Nacho Cheese Doritos und anderen ist, daß er sehr lange auf dem Markt zu finden sei, wie Martin Friedman gerne betont. Swift-Schinken, Wrigley-Kaugummi, Goodyear-Autoreifen, Prince-Albert-Pfeifentabak, Sherwin-Williams-Farbe, Gillette-Rasierer,

Ivory-Seife, Campbell's-Suppe, Gold-Medal-Mehl, Lipton-Tee und Carnation-Milch in Flaschen sind seit über sechzig Jahren führende Marken auf dem jeweiligen Sektor. Vergleicht man diese Artikel mit den wesentlich reizvolleren Produkten im Spitzentechnologiebereich von Personalcomputern bis zu Videospielen, wird man feststellen, daß sie schon innerhalb weniger Monate zum alten Eisen gehören können.

Die Wiederbelebung von Produkten

Bevor wir das Gebiet der Flops mit neuen Produkten verlassen, will ich noch darauf hinweisen, daß kränkelnde oder totgesagte Produkte wiederbelebt werden könnten, so jedenfalls die Aussage von Vertriebsexperten der New Yorker Cadwell Davis Partners, einer Werbeagentur, die sich rühmt, absatzschwachen Produkten wieder zu höheren Umsätzen verholfen zu haben. So zum Beispiel:

- Gibt es für das ausgediente Produkt einen neuen Verwendungszweck? Der Umsatz von Arm & Hammer Baking Soda schnellte nach einer Werbekampagne für das Erzeugnis zur Geruchsneutralisierung in Kühlschränken in die Höhe.
- Gibt es eine breitere Zielgruppe? Der Umsatz von Procter & Gambles Ivory Soap konnte wieder einen Anstieg verzeichnen, nachdem die Firma die Seife nicht nur für Babys, sondern auch für Erwachsene empfahl.
- Können bessere Überredungskünste den Verkauf steigern? Die Pampers-Wegwerfwindeln von Procter & Gamble ließen sich nur mäßig verkaufen, solange man sie nur zur Bequemlichkeit für die Mutter anpries. Sie wurden zum absoluten Renner, sobald man in der Werbung betonte, daß sie die Babys trocken hielten und somit glücklich machten.
- Kann man einen Trend ausnutzen? Der Umsatz von Dannon-Joghurt verzeichnete einen steilen Anstieg, nachdem man in der Produktwerbung stärker auf das Interesse der Verbraucher an gesünderer Ernährung einging.
- Können die Vertriebskanäle ausgeweitet werden? Die Firma Hanes

verpackte ihre »L'Eggs'«-Damenstrumpfhosen in Behälter, die regenbogenfarbenen Straußeneiern glichen, und ließ sie in den Supermärkten in großen Drehständern an der Kasse auslegen.

Der steigende Verkauf des ersten Produkts einer Firma, seine Behauptung auf dem Markt durch ständige Einführung und Übernahme neuer Produkte bilden den Kern jeder erfolgreichen Unternehmensstrategie.

Internationale Konzerne und Kleinstunternehmer verfahren dabei auf unterschiedlichste Weise. Diese Tatsache wurde mir bewußt, als ich die sechzigstöckige Coca-Cola-Firmenzentrale in Atlanta aufsuchte und auf dem Nachhauseweg zum Hotel bei einer Versammlung von Inhabern kleiner Malergeschäfte haltmachte.

Coca-Cola tätigte gerade eine Millionendollarausgabe für ihre »Coke Is It«-Kampagne, um den Umsatz des wohl erfolgreichsten Produkts der Welt zu steigern, das von nahezu 1400 Lizenzabfüllern in mehr als 155 Ländern verkauft wird. Zu den Produkten des Konzerns werden in Kürze auch Hollywoodfilme gehören, da die Firma die Columbia Pictures für 1 Milliarde Dollar aufkaufen wird.

Die kapitalschwachen Besitzer von Malergeschäften hingegen verließen sich auf Rhetorikkurse und Workshops zum gegenseitigen Ideenaustausch, um hieraus die umsatzfördernde Energie einer positiven Denkweise zu schöpfen.

Die Hauptgedanken kamen von Joe Charbonneau, dem Generaldirektor der Performance Group in Dallas, der für seine Rede stehenden Beifall erhielt, deren Titel *Look Who's Wrecking Your Company Now** war und folgende Hinweise beinhaltete:

- Beobachten Sie, was die Konkurrenz tut, und machen Sie es besser.
- Überlegen Sie, wie oft Sie sich bei den Kunden, mit denen Sie Probleme haben, melden und wie selten Sie sich mit der zufriedenen Kundschaft in Verbindung setzen, die doch das Rückgrat Ihres Unternehmens bildet.
- Die einzige Person, die Sie niemals im Stich läßt, sind Sie selbst. Denken und handeln Sie deshalb wie ein Erfolgsunternehmer.

* Sehen Sie, wer Ihre Firma jetzt ruiniert (A. d. Ü.).

Die beiden wichtigsten Erkenntnisse aus dem am besten besuchten Ideenaustausch-Workshop, der sich mit der »Umsatzförderung für Farben« befaßte, waren folgende:

- Obwohl Industrieunternehmen ihre Gebäude und Anlagen ständig neu streichen lassen, erhalten die Farbenverkaufsfirmen in 85 Prozent der Fälle keine regelmäßigen Aufträge für diesen riesigen Markt der Instandhaltung.
- Annähernd 70 Prozent der in den USA verkauften Farben für Außenanstriche wurde zu Aktionspreisen verkauft. Wenn man also mehr verkaufen will, sollte man mehr Verkaufsaktionen veranstalten.

Sonderangebote sind für das Wachstum der meisten Einzelhandelsunternehmen wichtig, wobei die Verkaufsaktionen praktisch immer durchführbar sind. Die Ladenkette für Haushaltsglas, Pottery Barn, führt fast jeden Monat eine Verkaufsaktion durch: eine »Greifen-Sie-jetzt-zu-Aktion«, eine Sommeraktion, eine Aktion zum Schulanfang, eine Weihnachtsaktion usw., wobei die Firma einen hohen Absatz erzielt und nicht lange im voraus planen muß. Schlechtes Wetter oder sonstige unerwartete Ereignisse können eine Verkaufsaktion zunichte machen, und da die Preise sowieso schon reduziert wurden, können weitere Preisabstriche, die noch unentschlossene Kunden anlocken sollen, zu schweren finanziellen Verlusten führen.

Das Verkaufspersonal in Einzelhandelsgeschäften kann einen gewichtigen Beitrag zum Wachstum des Unternehmens leisten, sofern die Verkäufer mit den Waren vertraut sind und ihre Arbeit gern verrichten. Wenn Sie ein oder zwei solcher Mitarbeiter haben, ist praktisch alles möglich. Paradebeispiel so eines Verkäufers ist Joe Girard, Angestellter bei einem General-Motors-Händler in Detroit, der in das *Guinnesbuch der Weltrekorde* aufgenommen wurde, weil er in einem einzigen Jahr 1425 Personenwagen und LKWs verkauft hatte.

Kundenbesuche bei alten und zukünftigen Kunden, wie im Fall der Farbenverkäufer, sind eine andere Möglichkeit (wenn auch mit höheren Kosten verbunden), um Wachstum zu erzeugen. Eine McGraw-Hill-Gruppe führt genau Buch über die Durchschnittskosten eines Vertreterbesuchs, die von 9,02 Dollar im Jahre 1942 auf 205,40 Dollar im Jahre 1983, dem Jahr der letzten Umfrage, gestiegen sind. Da selbst die Beschäftigung von nur wenigen Vertretern mit hohen Kosten verbunden ist, ziehen viele Firmen den Direktverkauf ihrer Waren vor, was eine sehr kosteneffektive Art des Absatzes von Produkten und Leistungen sein kann. Direktverkauf bedeutet, daß Sie Ihre Waren direkt an Ihre künftigen Kunden (auch andere Firmen) verkaufen, wobei Sie Ihre Verkaufsinformation per Post, über Telefon oder die Medien (Zeitungen, Radio, Fernsehen) liefern. Die Reaktion auf Ihr Angebot kann mit ziemlicher Genauigkeit gemessen werden, wobei die danach bestellten Waren per Post, durch den United Parcel Service usw. direkt an den Kunden geliefert werden, oder der Kunde kann die Waren, soweit verfügbar, direkt in einem Geschäft wie Sears abholen, dessen Katalog die Basis des Direktverkaufs ist.

Wenn Sie mit dem Direktverkauf Erfolg haben wollen, sollten Sie zuerst eine Käufergruppe herausfiltern, dann sehr sorgfältig erarbeitete Verkaufsvorschläge unterbreiten, mit entsprechenden Preisen aufwarten und sich ein paar Tricks einfallen lassen, um den von Ihnen anvisierten Kunden zu einer Bestellung zu bewegen. Versandfirmen geben zum Beispiel regelmäßig Unsummen für Vertriebskampagnen aus, die Experten dieses exotischen Vertriebssystems planen. So sind zum Beispiel einige Versandexperten überzeugt, daß die Chancen einer positiven Kundenreaktion auf Ihr Angebot nachweislich verbessert werden können, wenn Sie die Kunden dazu bringen, einen Klebepunkt von einer Karte wegzunehmen und ihn auf eine andere zu kleben, auf der ein Kreis mit »Ja« beschriftet ist. Andere Fachleute sind der Meinung, durch eine Verteuerung könne der Verkauf eines absatzschwachen Produkts gesteigert werden, wie es das Beispiel von Rodale Press zeigt, deren Umsatz um 15 Prozent stieg, nachdem der Preis für Ihre *Family Enzyclopedia of Common Illnesses** um 25 Prozent erhöht wurde. Sie können viele dieser Geheimnisse kennenlernen, wenn Sie ein Beraterbüro mit der Vorbereitung einer Kampagne beauftragen oder sich mit einem der vielen Lehrbücher auf diesem

* Familien-Enzyklopädie über gewöhnliche Krankheiten (A. d. Ü.).

Gebiet, wie Martin Baiers Buch *Elements of Direct Marketing** oder *The Direkt Marketing Handbook,*** befassen.

Um erfolgreich zu sein, müssen Sie ein gutes Produkt anbieten, wobei es noch von Vorteil ist, über einen Artikel zu verfügen, der sich ein bißchen von anderen unterscheidet: Das kann »die originalgetreue Arbeitskleidung eines französischen Küchenchefs«, ein »unverwüstlicher Taschenschraubenzieher« oder Handschuhe, die Ihre Hände vor dem Verschmutzen mit Druckerschwärze beim Zeitunglesen schützen.

Die Ameisenfarm im Postversand

In seinem Buch *How I Made $ 1,000.000 in Mail Order* schreibt E. Joseph Cossman, daß es drei bekannte und ein weniger bekanntes Charakteristikum für den Erfolg im Versandgeschäft gäbe. Erstens die Fähigkeit, ein neues Produkt entwickeln zu können, zweitens, aufkommende Trends auf dem Markt zu entdecken, und drittens, durchzuhalten, auch wenn die Umstände ungünstig sind. Das vierte Merkmal sei die Fähigkeit, einen guten Werbetext zu entwerfen oder jemanden damit zu beauftragen.

Cossmans Schreibstil scheint im Werbetext für seine äußerst erfolgreiche Ant Farm durch, die sich in einer Plastikschachtel in der Größe eines Wörterbuchs befindet und die aus Ameisenfutter für ein Jahr, kalifornischem Sand, einem Handbuch zur Beobachtung der Ameisen, einer Liefergarantie für eine großzügig bemessene Menge Ameisen usw. besteht. »HIER HABEN SIE DIE GANZE WELT DER AMEISEN! Sehen Sie dabei zu, wie sie Tunnel graben und Höhlen bauen, bestaunen Sie, wie sie vor Ihren Augen Brücken errichten und Berge versetzen. Die Ameisen sind die winzigsten Ingenieure der Welt . . . man ist fasziniert, wenn man ihnen beim Planen und Bauen ihrer ausgeklügelten Straßen- und U-Bahn-Systeme zusieht. Aber sie schaffen noch viel mehr. Durch die Plastikwände Ihrer

* Elemente des Direktverkaufs.

** Das Handbuch für den Direktverkauf.

AMEISENFARM können Sie sehen, wie die Soldaten die Straßen bewachen . . . die Arbeiter die Lasten tragen . . . die Versorgungstruppe das Futter für die Kolonie einlagert. Die AMEISENFARM ist wirklich ein LEBENDER BILDSCHIRM, auf den Sie stundenlang schauen können.«

Sie müssen übrigens kein professioneller Werbetexter sein, der bei einer Werbeagentur jährlich 150 000 Dollar verdient, um sich einen einprägsamen Text auszudenken, der sich gut verkaufen läßt.

Die London Wine Company in Brookline, Massachusetts, ein Unternehmen, dessen Versandtätigkeit große Wirksamkeit hat, erzielte nach Einführung dieser Absatzmethode einen jährlichen Umsatzanstieg von über 30 Prozent und visiert jetzt sogar ein Wachstum von 50 Prozent an. Der Besitzer, Stephen Garber, der das 38jährige Familienunternehmen 1983 übernahm, verschickte zuerst ein monatlich erscheinendes Informationsblatt, das kaum Kunden ansprach, aber schon einen Hinweis auf die Absatzstärke des Postversands gab. Nach der Anschaffung eines Computersystems für über 30 000 Dollar zur Durchführung von Direktvertriebskampagnen schaffte Garber den Durchbruch. Mit diesem System ist er in der Lage, seinen Versand auf den jeweiligen Geschmack seiner Kunden abzustimmen und jede Reaktion zu verfolgen. Er erreicht auch neue Kunden, die gerne einen guten Wein genießen und ihn in größeren Mengen abnehmen, sofern der Preis stimmt. Mit einem Werbebrief an 300 zukünftige Kunden für eine Flasche weißen Bordeaux zu 5 Dollar verkaufte er zum Beispiel sechzig Kisten dieses Weins. Der Postvertrieb bildet nur einen Bestandteil von London Wines regelmäßigen Anstrengungen zur Absatzförderung, die sich laut Garber von Weinproben bis zu Vertretern und Verkäufern erstreckten, »deren wahre Vorliebe für Wein und deren Begeisterung die Kunden ansteckt«.

Mit einer guten Postvertriebskampagne wird nur ein Teil der von Ihnen anvisierten Kunden auf Ihr Angebot eingehen, wobei der Rest, der nur Ihr Angebot liest, aber nichts bestellt, durch eine Vertriebskampagne per Telefon überzeugt werden muß. Stephen Garber bedient sich dieser Vertriebsmethode als Ergänzung zum Postvertrieb und wenn er nach neuen Kunden Umschau hält.

Laut Schätzungen würden jährlich Kochbücher, Brunnenbohranlagen, Computerdienste, Brandeisen, Autoversicherungen und andere Produkte im Wert von 75 Milliarden Dollar an Millionen Kunden zu günstigen Preisen verkauft. »Ein Telefon in der Hand eines klugen Telefonverkäufers kann sehr gewinnbringend sein«, meinte der kürzlich verstorbene Murray Roman, ein amerikanischer Spitzentelefonverkäufer und ehemaliger Vorsitzender des Campaign Communication Institute in New York.

Wenn Sie mit der Telefonwerbung umgehen können und Ihr Produkt nicht zu teuer oder zu kompliziert ist, haben Sie gute Chancen, nach jeweils sechs oder sieben Anrufen unter sorgsam ausgewählten Kunden ein Geschäft abschließen zu können. Die richtige Vorgehensweise sei dabei äußerst wichtig, wie Roman es in seinem Buch *Telemarketing Campaigns That Work** beschreibt.

Wenn Ihre Telefonkampagne ein Erfolg werden soll, müssen Sie über eine Reihe möglicher Kunden verfügen, wobei Ihre jetzigen Kunden schon den besten Anfang bilden und von diesen hauptsächlich diejenigen, mit denen Sie schon vorher Geschäfte per Telefon geschlossen haben. Wenn diese Kunden Inhaber von Kreditkarten sind, sind sie noch wichtiger für Sie, da Sie, sobald diese Kunden Ihr Angebot akzeptiert haben, den neu hinzugekommenen Betrag nur auf eine Rechnung setzen müssen, die dann von Visa, American Express und dergleichen beglichen wird.

Laut Roman könne es sich im Zweifelsfall auch lohnen, im Branchenbuch nachzuschlagen und bei einem Adressenhändler eine der über 200 000 Listen von Zufallskunden anzufordern. Diese Möglichkeit kommt in Betracht, wenn Ihre Gewinnspanne groß genug ist, die Kosten einer wahllosen Kundensuche zu decken; das kann aber auch bei einem Produkt der Fall sein, das die Kunden auf Lebenszeit, wie die Mitgliedschaft in einem Automobilclub, kaufen.

Während einer Telefonkampagne für die Louisiana National Bank stieß Roman auf die interessante Tatsache, daß man für ein Produkt, das man persönlich mittels Telefon verkauft, oft wesentlich mehr verlangen kann als für ein ähnliches Produkt per Postversand –

* Telefonverkaufskampagnen, die erfolgreich sind (A.d.Ü.).

33 Prozent mehr für den von dieser Bank angebotenen Kreditkartenschutz.

Wenn Sie sich zu einer Telefonkampagne entschlossen haben, stehen Ihnen viele Möglichkeiten zur Verfügung, sie effektiver zu gestalten; diese Erfahrung machte die Firma Montgomery Ward beim Aufbau ihres Automobilclubs. In den ersten drei Jahren gewann der Automobilclub von Ward mehr als eine Million Mitglieder, wobei sich die Firma die Zugkraft der Postversandwerbung zunutze machte, die speziell auf Kreditkartenkunden abzielte. Als der Erfolg durch den Postverkauf nachließ, entdeckte man bei Ward, daß die Hälfte ihrer Kreditkartenkunden das Postversandangebot für den Automobilclub überhaupt nicht gelesen hatte (diese Tatsache wurde bestätigt, nachdem 25 000 von ihnen erst Mitglieder wurden, als sie die Anzeige im *TV Guide* gelesen hatten). Man beschloß daher bei Ward, diese zukünftigen Kunden mittels Telefonwerbung anzusprechen, wodurch mehr als 150 000 neue Mitglieder innerhalb eines Jahres angeworben werden konnten.

Die Firma Ward machte schnell die Erfahrung, daß man vorher mehrere Arten der Telefonwerbung durchprobieren sollte, bis man sich schließlich für eine entscheide, wobei man diese in regelmäßigen Abständen in bezug auf Marktänderungen überprüfen sollte, da selbst die Kunden, die dennoch nicht beim Automobilclub Mitglieder wurden, keinen völligen Verlust bedeuteten. »Leute, die nicht per Telefon kaufen«, so der Generaldirektor von Ward's Auto Club, »werden mehr Einkäufe in (unseren) Einzelhandels- und Versandgeschäften tätigen, da sie sich daran erinnern, daß die Firma Ward immerhin so viel von ihnen hielt, sie anzurufen und ihnen etwas anzubieten, das ihrer Meinung nach ein gutes Geschäft für sie war.«

Yummi-Yogurt

Einzelhandelsunternehmen wie Ward's, ComputerLand, Ace Hardware und zahllose andere sind die führenden Verkaufsstellen für zahlreiche neue Produkte, die den Köpfen der besten amerikanischen Unternehmer entspringen. Sie beherrschen die andere Hälfte der ununterbrochenen Produktions- und Verteilungsfolge, die das System des freien Unternehmertums in Gang hält, aus dem Erfolgsunternehmer entstehen. Erfolgsunternehmer auf der Verteilungsseite bedienen sich vieler der Wachstumsstrategien aus dem Produktionsbereich, jedoch besitzen auch sie ihre eigenen Methoden, wobei die Eröffnung neuer Filialen wohl die populärste ist. Einige Einzelhandelsunternehmen, darunter ComputerLand, verkaufen die Produkte ihrer Lieferanten direkt an die Kunden, andere hingegen, wie die Firma Kwik-Kopy, kaufen oder leasen diese Produkte zur Eigenverwendung und verkaufen dann deren Leistung. Der Schlüssel zum Wachstum ist jedoch in beiden Fällen die Eröffnung neuer Filialen, worin ein Unternehmer Meister ist, nämlich Sheldon Fischer, Eigentümer von Supermärkten, Diätrestaurants und Eisdielen im Großraum Washington, D. C.

Nach dem Zweiten Weltkrieg eröffnete Fischer sein erstes Lebensmittelgeschäft nahe der University of Maryland, indem er Waren in großen Mengen an Studentenverbindungen zu Großhandelspreisen auf Kreditbasis verkaufte. Der Laden lief jedoch nur mäßig, da Fischer seinen Bestand nicht schnell genug absetzen konnte, um einen angemessenen Gewinn zu erzielen. Fischer erzählt, daß er sein Geschäft für 15 000 bis 20 000 Dollar an einen New Yorker Taxifahrer hätte verkaufen können, der ganz versessen darauf war, aber da ihm klargewesen sei, daß dieser Taxifahrer auch nicht viel Erfolg haben würde, schloß er das Geschäft.

Durch diese Erfahrung geriet Fischer an Supermärkte, in denen bar bezahlt wird, und wo er seinen Bestand umsetzen konnte, das heißt, wo er auf seine Investition einen Gewinn machte, und zwar viermal im Monat im Vergleich zu allen sechs Wochen in dem Lebensmittelladen. So kaufte er sich schließlich zwei Supermärkte in Maryland und einen in Washington, D. C., gab ihnen den Namen Best Food Stores, und während er ein scharfes Auge auf diesen wachsenden Unternehmenszweig hielt, eröffnete er 1976 seine erste Filiale für Tiefkühljoghurt in der amerikanischen Hauptstadt, der er den Namen Yummi (Würz dein Leben mit Kultur) Yogurt gab.

Da Fischers Söhne zu dieser Zeit Berufsprobleme hatten – einer war Kameramann, der andere hatte sein Studium aufgegeben –, brachte er beide in dem Unternehmen unter und übertrug ihnen die Leitung der Yummi-Yogurt-Filiale. »Die Jungs stritten sich ziemlich schnell darum«, so Fischer, »wer der Chef sein sollte, und so dachte ich mir, daß es besser sei, einfach noch eine Filiale zu eröffnen.« Fischer schloß einen Leasingvertrag über einen erheblich größeren Laden ab, erweiterte sein Angebot auf Salate, Sandwiches, Gemüsetorten, Suppen und vieles mehr, doch kurz vor der Eröffnung stieg der eine schon aus, da er »nicht im Schnellimbißbereich tätig sein und den ganzen Tag hinter der Kasse stehen wollte«. Somit war Fischer gezwungen, einen erfahrenen Geschäftsleiter einzustellen, der sich so bewährte, daß er einen weiteren mit der Leitung der zweiten Yummi-Yogurt-Filiale betraute und einen dritten für eine weitere Filiale, in der Fischer sein Büro hatte.

Da Fischer soweit alles gut im Griff hatte, beschloß er, einen Lebensmittelladen zur Versorgung der Yummi-Yogurt-Filialen mit warmen Speisen zu eröffnen, die er vorher bei einer anderen Firma bezogen hatte. Seine Frau entwickelte einige Kochrezepte und bildete die Köche aus. Er selbst stellte einen weiteren Manager zur Leitung des Unternehmens ein. »Es ist billiger, unsere warmen Mahlzeiten selbst herzustellen, als sie zu kaufen«, meint Fischer, »und wir können die Speisekarte nach Lust und Laune variieren.« Dann machte sich Fischer wieder auf die Suche nach neuen Standorten für neue Filialen, wobei er einen besonderen Ort in einem Gebäude fand, das neben dem Haus lag, in dem Abraham Lincoln gestorben war. Fischer erwarb das Gebäude, eröffnete seine fünfte Filiale, schloß sie jedoch ein Jahr später wieder, da ihm jemand einen Verkaufspreis anbot, bei dem Fischer nicht widerstehen konnte.

Danach beging Fischer einen strategischen Fehler, als er einen 450 m^2 großen zweigeschossigen Laden eröffnete, bei dem Yummi Yogurt im Parterre und der Delikatessenverkauf mit eigenem Koch und Küche im ersten Stock untergebracht werden sollte. »Da der Laden so groß war, hatten wir viele Probleme«, erzählt Fischer, »und daher mußten wir uns nach einem anderen Standort umsehen, den wir ganz in der Nähe eines Metromarktes fanden. Diesmal eröffneten wir zwei Yummi-Yogurt-Filialen, die zusammen nur 75 m^2 einnahmen, 70 Prozent des Umsatzes im großen Laden erzielten und wesentlich profitabler waren.«

Fischer konnte den 450 m^2 großen Laden verkaufen, leaste jedoch sofort einen genauso großen, der allerdings nur ein Stockwerk umfaßte und in einer Gegend von Washington lag, die nach Fischers Ansicht an Attraktivität zunähme. »Wir nannten diese Filiale ›Feastery‹«,* so Fischer, »weil deren Speisekarte mehr als nur gesundes Essen bot. So buken wir zum Beispiel unsere Pizza selbst. Der Laden bot 70 Gästen im Garten Platz, während 225 Personen im Restaurant speisen konnten. Ich selbst bin von den ›Feastery‹-Filialen nicht so angetan, denn je größer sie sind, desto unüberschaubarer werden sie. Aber es ist der Laden mit dem höchsten Umsatz und Gewinn, und daher haben wir vor, noch einige Filialen hier in Washington und Maryland zu eröffnen.«

Man wurde auf Fischers Yummi-Yogurt-Geschäfte aufmerksam, so daß innerhalb kurzer Zeit in *People, The Wall Street Journal, The Washington Post* und in ausländischen Zeitungen über sie geschrieben wurde. Aufgrund dieser Artikel meldeten sich Interessenten, die mit Yummi Yogurt einen Franchisevertrag abschließen wollten, was Fischer jedoch ablehnte. »Man muß die Franchisevergabe korrekt durchführen«, so Fischer, »aber so weit waren wir noch nicht. Ich hätte eine Menge Geld durch die Franchisevergabe verdienen können, wobei ich den Antragstellern einfach eine Broschüre, ein Buch oder dergleichen in die Hand gedrückt hätte, ohne sie weiter zu unterstützen. Da ich keiner bin, der eine schnelle Mark machen will, lehnten wir die Franchiseanträge so lange ab, bis wir uns richtig vorbereitet hatten.«

Fischer war dennoch von der Vergabe von Franchiseverträgen angetan, da »wir so mehr Filialen eröffnen und das Unternehmen schneller erweitern können, indem wir das Geld der Franchisenehmer und unsere Fähigkeit benutzen, sie in der Unternehmensführung zu unterweisen. Wir arbeiten jetzt mit einer Beratungsfirma und einem Rechtsanwalt zusammen, die uns bei der Ausarbeitung der Franchiseverträge behilflich sind. Wir haben auch vor, unsere Franchiseneh-

* Entspricht etwa »Schmauserei« oder »Gute Tafel« (A. d. Ü.).

mer zu unterstützen. Sie werden hier in einer unserer Yummi-Yogurt-Filialen in Washington geschult, die genauso ist wie die, die sie einmal in ihrer Heimatstadt führen werden, und wir bringen ihnen dabei alles Notwendige bei.« Eine Sache, die sie dabei lernen werden, ist die Bedeutung, Mitarbeiter einzustellen und sie zu motivieren, eine Aufgabe, die in der Schnellimbißbranche nicht einfach ist, da das Personal meist sehr jung ist, keine Ausbildung hat und daher nur wenig Lohn erhält. »Diese Leute«, so Fischer weiter, »wechseln häufig ihre Arbeitsstelle oder kommen erst gar nicht zur Arbeit, und so können diese alltäglichen Arbeitsprobleme schnell dazu führen, daß einem graue Haare wachsen. Wir versuchen, es unseren Mitarbeitern bessergehen zu lassen als in anderen Schnellimbißrestaurants wie Wendy's oder McDonald's, da wir ihnen Vollzeit- anstatt Teilzeitverträge geben. Obwohl sie außerdem Ferien und bezahlten Urlaub bekommen und wir versuchen, sie von innen heraus zu fördern, haben wir immer noch Probleme. Die Manager unserer Filialen rufen ständig bei mir an, um mir zu berichten, daß schon wieder zwei Leute nicht zur Arbeit erschienen seien und daß sie so nicht genug Arbeitskräfte hätten, worauf ich mit ein paar Leuten herumjonglieren muß, um ihnen auszuhelfen. Wenn ein Mitarbeiter in einer Filiale eines Franchisenehmers nicht zur Arbeit kommt, dann ist das seine Sache. Er kann nicht einfach bei mir anrufen, um eine Aushilfe zu bekommen, er ist ganz auf sich allein gestellt – darin liegt der Unterschied.«

Zwei Dinge, die Fischers Franchisenehmer bekommen, sind erstens die Mischung von Yummi Yogurt und zweitens die Betreuung, von der Fischer glaubt, daß sie die Gewinnspanne seines Franchiseunternehmens so lange bremse, bis eine geeignete Anzahl an Franchiseunternehmen erreicht sei. »Wenn wir an fünf Filialen in Virginia Franchiseverträge vergeben«, meint Fischer, »brauchen wir jemanden, der diese fünf Läden betreut. Dieser Mitarbeiter könnte vielleicht bis zu fünfzehn Filialen betreuen, ich muß ihn aber voll bezahlen, obwohl er nur für fünf Läden zuständig ist. Um eines klarzustellen, ich werde damit auf keine Goldgrube stoßen, aber vielleicht können meine Söhne später mal davon profitieren.«

Fischer ist jedoch nicht der Mann, der nur herumsitzt und wartet, bis die Zeit reif ist. Wie auch die meisten anderen Erfolgsunternehmer glänzt er darin, Dinge wahr zu machen, so wie der kürzliche Aufkauf der Rich Ice Cream Company, die zwölf Franchiseläden in Washington, Maryland und Virginia unterhält. »Einem ihrer Filialen gaben wir den neuen Namen ›Real Rich Cookies & Cream‹, der den Prototyp eines ganz neuen Ladens darstellen soll, da wir der Meinung sind, daß die jetzigen Filialen nicht mehr dem modernen Geschmack entsprechen. Da man unserer Meinung nach kein großes Geschäft mit Eiscreme alleine machen kann, haben diese Läden verschiedene Speisekarten, wir backen Kekse und Muffins selber und richten eine Imbißecke ein, in der Hot dogs, belegte Brötchen, Bagels und dergleichen verkauft werden. Wir werden wahrscheinlich mehr Franchiseverträge bei Real Rich als bei Yummi Yogurt abschließen, weil Real Rich das schnellere Geschäft bietet.«

Die stetige Expansion von Sheldon Fischers Schnellrestaurantkette nach mehreren Rückschlägen ist typisch für das Wachstumsmodell erfolgreicher Unternehmen. Da die meisten neuen Unternehmen mit ernsthaften Problemen nicht umgehen können, verschwinden sie allmählich von der Bildfläche. Die Agentur Dun & Bradstreet schätzt, daß das Verhältnis von Firmen, die ihre Schuldner ausbezahlen und dann verschwinden, und denen, die Konkurs anmelden, vier zu eins betrage, wobei die National Federation of Independent Business die Zahl viel höher ansetzt, nämlich auf zehn zu eins.

Ein gutes Management wird jedoch erfolglose Strategien schon früh erkennen und sich vielversprechenderen Möglichkeiten zuwenden, die einen größeren Erfolg und damit ein langfristiges Wachstum der Firma garantieren.

9 Die wahren Unternehmer geben niemals auf

»Rückschläge sind wie Schürfwunden am Knie, sie sind schmerzhaft, aber nur an der Oberfläche und heilen deshalb so schnell ab.«

H. Ross Perot,
Gründer und Vorsitzender der Electronic Data Systems

Adam Osborne, ein auffallender, schneidiger Unternehmer, der sich gut zu verkaufen versteht und der 1981 die Osborne Computer Corporation gründete, erzielte zum Ende des Geschäftsjahres 1983 einen Umsatz von 92 789 000 Dollar und mußte nur sechs Monate später in einem der spektakulärsten Dramen in der jüngsten amerikanischen Firmengeschichte den Konkurs seiner Firma anmelden.

Spitzentechnologiefirmen im Silicon Valley wie Osborne Computer erleiden oft Schiffbruch. Diese Tatsache ist allgemein bekannt. Was Osborne Computer jedoch von anderen Firmen unterscheidet, ist, daß der Firmengründer Adam Osborne eigentlich Schriftsteller ist. Er hat an einem Programm für angehende Unternehmer mitgearbeitet, das die von ihm angewandten Strategien beschreibt, mit denen er seine Firma zu einem spektakulären Erfolgsunternehmen gemacht hat, und das auch die Fehler aufdeckt, die sein Unternehmen wieder sehr schnell in die Knie zwangen.

Ein Unternehmen zu führen bedeutet, Mißgeschicken und Krisen schonungslos ausgesetzt zu sein. Das liegt am Wesen der Sache, und niemand ist dagegen gefeit. Man kann jedoch mit ihnen fertig werden, und in diesem Kapitel werden wir uns mit den Strategien beschäftigen, mit denen Federal Express, Mary Kay Cosmetics, Winnebago Industries, Thermo Electron und andere Firmen ihre Rückschläge bewältigt haben. Wir werden auch Spezialisten kennenlernen, die angeschlagenen Unternehmen zur Seite stehen. Wir werden mit Bob Brennan, der seine Firma First Jersey Securities zu einer der am schnellsten wachsenden Maklerfirmen in den USA gemacht hat, über Überlebensphilosophien sprechen. Zuerst kehren wir aber zu Adam Osborne und seiner Schauergeschichte zurück: *Hypergrowth: The Rise and Fall of Osborne Computer Corporation.**

Osborne beginnt sein Buch mit dem Abdruck eines einseitigen Briefes einer Anwaltskanzlei an seine Rechtsanwälte, die den Mann vertrat, der als Generaldirektor und Vorstandsmitglied bei Osborne Computer knapp neun Monate vor deren Konkurslösung eintrat. In diesem Brief wurde Osborne gewarnt, daß man ihn und seinen Verlag sofort verklagen werde, falls der ehemalige Direktor in seinem Buch auf irgendeine Weise verleumdet würde. Diese Drohung genügte, um einen namhaften Verlag von der Veröffentlichung von Osbornes Buch abzuschrecken, das mit den Qualitäten des Exdirektors alles andere als freundlich umging. Deshalb veröffentlichte Osborne sein Buch privat.

Osbornes erstes Unternehmen war ein kleiner Verlag in Berkeley, Kalifornien, dessen Spezialgebiet Bücher über Kleincomputer waren. 1972 stellte die General Automation Osborne an, damit er ein Buch über Kleincomputer mit dem Titel *The Value of Power*** schreibe, worauf er noch ein anderes mit dem Titel *An Introduction to Microcomputers**** verfaßte, das er aber selbst veröffentlichte. Osborne erzählt, daß er schnell zehntausend Exemplare seines zweiten Buchs zum Stückpreis von 4 Dollar absetzen konnte, und als sein Buch eine Auflage von zwanzigtausend erreicht hatte und an dreizehn Universitäten als Pflichtlektüre aufgenommen worden sei, sei ihm klargeworden, daß er auf dem richtigen Weg war.

Osborne schrieb weiterhin Bücher über Kleincomputer, als McGraw Hill ihm 1979 anbot, seine Firma aufzukaufen, in der inzwischen fünfundzwanzig Titel verlegt wurden, die einen Jahresumsatz von 500 000 Dollar erzielten. Osborne akzeptierte diesen Vorschlag und unterschrieb einen Vertrag, in dem er sich verpflichtete, das Management der Firma noch drei Jahre lang zu übernehmen.

* *Übermäßiges Wachstum: Aufstieg und Fall der Osborne Computer Corporation* (A. d. Ü.).

** *Der Wert der Macht* (A. d. Ü.).

*** *Eine Einführung für den Umgang mit Kleincomputern* (A. d. Ü.).

Da es ihm schon nach der Hälfte der Zeit in den Fingern kribbelte, begann er, an einem neuen Konzept für Kleincomputer zu arbeiten, um damit in Konkurrenz zu Apple, Commodore und Radio Shack zu treten, die 1980 den Markt für Personalcomputer praktisch beherrschten. Osborne war der Ansicht, daß Apple, ganz abgesehen von IBM, das beste Beispiel dafür wäre, daß man »nicht der Beste, ja sogar nicht mal besonders gut sein muß, um die Nummer eins zu sein. Das Produkt muß nur zufriedenstellend sein, richtig gefördert werden und gleich anwendbar sein«. Aus dieser Überzeugung heraus entwarf Osborne einen Personalcomputer, der eine preiswerte Datenverarbeitung gewährleistete, jedoch keine Sonderleistungen bot. Osborne hatte beschlossen, die Personalcomputerindustrie durch die Herstellung des tragbaren »Osborne 1« von Grund auf umzustellen. Dieses Gerät brauchten die Benutzer nur am Griff zu nehmen und konnten es überall mitnehmen, sogar an Bord eines Flugzeugs, wo es leicht unter dem Sitz zu verstauen war.

Osborne, der weiterhin für McGraw Hill arbeitete, begann sein Unternehmen mit der Gründung einer Subchapter-S-Corporation, der »Brandywine Holdings«, im Jahre 1980. In den darauffolgenden Monaten arbeitete Osborne in seiner Freizeit an seinem tragbaren Computer, investierte rund 100 000 Dollar Eigenkapital und brachte ungefähr 40 000 Dollar Risikokapital auf, so daß er Ende 1980 einen funktionierenden Prototyp des Kleincomputers mit begrenzter Leistungs- und Betriebsfähigkeit gebaut hatte. Osborne hatte auch ein Managementteam zur Herstellung und zum Vertrieb seines neuen Computers zusammengestellt, dem Ende 1980 die Einstellung von Tom Davidson als stellvertretendem Generaldirektor und 1981 die von anderen Vertriebs- und Maschinenbauexperten folgte.

Die Firma wurde 1981 als Osborne Computer gegründet, wobei ihr kurzes und unglückliches Leben nur wenige Wochen später seinen Lauf nahm, als die Firma in ein kleines, noch unfertiges Gebäude in Hayward, Kalifornien, einzog und das Startkapital von 900 000 Dollar aufgebracht hatte. »Im nachhinein gesehen«, so Osborne, »waren 900 000 Dollar eine lächerliche Summe, um ein Projekt vom Umfang der Osborne Computer Corporation zu realisieren . . . aber mehr Geld konnte ich zu der Zeit nicht beschaffen.«

Osborne begann sofort mit der Aufstellung eines hochkarätigen Direktoriums, zu dem unter anderen folgende Männer gehörten: Les Hogan, ehemaliger Vorsitzender von Fairchild Semiconductor; Seymour Rubenstein, Gründer von MicroPro; Jack Melchor, ein Wagnisunternehmer, dessen Einlage von 40 000 Dollar die erste firmenexterne Investition bildete; und Richard Frank, Generaldirektor von Sorcim und Verfasser des weitverbreiteten Computerprogramms SuperCalc.

Wie man den Einzelhandel interessiert

Es wurde beschlossen, den Osborne 1 auf der Westcoast-Computermesse im März 1981 auszustellen. Das kleine Ingenieurteam arbeitete fieberhaft an einigen Prototypen des Computers, die Presse wurde alarmiert (vier Wirtschaftsmagazine bildeten den noch nicht getesteten Osborne 1 auf ihrem Titelblatt ab, als die Messe eröffnet wurde), und man einigte sich auf einen Einzelverkaufspreis von 1 795 Dollar. »Mit diesem Preis«, so Osborne, »würden wir viel Geld verdienen, vorausgesetzt, Davidson schafft es, den Einzelhandel dafür zu interessieren, die Geräte zu dem niedrigen Preis zu kaufen, den ich bestimmt habe.«

Osborne beschloß, durch die Aufstellung eines Plexiglasstandes, der zur Decke gerichtet war und von dessen Spitze das Markenzeichen der Firma, das »schwebende O«, wie ein Leuchtzeichen herabschien, auf seine kleine Firma während der Messe aufmerksam zu machen. Innerhalb des Standes befand sich der bisher so angepriesene und in eine schwere Aluminiumkiste gestopfte Osborne-1-Personalcomputer. Um es auf die Spitze zu treiben, schien sich auch noch der Text auf dem Kleinbildschirm des Computers wellenförmig zu kräuseln, was die Mitarbeiter der Firma am Stand den »Hawaii-Effekt« nannten. Die Messebesucher drängten sich um Osbornes Stand, nicht nur, um den ersten wirklich tragbaren, sondern auch um den Computer zu sehen, der nur die Hälfte von vergleichbaren Geräten kostete. Osborne selbst war so stolz auf seinen Erfolg, daß er Apple, Commodore, Radio Shack und jedem anderen Konkurrenten, der die Verwegenheit besessen hatte, eine andere Strategie zu verfolgen, die Aufforderung an den Kopf warf: »Verfahren Sie so wie ich, oder gehen Sie zugrunde!« Das war zuviel für Steve Jobs von Apple, der zum Telefon griff, Osborne anrief und, als man ihm sagte, er sei nicht da, wütend losschimpfte.

Nachdem die wundervollen Tage der Messe vorüber waren, wurde es Zeit, die Bestellungen auszuführen, und am 30. Juni wurde der erste Osborne 1 (Seriennummer 000001) an Digital Deli in Mountain View, Kalifornien, verschickt. Im Herbst lief der Verkauf des Osborne 1 dank hervorragender Werbung und Öffentlichkeitsarbeit immer noch sehr gut. Osborne erzählt, daß er die Presse eingestimmt habe, indem er den Redakteuren der Wirtschaftsmagazine beim Aufsetzen interessanter Artikel über seinen neuen tragbaren Computer geholfen habe, so daß innerhalb kürzester Zeit lange und günstig gestimmte Geschichten in den amerikanischen Medien, wie *Time, Newsweek, The Wall Street Journal, Business Week,* erschienen seien. Auch das Fernsehen berichtete positiv über sein Unternehmen.

Osbornes erste beide Werbekampagnen lösten Begeisterungsstürme aus. Die erste Kampagne, die gestartet wurde, als der Osborne 1 zum Versand fertig war, zeigte eine Abbildung des Computers mit der Bildunterschrift: »Es mußte so kommen.« Bei der zweiten Kampagne, die nach dem Verkauf der ersten Osborne 1 durchgeführt wurde, sah man zwei Geschäftsleute, die offensichtlich Konkurrenten waren. Der linke trug eine Aktentasche, der rechte hielt einen Osborne 1 in der Hand. Darunter stand geschrieben: »Der Mann links hat nicht die geringste Chance.« Die Anzeigen, so Osborne, »sprachen die zu dieser Zeit herrschende Furcht der Geschäftsleute direkt an, nicht auf dem neuesten Stand zu sein. Dies bekräftigte ich auch auf meinen Vortragsreisen«, fügt er noch an, »auf denen ich viele meiner Ansprachen mit der Behauptung schloß: ›Wenn Sie mit Zahlen oder Wörtern arbeiten und keinen Kleincomputer benutzen, dann arbeiten Sie mit geliehener Zeit‹«. Die andere wesentliche Vertriebsentscheidung, die man bei Osborne Computer zu dieser Zeit fällte, war die Umgehung von Generalvertretern, um die Geräte direkt an die Computerhändler verkaufen zu können. Osborne baute ein sternförmiges Netz von Händlern auf, bevor die ersten Computer verschickt wurden, und bot ihnen, um sie bei der Stange zu halten, Gewinnspannen zwischen 35 und 42 Prozent auf den Listenpreis des Osborne 1 und eine Zahlungsfrist von 30 Tagen an. Händlern, die innerhalb dieser Frist nicht bezahlt hatten, wurden 4 Prozent der Gewinnspanne abgezogen. Soweit alles schön und gut. Im nachhinein gesehen, ist Osborne jedoch der Meinung, »daß dieses sorgsam ausgearbeitete Händlerprogramm wenig oder sogar gar keinen Einfluß auf den Umsatz noch auf den anfänglichen Ansturm der Händler hatte, den Osborne 1 in ihrem Geschäft zu führen. Die Händler bestellten das Gerät nur, weil die Kunden zu ihnen kamen und nach ihm fragten«.

Im Juli 1981 begann Osborne mit dem Versand einiger Vorführmodelle an Händler, wobei sich der Versand der eigentlichen Osborne 1 im August auf 612 und im Dezember auf 2045 belief. Die letztgenannte Zahl entsprach annähernd der Prognose im Unternehmensplan. Im September erzielte die Firma zum erstenmal einen Monatsumsatz von 1 Million Dollar, was Adam Osborne zu dem Siegesruf veranlaßte, daß die Firma »unschlagbar sei«.

Der Tod tritt in drei Tagen ein

Während Adam Osbornes Größenwahn sich voll entfaltete, wurde seine Firma auf einmal von zwei lebensbedrohlichen Krisen geschüttelt. Die erste Krise trat am Freitag, dem 4. September 1981, um 2 Uhr nachmittags auf, als die Bank of America, alarmiert durch den steilen Anstieg der Verbindlichkeiten (denen nicht genug Forderungen oder Lieferungen gegenüberstanden), ankündigte, sie werde am darauffolgenden Montag die Rückzahlung aller laufenden Kredite der Firma fordern. Es hatte den Anschein, daß die Osborne Computer Corporation innerhalb der nächsten drei Tage bankrott sein würde, doch trieb das Direktionsmitglied Jack Melcher über das Wochenende 1,6 Millionen Dollar von Investoren auf, die 40 Dollar pro Firmenanteil aus dem Eigenbestand der Firma bezahlten im Gegensatz zu 17,39 Dollar, die die Investoren der ersten 900 000 Dollar entrichteten.

Die zweite Hürde mußte im Oktober 1981 genommen werden, als

die Firma gezwungen war, eine Rückrufaktion der Geräte durchzuführen. Da die Firma eifrigst mit dem Versand der Computer beschäftigt war, um das so dringend benötigte Bargeld zu erhalten, wurden auch fehlerhafte Geräte verschickt, »an denen noch mehrere Monate hätte gearbeitet werden und denen noch einige Prototypen hätten vorausgehen müssen«, wie es die Meinung von Adam Osborne ist. Obwohl der Osborne 1 ein voller Erfolg bei der Kundschaft war, litt er an einer nicht durchgeführten Qualitätskontrolle.

Plötzlich trat eine ganze Reihe von Schwierigkeiten auf, weil Verbesserungen bei den Geräten nicht durchgeführt worden waren, mit denen Adam Osborne vor der Presse zwar schon angegeben hatte, die er aber niemals liefern konnte. »Die Euphorie«, so Osborne, »hat die häßliche Angewohnheit, über die Realität zu stolpern.« Die Firma drohte auch von Verlusten überschwemmt zu werden, da das Gesamtdefizit von 38 000 Dollar zum Ende des Geschäftsjahres 1980 im darauffolgenden Jahr auf 1 320 000 Dollar gestiegen war. Da der Osborne 1 jedoch weiterhin gekauft wurde, war die Firma gezwungen, in ein größeres Werk umzuziehen.

Während dieser Ereignisse begann man bei Osborne Computer mit der Suche nach Auslandskunden, wobei sich die Auslandsaufträge auf 25 Prozent des gesamten Handelsvolumens während jener einzigartigen Superwachstumsmonate beliefen. Im August 1982 betrug der Umsatz zum erstenmal 10 Millionen Dollar, und im Oktober begann die Firma mit dem Versand einer verbesserten Version des Osborne 1, der über die doppelte Speicherkapazität des ursprünglichen Geräts verfügte und dabei im Einzelhandel nur 200 Dollar mehr kostete. Zu dieser Zeit beschäftigte Osborne Computer 800 Mitarbeiter, man warb einige Spitzenführungskräfte an, neue Geräte waren in der Entwicklung, und einige Banken erkundigten sich sogar, ob die Firma kein Interesse hätte, an die Börse zu gehen.

Die existenzbedrohenden Probleme des Unternehmens verschwanden jedoch nicht, es kamen sogar immer mehr dazu. Der Verkaufserfolg des verbesserten Osborne 1 hatte einen schweren Umsatzrückgang bei der ursprünglichen Version zur Folge, so daß Zehntausende unverkaufter Geräte in den Regalen der Händler herumstanden. Eine zweite entscheidende Verbesserung des Osborne 1, nämlich die

Erweiterung der Displaykapazität auf 80 Zeichen pro Zeile, wurde um ein Jahr verschoben, wodurch die Firma ihre Glaubwürdigkeit verlor. Außerdem traten ernsthafte Probleme mit Geräteteilen zutage. Das Angebot, jeden verkauften Osborne 1 auf Wunsch des Kunden mit einer höheren Kapazität auszustatten, wurde zum Fiasko und schaffte bei den Händlern böses Blut.

Osborne Computer hatte an einigen neuen Personalcomputern gearbeitet, doch stellte sich im Laufe des Jahres 1983 heraus, daß die Firma nur die Mittel hatte, um ein einziges Gerät auf den Markt zu bringen, den IBM/PC-compatiblen Osborne »Executive«, der 2495 Dollar kosten sollte. Adam Osborne beschloß, bei den Händlern mit einer »aufwendigen, einwöchigen Werbereise im ganzen Land, bei der die Händler mit Speisen, Getränken und Gerätevorführungen gefüttert werden sollten«, einen Großangriff zu starten. Der Angriff hatte sich gelohnt, da Osborne am Ende der Reise Aufträge für den Executive im Wert von annähernd 25 Millionen Dollar in der Tasche hatte.

An der Börse war man weiterhin an Osborne Computer interessiert, und es kamen weitere Angebote, Aktien der Firma auf den Markt zu bringen. In der zweiten Januarwoche 1983 berief Osborne Computer Robert Jaunich, Betriebsleiter der Consolidated Foods in Chicago, zum Generaldirektor, um die Stelle von Gründer Adam Osborne einzunehmen. Am 22. April 1983 hatten Jaunich und Osborne ein entscheidendes Treffen in New York mit Vertretern der Firma Salomon Brothers, die bereit waren, Osborne Computer an die Börse zu bringen. Jaunich teilte ihnen mit, daß die Firma mit Ende des Steuerjahres im Februar 1983 einen Verlust von 4 Millionen Dollar zu verzeichnen hatte, da man aber in den folgenden Tagen zusätzliche Verlustquellen entdeckte, erhöhte sich der veranschlagte Verlust für das Jahr 1983 auf 8 bis 10 Millionen Dollar, wobei noch ein weiterer Verlust für das erste Quartal 1984 drohte. »Für die Osborne Computer Corporation«, so Adam Osborne, »bedeutete das der Anfang vom Ende.« Das Ende kam mit dem Konkursantrag am Dienstag, dem 13. September 1983.

Osborne Computer existiert indes weiter. Die Firma lebt unter eingeschränkten Bedingungen in Fremont, Kalifornien, weiter, wo sie sich vom Konkurs erholt und hofft, 1985 wieder Gewinne zu machen. Adam Osborne nimmt wieder am Unternehmerspiel mit einem neuen Auftritt bei der Paperback Software International teil, die davon träumt, »die Produktions- und Vertriebsrechte von hochwertigen Softwareprodukten unabhängiger Softwareentwickler zu erwerben, denen es an Möglichkeiten zur landesweiten Vermarktung ihrer Produkte fehlt«.

»Wir sprechen ständig mit Geschäftsführern gescheiterter Unternehmen, mit ihren Banken und einem Großteil der Lieferanten, die am Ende meist leer ausgehen, wobei wir herausfinden, daß neun von zehn Unternehmen aufgrund eines schlechten Managements keinen Erfolg haben«, berichtet Joseph W. Duncan, Volkswirt und leitender Statistiker bei der Dun & Bradstreet Corporation, die sich wie keine andere Agentur in den USA mit gescheiterten Unternehmen befaßt.

»Die Tatsache«, so Duncan, »daß so viele Unternehmen über keinerlei Erfahrung in dem Wirtschaftszweig verfügen, in den sie eingestiegen sind, überrascht dabei besonders. Ein Mann gründet vielleicht eine Firma, weil er ein großartiger Verkäufer ist, um dann herauszufinden, daß seine verwundbare Stelle die Produktion ist, von der er keine Ahnung hat. Das trifft besonders während Rezessionen zu, wenn Leute ihre Arbeit verlieren und dann beschließen, einen Jachthafen oder dergleichen zu gründen, weil ihnen diese Tätigkeit Spaß macht. Mir ist jetzt klar, daß sich die Leute nicht von sich aus selbständig machen, es sei denn, sie haben eine positive Grundhaltung. Wenn sie ihrem zukünftigen Unternehmen jedoch nicht realistisch gegenüberstehen und sich auch nicht im klaren darüber sind, was sie eigentlich tun, dann werden sie die ihnen zur Verfügung stehenden Mittel überbeanspruchen und in Schwierigkeiten geraten.«

Ratschläge von der Bankers Trust

Joseph A. Manganello, stellvertretender Generaldirektor und Leiter der Kreditabteilung bei der New Yorker Bankers Trust, deren Vermögen sich auf über 45 Milliarden Dollar beläuft, meint dazu: »Wir stellen fest, daß sehr viele Firmen in Schwierigkeiten geraten, weil sie sich einer so großen Wachstumsspanne verschrieben haben, der sie nicht gewachsen sind. Ein Unternehmer kann vielleicht eine Anlage mit fünf Fräsmaschinen und einem monatlichen Ausstoß von tausend Teilen großartig leiten. Wenn aber zehn Maschinen in zwei Achtstundenschichten laufen und zweitausend Teile ausstoßen, wird er sehr schnell die Kontrolle verlieren. Da er auch essen und schlafen muß, kann er nicht länger in der Anlage herumlaufen und mit jedem Arbeiter persönlich sprechen und dies und das zurechtrücken, um sicherzugehen, daß alles gut läuft. Er muß jemanden als Leiter für die zweite Schicht einstellen, ein Lager einrichten, Verkäufer einstellen, die die restlichen Teile verkaufen, und über kurz oder lang ist er voll im Geschäft.«

Manganello leitet ein Team von zehn Krisenmanagern, die er in gefährdete Unternehmen schickt, um zu versuchen, die Firma und natürlich auch das von der Bankers Trust geliehene Geld zu retten. »Frühzeitiges Erkennen ist der Schlüssel zur Vermeidung von Schwierigkeiten«, meint Manganello. »Das ist genau wie eine Krankheit. Wenn man sich nicht gut fühlt, fehlt einem etwas. Bei den Unternehmen verhält es sich ebenso. Wenn die Zahlen nicht mehr stimmen, sollte man schnell ein paar Fachleute kommen lassen. Die verschiedenen Unternehmen verfügen in Konfliktfällen über verschiedene Frühwarnsysteme. In Dienstleistungsunternehmen sind das zum Beispiel die Entstehung und Einbringung von Forderungen. Wenn die Bestellungen nachlassen oder die Begleichung von Forderungen sich verzögert, sind das Anzeichen von nahenden Schwierigkeiten.

Es ist wichtig, einen guten Steuerberater zu haben. Sie werden sich wahrscheinlich nicht die Dienste einer Big-Eight-Steuerberatungsgesellschaft leisten können, aber Sie sollten die Steuerberatung auch nicht einem Einmannbetrieb übertragen. Es empfiehlt sich meist eine Firma mit drei oder vier Leuten, wobei es von Vorteil ist, wenn diese schon über Erfahrung in Ihrem Unternehmenszweig verfügen, und daher sollte man sich ein bißchen umsehen. Da Ihre Steuerberater Sie auch beraten sollen, müssen Sie sie dazu bewegen, Ihre Daten noch einmal zu überprüfen. Es kostet ein bißchen Geld, und so kommt man so leicht in die Versuchung, oberflächlich zu arbeiten. Wenn die

Steuerberater zu Ihnen kommen, eine halbjährige Bilanzprüfung durchführen und dann noch mit Ihnen über ihre Erkenntnisse sprechen, dann haben Sie Ihr Geld an der richtigen Stelle angelegt, speziell, wenn sie ein gegenwärtiges oder bevorstehendes Problem entdeckt haben.

»Sie sollten Ihrer Bank sofort mitteilen, wenn Sie auf ein Problem gestoßen sind«, rät Manganello. »Sie brauchen dabei keine Angst zu haben, daß die Bank die Rückzahlung der Kredite fordert. Als Bankier sage ich das ungern, aber die Banken können es sich nicht leisten, einen Kredit zu kündigen, sie sollten sie eher vergeben, denn dadurch verdienen sie ihr Geld. Wir wollen nur sicher sein, daß man uns das Geld überhaupt zurückbezahlt. Sobald Sie ein Problem haben und vielleicht mit der Ratenzahlung Ihres Kredits in Verzug kommen, greifen Sie einfach zum Telefon und rufen Ihren Bankier an. Schildern Sie ihm Ihr Problem, vielleicht kann er Ihnen behilflich sein. Stellen Sie sich vor, ich hätte Ihnen 100 Dollar geliehen, die Sie aber nicht fristgemäß zurückzahlen können, weil ein Großkunde von Ihnen seine Verbindlichkeiten nicht rechtzeitig beglichen hat. Ich könnte in diesem Fall zu Ihnen sagen: ›Warum machen wir so ein Theater um den Kredit? Ich gebe Ihnen eine Kreditlinie, mit der Sie Kredite bis zu 80 Prozent Ihrer Forderungen aufnehmen können. Sie müssen vielleicht ein bißchen höhere Zinsen bezahlen, er erhöht aber ihre Liquidität, und Sie müssen sich weniger um die Einziehung der Forderungen kümmern. Ich werde sogar Ihre Forderungen für Sie einziehen, wenn es soweit kommt.‹«

Eine krisenanfällige Firma, der Manganello wieder auf die Beine geholfen hat, ist Mattel, deren Barbie-Puppen, Hot Wheels, Masterof the Universe und anderes großartiges Spielzeug sie zum Spielwarenhersteller Nummer eins in der Welt gemacht haben. Jahrelang machte es Mattel riesigen Spaß, Unternehmen in einer Branche aufzukaufen, mit der die Firma vorher noch nie befaßt war, so die Firmen Ice Follies, die Ringling Brothers, den Barnum & Bailey Circus, Floridas Vergnügungspark Circus World und Intellvision, ein Hersteller elektronischer Spiele.

»Obwohl die Firma in der Spielzeugbranche einen großen Namen hat«, so Manganello, »ist sie in den vergangenen 25 Jahren zweimal in Schwierigkeiten geraten. Der Grund dafür war ihr Vordringen in Branchen wie zum Beispiel der Elektronik, in denen sie keine Erfahrung hatte. Aber sie wollte wachsen und außerdem die Aktionäre bei der Stange halten. Mattel hätte eigentlich Konkurs anmelden müssen. Das Management der Firma, das den Einstieg in die Elektronik geschehen ließ und sogar noch ein gutes Jahresergebnis damit erzielte, trat jedoch frühzeitig mit ihren Bankiers in Kontakt. Sie sagten zu uns: ›Sehen Sie, das ist im Moment unser Problem. Wir wissen nicht, wie gravierend es ist, zumindest ist es so schlimm, daß wir unsere Kredite nicht mehr zurückzahlen können.‹ Wir hätten die Hände über dem Kopf zusammenschlagen oder uns die Haare ausraufen können, Tatsache blieb jedoch, daß Mattel uns keinen Pfennig zurückzahlen konnte. Da Mattel jedoch ein guter Name war, schickten wir unser Beratungspersonal in die Firma, damit sie wieder mit dem Verkauf von Spielzeug anfangen konnte. Die Banken erarbeiteten ein Programm, dessen Rahmen die Schulden von Mattel absicherte, sie ließen sich mehr Banksicherheiten überschreiben, arbeiteten einen Kredittilgungsplan aus, der angesichts des zu erwartenden Cash-flow realistisch war, und stellten kurzfristige Kredite zur Verfügung. Mattel tat ihrerseits, was sie tun mußte. Die Firma stieg aus der Elektronik aus, wies den Verlust in der Bilanz aus, beschaffte sich neue Investoren und erholte sich so wieder. Mattel bewegte sich am Rande des Abgrunds, kam jedoch noch einmal auf den rechten Weg, weil das Management sofort auf die Krise reagierte, die Banken alarmierte und mit ihnen zusammenarbeitete. Wir bekamen unser Geld zwar erst drei anstatt ein Jahr später zurück, aber das war besser, als das ganze Geld abschreiben zu müssen.« Die konsolidierte Firma kam im dritten Quartal 1984 wieder in die Gewinnzone, ein Glanzstück, von der der Firmenvorsitzende Arthur Spear sagt, »daß es unsere Entscheidung bekräftigt hat, uns auf die Geschäfte zu konzentrieren, die wir am besten kennen, und zwar die Herstellung, der Absatz und der Vertrieb von Spielwaren«.

Früher oder später gerät jedes Unternehmen einmal in Schwierigkeiten. Wenn es jedoch über ein erfahrenes Management verfügt und so gut ausgestattet ist, dem Management die nötige Zeit und Mittel einzuräumen, die Krisen zu bewältigen, dann kann das Unternehmen einen Konkurs umgehen. Das Management einiger der bekanntesten amerikanischen Firmen haben gewaltige Mißgeschicke durchgemacht, sind daraus aber stärker herausgegangen als je zuvor.

Die Rettung von Winnebago Industries

Der Aktienkurs der Winnebago Industries in Forest City, Iowa, einem Hersteller von Freizeitfahrzeugen, schnellte 1971 um 462 Prozent in die Höhe und machte sie so zu einer der profitabelsten Firmen in den USA. Die Geschäfte liefen so glänzend, daß der ehemalige Bestattungsunternehmer und Möbelgeschäftbesitzer John K. Hanson, der die Aktienmehrheit der Firma zwölf Jahre zuvor erworben hatte, zu dem Entschluß kam, sich auf der Isle of Capri in Florida zur Ruhe zu setzen, da das Unternehmen eine gesicherte Position hatte. Doch dann erhöhten die OPEC-Staaten die Ölpreise um das Vierfache, und die Erdgaskrise setzte ein, so daß die Einnahmen der Firma von 229 Millionen Dollar im Jahre 1978 auf 92 Millionen Dollar 1980 absanken. Hanson erzählt, daß die Situation Anlaß zur Sorge bot und ihn im Februar 1979 Anrufe von altgedienten Mitarbeitern erreicht hätten, die ihn darauf hingewiesen hätten, daß »die Firma kurz vor dem Ende steht«. So kehrte Hanson, der sich gerade von einer Operation des grauen Stars erholte, im Alter von 65 Jahren und dem Vertrauen nach Forest City zurück, die Firma retten zu können, die er aufgebaut hatte. »Mir blieb gar keine andere Wahl«, meint Hanson. »Das ist so, wie wenn Ihre Frau schon einige Apfelkuchen gebacken hat und weiß, daß sie noch einen ohne viel Aufwand backen kann.«

Nachdem Hanson die Zügel bei Winnebago wieder übernommen hatte, beanspruchte er als erstes den Posten des Vorstandsvorsitzenden von seinem sorgsam ausgewählten Nachfolger J. Harold Bragg (und übernahm des Amt des Generaldirektors von seinem Sohn John V. Hanson, der am darauffolgenden Tag zurücktrat). Kurz danach ließ Hanson den Gürtel enger schnallen, worauf der Mitarbeiterstamm von 3250 auf 800 absank. »Es hätte mir fast das Herz gebrochen«, meint Hanson, »aber ich mußte es tun, um die Firma zu retten.« Hanson verkaufte und konsolidierte mehrere Anlagen, womit der Schuldenberg von 18,5 Millionen Dollar in den darauffolgenden eineinhalb Jahren abgetragen werden konnte und die Firma wieder über 20 Millionen Dollar an flüssigen Mitteln und marktfähigen Effekten verfügte.

Damit war Hanson noch lange nicht am Ende. Sein größtes Problem war, daß Winnebagos Kassenschlager, die Wohnmobile, sich seit ihrer Einführung 1965 kaum verändert hatten und damit die Firma auf den dritten Platz in der Branche der Freizeitfahrzeuge nach Coachman und Fleetwood abgedrängt worden war. Da die Wohnmobile von Winnebago 23 bis 27 Liter auf 100 Kilometer verbrauchten, war sich Hanson darüber im klaren, daß die Firma die Fahrzeuge so konstruieren mußte, daß sie weniger Benzin verbrauchten, um sie weiterhin verkaufen zu können. Hansons erster Schritt war, die Kilometerzahl pro Liter zu erhöhen, indem er das Gewicht des Fahrzeugs reduzierte und die Aerodynamik verbesserte. Danach forschte er überall nach einem benzinsparenden Motor, den er schließlich in einem neuen Diesel fand, für dessen Entwicklung Renault, Frankreichs größter Autohersteller, sieben Jahre gebraucht und 2 Milliarden Dollar ausgegeben hatte. Mitte 1982 brachte Winnebago eine Reihe kleiner Wohnmobile auf den Markt, die rund 10 Liter auf 100 Kilometer verbrauchten und nur knapp 20 000 Dollar kosteten im Gegensatz zu fast dem Doppelten, was man für die älteren und großen Modelle ausgeben mußte. Kurz danach kam auch das heißbegehrte große Wohnmobil mit dem Benzinsparmotor auf den Markt.

Winnebagos Umstellung war 1984 abgeschlossen, da sich die Firma auf Wohnmobilvermietungen spezialisierte und eine Abteilung für neue Unternehmungen schuf, »damit sich die Firma etwas aus dem Bereich der energieabhängigen Freizeitfahrzeuge zurückziehen konnte«. Mittels dieser Abteilung ist Winnebago in einen Geschäftsbereich vorgestoßen, in dem fertige Aluminiumprodukte und Plastikmülltonnen hergestellt werden. Außerdem wird der Name Winnebago an Lizenzhersteller von Kühlern, Rucksäcken, Segelbooten und anderen Produkten des Freizeitbereichs vergeben. Da Winnebago wieder Rekordumsätze und -gewinne aufweist, hat der mittlerweile 71jährige Hanson ein weiteres Mal vor, sich zur Ruhe zu setzen, sobald ein Plan abgeschlossen ist, »um die langfristige Lebenserwartung von Winnebago Industries für die Mitarbeiter, die Allgemeinheit und die Aktionäre zu sichern«.

Fred Smiths Federal Express wurde von einer Krise geschüttelt, als die begrenzte Kapazität der kleinen Falcon-Flugzeuge eine Ausweitung zu behindern und einen scharfen Kostenanstieg bei der Firma zu verursachen drohte, die einen Über-Nacht-Paketausliefer-Service vom Verladeknotenpunkt in Memphis anbot. Die Firma wollte mit größeren, benzinsparenderen Maschinen fliegen, was die Zivilluftfahrtbehörde jedoch nicht zuließ.

Diese Entscheidung hätte den Todesstoß für Federal Express bedeutet, da der 1976 ausgearbeitete Unternehmensplan anzeigte, daß das Wachstum innerhalb von zwei Jahren jäh zum Stillstand kommen würde, wenn das Unternehmen keine größeren Flugzeuge einsetzte. Fred Smith, der das Unternehmen nur drei Jahre nach dessen Gründung zum führenden und profitablen Betrieb für die Expreßluftfracht von kleinem Frachtgut gemacht hatte, war erbost darüber. »Die Regierung muß uns ja gar nichts schenken«, so Smith. »Sie soll uns nur nicht den Weg versperren.«

Smiths nächster Schritt, der jedem bekannt sein mag, der sich mit der kafkaesken Bürokratie der Bundesbehörden herumschlagen muß, bestand darin, sich nach Washington zu begeben, um dort die Hilfe der Kongreßabgeordneten aus Tennessee in Anspruch zu nehmen und sich an einen Rechtsanwalt zu wenden, der mit den Angelegenheiten der entsprechenden Regierungsbehörden, die ihm Kummer bereiteten, vertraut war. Trotz monatelangem Antechambrieren, enormen Ausgaben und zeitraubenden Konferenzen mit Parlamentsausschüssen scheiterte Smith letztendlich bei dem Versuch, den Kongreß dazu zu bringen, ein Gesetz zu verabschieden, das es Federal Express erlaubt hätte, mit größeren Maschinen zu fliegen. Dennoch verlor Smith nicht den Mut. »Wenn man an einem Vorhaben ständig arbeitet«, so Smith, »hat man letzten Endes auch Erfolg. Wir sind so wie der alte Ho Chi Minh: Sie müssen uns hundertmal töten, wir müssen sie jedoch nur einmal töten.«

Dank der Bemühungen von Fred Smith und anderer wurde die Aufhebung einschränkender Bestimmungen im Zivilluftfahrtbereich zum Dauerbrenner in Washington, so daß Präsident Carter am

9. November 1977 ein Gesetz unterzeichnete, das die Kontrolle des Kongresses über Luftfrachtgesellschaften als erste Branche aufhob. Federal Express konnte von nun an Flugzeuge jeder Größe kaufen, worauf die Firma innerhalb nur weniger Wochen eine Flotte von Boeing-727-100-Maschinen erwarb, die eine Nutzlast von 20 000 kg im Gegensatz zu 3300 kg bei den kleinen Falcon-Maschinen hatten. Für Federal Express war nun der Weg geebnet, um schon zu Lebzeiten zu einer Unternehmenslegende zu werden.

Die Krise, die Mary Kay Cosmetics vor zwei Jahren traf, wurde durch Amerikas prosperierende Wirtschaft ausgelöst, die bewirkte, daß das Unternehmen nach einem Jahrzehnt atemberaubenden Wachstums sich nur noch dahinschleppte. Der Wachstumsmotor von Mary Kay Cosmetics sind die rund 194 000 selbständigen Schönheitsberaterinnen, von denen die meisten nur ein Jahr arbeiten und dann ersetzt werden müssen. Ein Großteil der Verkäuferinnen arbeitet auf einer Teilzeitbasis, und so ist es zu Zeiten eines Wirtschaftsaufschwungs besonders schwierig, Kräfte anzuwerben, da viele Ganztagsarbeitsplätze angeboten werden im Vergleich zu Zeiten einer Wirtschaftskrise. Dieser Mangel an Arbeitskräften und die somit sinkende Leistungsfähigkeit des Verkaufspersonals und die hohen Fixkosten ließen den Gewinn von Mary Kay rapide absinken und brachten den Aktienkurs von einer Rekordhöhe von 45 Dollar im Jahre 1983 auf 9 Dollar gegen Ende 1984, wodurch die Prognose des Generaldirektors der Firma, Richard Rogers, in Frage gestellt wurde, wonach der Umsatz bis zum Ende dieses Jahrzehnts die 500-Millionen-Dollar-Grenze erreicht habe.

Rogers, Mary Kays Sohn, schritt Ende 1983 zur Tat, um diesem Dilemma entgegenzuwirken. Er gab bekannt, daß die Firma einen Einstellungsstopp verfügt, den Werbeetat von 8 Millionen Dollar gestrichen, den Test neuer Produkte auf dem Markt verschoben, die meisten Neubauprojekte gestrichen und die Prämienprogramme attraktiver gestaltet habe, um mehr Schönheitsberaterinnen anzuwerben und behalten zu können. Diese strategische Vorgehensweise und das leicht sinkende amerikanische Wirtschaftswachstum haben Mary Kays Unternehmen wieder ins Lot gebracht. »Wenn das Pendel der Wirtschaft wieder in die andere Richtung ausschlägt«, so Rogers,

»was wird dann wohl passieren? Wir werden ganz großartig dastehen.«

Der große Unsicherheitsfaktor

Die Konjunktur ist der große Unsicherheitsfaktor für die Unternehmen, und wenn sie sich zum Schlechten wendet, was sie früher oder später sowieso tut, dann müssen die weniger gut geführten Unternehmen von der Bildfläche verschwinden, und selbst fachmännisch geleitete, wie die Thermo Electron Corporation in Waltham, Massachusetts, können aufs äußerste geprüft werden.

Thermo Electron ist ein maßgebendes Unternehmen seines Sektors, das sich mit der Effizienzerhöhung energieintensiver Prozesse, wie der Erzeugung von Elektrizität unter Anwendung der Fortschrittstechnologien, befaßt. Firmengründer und Generaldirektor ist Dr. George Hatsopoulos, der auch Privatdozent am Massachusetts Institute of Technology ist und zum Direktorium der Landeszentralbank in Boston gehört. Hatsopoulos leitet Thermo Electron mit dem Ziel der ständigen Leistungssteigerung; die Umsätze und Dividenden erhöhten sich während der sechziger und siebziger Jahre um 25 Prozent jährlich. Thermo Electron war somit ein Lieblingskind der Börse. Das Unternehmen, das seinen Kunden zu einer effektiven Energieausnutzung verhilft, erlebte während der siebziger Jahre einen Auftrieb in Folge der von den OPEC-Staaten ausgelösten Ölkrise, die unter anderen auch Winnebago in die Knie zwang. Die Katastrophe brach dann während der Rezession zwischen 1981 und 1982 herein, die zu einem Umsatzeinbruch führte und die Gewinne auf einen verschwindend kleinen Betrag absinken ließ. Dies war die schlimmste Rezession in der Firmengeschichte von Thermo Electron, und sie traf Hatsopoulos unerwartet, ja sogar unvorbereitet.

»Zum Jahresende 1981«, so Hatsopoulos, »war ich der Meinung, daß die Rezession nur gering sein würde, zumindest nicht so stark, daß sie unserem Unternehmen schaden könnte. Damals glaubten alle an einen Konjunkturaufschwung, Präsident Reagan, die Börse, die Volkswirtschaftler, einfach alle. Um ehrlich zu sein, ich glaube nicht, daß der Vorsitzende der amerikanischen Notenbank, Paul Volcker, die Rezession vor mir kommen sah. Unsere Philosophie besagt, daß wir immer auf das Schlimmste gefaßt sein müssen. Meiner Ansicht nach sollten Unternehmen im Rahmen ihrer Gewinn-und-Verlust-Rechnung ab und zu Risiken eingehen und sich auf Märkte mit einem riesigen Potential wagen. Bei der Bilanz sollten sie allerdings keinerlei Risiken eingehen. Unternehmen gehen nicht in Konkurs, weil sie ein Defizit auf der Gewinn-und-Verlust-Rechnung ausweisen«, so Hatsopoulos weiter, »sondern weil ihnen die liquiden Mittel ausgehen, was in der Bilanz erscheint. Sie können viele Abschreibungen und Riesenverluste ausweisen, was keinerlei Auswirkungen außer auf den Aktienkurs haben wird, solange Sie noch über Bargeld verfügen. Ich predige schon seit Jahren, daß unsere Bilanz so aussehen sollte, daß wir auch die Wirtschaftskrise in den dreißiger Jahren überstanden hätten. Einige unserer Mitarbeiter halten mich für verrückt. Ich will das Risiko nicht eingehen, auch wenn die Chancen eins zu hundert stehen, daß so etwas noch mal passiert. Dafür habe ich in diese Unternehmen zuviel investiert.«

Als Hatsopoulos im Februar 1982 bemerkte, daß Thermo Electron in Schwierigkeiten geriet, setzte er sofort zwei Schadensregulierungspläne in Kraft. Der erste sah gewöhnliche Entscheidungen wie die Reduzierung der Arbeitskräfte um 20 Prozent von 3200 auf 2500 vor. Der zweite Plan, der wesentlich weitreichender war, brachte eine grundlegende Umstrukturierung der Firma mit sich, um eine Produktivitätssteigerung zu erreichen.

»Wir hatten einen Katalog von Maßnahmen, die wir anwenden wollten, um das Unternehmen zu rationalisieren, sobald uns die Geschäftslage genügend Spielraum zur Reorganisation bot«, erzählt Hatsopoulos, und als zwischen 1982 und 1983 schließlich eine Atempause eintrat, nutzte er sie, um sechs Geschäftsbereiche zu zweien zusammenzuschließen, vier Bereiche mit Nullwachstum zu schließen und einen Geschäftsbereich schlichtweg nach Großbritannien zu verkaufen.

Während dieser schwierigen Periode mußte Hatsopoulos auch die andere bedeutende, das Vermögen betreffende Entscheidung treffen, ob die Firma ihre Pläne weiterverfolgen sollte, die Ausgaben für

Forschung und Entwicklung beträchtlich zu erhöhen. Thermo Electron ist ein Spitzentechnologieunternehmen, das Spezialgeräte herstellt, so zum Beispiel ein 33 Millionen Dollar teures, fortschrittlich konzipiertes Kraftwerk für ein kommunales Zentrum im Dade County in Florida. Dieses Wärmekraftwerk verfeuert Erdgas, um 17 000 Kilowatt zu erzeugen, verwendet diese Abgaswärme des Kraftwerks wieder und leitet sie durch eine Dampfturbine, in der noch einmal 5200 bis 8200 Kilowatt erzeugt werden. Das Werk nutzt den Dampf des Generators zur Klimatisierung in einer Größenordnung, in der zwischen 1110 t und 5200 t Eis geschmolzen werden könnten, und verwendet die Abwärme zur Erzeugung von annähernd 1000 l Warmwasser pro Minute. Da Forschung und Entwicklung das Lebenselexier von Thermo Electron sind, entschied sich Hatsopoulos zu einer Ausgabenerhöhung in diesem Bereich, wobei »wir uns auf die Entwicklung einer Technologie konzentrierten, die wir im ersten Vierteljahr nach der Erholung der Firma verkaufen konnten«.

Die Rezession lehrte Hatsopoulos auch, daß er niemals mehr zulassen sollte, daß Thermo Electron »Produkte mit einer niedrigen Gewinnspanne herstellt, die auch andere Firmen auf den Markt bringen können«, und daß er »sich darauf konzentrieren müsse, weniger konjunkturanfällige Branchen wie die Elektronikrüstungsindustrie zu beliefern«. Ein neues Produkt, das beide Kriterien erfüllt und auf das Hatsopoulos sehr stolz ist, ist ein Gerät zur Galvanisierung von Leiterplatten, die genau denen entsprechen, wie sie zum Beispiel die Digital Equipment Corporation in ihren Computern verwendet. »Eine solche Leiterplatte«, so Hatsopoulos, »hat 35 Schichten und 300 000 Anschlüsse. Um einen allzu großen Ausschuß zu vermeiden, bedarf diese Galvanisierung eines Maßes an Erfahrung, die menschliche Fähigkeiten übersteigt, so daß sie gänzlich computergesteuert werden muß. Wir bekommen sehr viele Aufträge für dieses neue Fertigungssystem.«

Während Hatsopoulos diese Phase der Spitzentechnologie gemäß der Aufschwungstrategie für seine Firma verfolgte, erhielt er einen Anruf vom Generaldirektor der englischen Brotherhood Ltd., die die Turbinen für die Kraftwärmekopplung von Thermo Electron herstellt. Die Mitteilung des Direktors war sehr kurz und kam gleich zum Kern der Sache. »Er erklärte mir«, so Hatsopoulos, »daß seine Firma aufgrund der furchtbaren Rezession in Europa ihren Zahlungsverpflichtungen nicht mehr nachkommen könne und wahrscheinlich Konkurs anmelden müsse, was für uns eine Katastrophe bedeutet hätte.« Inmitten einer Rezession, die Thermo Electrons Gewinn für 1983 praktisch aufgesogen und in der enorme Forschungs- und Entwicklungsausgaben die Bargeldreserven noch zusätzlich belastet hatten, sah Hatsopoulos seine noch stabile Bilanz durch und stellte fest, daß er 1 264 000 Dollar aufbringen könne, um sie zum Aufkauf der Firma Peter Brotherhood zu verwenden.

Hatsopoulos' großartige Aufschwungstrategie funktionierte. Die Geschäftstätigkeiten von Thermo Electron verbessern sich weiterhin auf allen Produktebenen, die Bestellungen haben eine Rekordhöhe erreicht, und die Produktivitätssteigerung, die dank der rezessionsbedingten Atempause ermöglicht wurde, schlägt sich in steigenden Umsätzen und Gewinnen nieder. »Die Zukunft«, so Hatsopoulos, »sieht sehr rosig aus.«

Aus Fehlern lernen

Bei der Erörterung des Problems von Mißgeschicken und Krisen sollte man ein Merkmal unbedingt erwähnen, das wie kein anderes die Gewinner von den Verlierern unterscheidet: Erfolgsunternehmer geben nicht nur nicht auf, sie werden durch Mißgeschicke geradezu gestärkt. Da sie immer mehr haben wollen und sich nie geschlagen geben, können sie fast allem Paroli bieten, was das Schicksal ihnen beschieden hat. Lisa M. Amoss, außerordentliche Professorin am Fachbereich Betriebswirtschaft an der Tulane University in New Orleans, schätzt, daß Erfolgsunternehmer »durchschnittlich 3,8mal Rückschläge hinnehmen müssen, bevor sie schließlich erfolgreich sind. Sie machen einfach immer weiter«, so Frau Amoss, »ich weiß auch nicht, wie sie es machen.«

Worüber Frau Amoss spricht, wird von James U. Blanchard III. personifiziert, dessen Firma ihren Hauptsitz in Metairie, Louisiana, hat. Obwohl ein Autounfall Blanchard mit achtzehn Jahren an den

Rollstuhl fesselte, baute er trotz alledem ein florierendes Finanzierungsunternehmen auf und gründete danach das amerikanische Institut zur Neuordnung des Geldwesens, unter dessen Schirmherrschaft schon mehr als zehn Jahre lang jeden Herbst die größte Konferenz der Welt zum Thema Investitionen stattfindet. Auf dieser Konferenz hielten ehemalige Präsidenten der USA, Nobelpreisträger im Bereich Wirtschaft und die ganz Großen auf dem Gebiet der Investitionsberatung wie Harry Browne oder Martin Zweig Ansprachen.

Ein Erfolgsunternehmer, der dazu eine Philosophie entwickelt hat, ist Bob Brennan, der 1973 die First Jersey Securities aufgebaut hat, die seiner Behauptung nach seitdem zur Maklerfirma mit dem schnellsten Wachstum geworden ist. Dieses Unternehmen unterhält 35 Büros und eintausend Vertreter, zählt 400 000 Kunden und verfügt über ein Vermögen von 250 000 000 Dollar. Brennan bewohnt ein luxuriöses Anwesen an der Küste von New Jersey, hatte den amerikanischen Vizepräsidenten George Bush in seinem Haus zu Gast, besitzt mehr als 300 Vollblutrennpferde und tritt sogar im amerikanischen Fernsehen auf, wo er seine Zuschauer bedrängt, »in meine Firma zu investieren, um so am Firmenwachstum teilzuhaben«.

Bob Brennan wuchs unter acht Geschwistern in einer kleinen Wohnung in einem heruntergekommenen Stadtviertel von Newark, New Jersey, auf. Schon mit zehn Jahren mußte er sich gegen Mißgeschicke zur Wehr setzen, als er ins Bonbongeschäft einstieg. »Ich lernte als Kind in Newark einen Mann kennen«, erzählt Brennan, »der einen Süßwarengroßhandel gleich bei uns um die Ecke besaß. Er erlaubte mir, Einkaufstüten voll Bonbons auf Kommissionsbasis mitzunehmen, die ich an Leute im Park verkaufte. Wie Sie sehen, wollte ich arbeiten, während die anderen Kinder spielten, und ich hatte auch die Ausdauer, weiterzumachen, auch wenn sechzehn Leute hintereinander zu mir sagten: ›Nein danke, ich möchte heute keine Bonbons.‹ Die Lektion, die ich damals lernte, war, obwohl ich kein Geld hatte, ich doch die Fähigkeit besaß, mit den Leuten zurechtzukommen, die mich abwiesen und bei mir Zweifel und Ängste aufkommen ließen, ob ich jemals Erfolg haben würde oder nicht.

Die wahrscheinlich wichtigste Eigenschaft, die mir letztendlich zum Erfolg verhalf, ist meine Fähigkeit, Niederlagen einzustecken und mit ihnen richtig umgehen zu können. Ich habe mehr verloren, als ich gewonnen habe, aber dabei habe ich die Erfahrung gemacht, daß man noch kein Verlierer ist, wenn man verliert, ebenso wie man kein Gewinner ist, wenn man gewinnt. Zuallererst muß man die Tatsache akzeptieren, daß, wenn man sich einer gefährlichen Lage aussetzt, um etwas zu erreichen, man sich gleichzeitig der Gefahr aussetzt, eine Niederlage zu erleiden, wobei diese Niederlage eine Konsequenz ist, mit der man sehr gut leben kann. Niederlagen bedeuten nicht, daß man minderwertig ist, und sie sollten auch nicht die Selbstachtung herabsetzen, sie bedeuten lediglich, daß man mit zusätzlichen Schwierigkeiten zurechtkommen muß. Einer meiner Idole war Babe Ruth (Baseballspieler), der König der Home Runs, dem im Laufe seiner Karriere 714 Home Runs gelangen. (Baseball: Ein Schlag, der dem Schläger einen Lauf um sämtliche Male auf dem Spielfeld in einem Zug ermöglicht.) Als Kind wußte ich nur das über Babe Ruth. Heute weiß ich, daß Babe Ruth bis heute den Rekord über die meisten ›Strikeouts‹* in der Geschichte der Baseballoberliga hält. Es kommt also nicht auf die ›Strikeouts‹ an, sondern wie man auf sie reagiert. Vielleicht fährt morgen früh jemand Ihr nagelneues Auto an, als Sie gerade aus Ihrer Ausfahrt herausfahren. Ist das nun positiv oder negativ? Wenn Sie aus Ihrem Auto herausspringen und den Unfalltäter beschimpfen und anschreien und sich durch dieses Ereignis den ganzen Tag verderben lassen, dann ist das sehr schlecht. Wenn Sie jedoch aus Ihrem Auto aussteigen und versuchen, den kleinen Schaden gütlich zu beheben, dann verhalten Sie sich richtig. Sie haben jemandem die Angst genommen und wahrscheinlich einen neuen Freund gewonnen. Sie haben Ihre Persönlichkeit gestärkt und die Kontrolle über sich selbst verbessert. Mit anderen Worten, wenn Sie den Tag nicht mit einem Unfall begonnen hätten, wäre Ihnen die Chance entgangen, charakterlich, geistig und gefühlsmäßig reifer zu werden.

Man kann es mit dem Gewichtheben vergleichen. Wenn Sie den

* Schläge, die ins ›Aus‹ gehen (A. d. Ü.).

Ehrgeiz haben, 250 kg zu heben, und dann das erstemal den Trainingsraum betreten und 25 kg heben, werden Sie wahrscheinlich mit einem Muskelkater nach Hause gehen, weil Sie nie zuvor Gewichte gehoben haben. Sie dürfen jedoch diese 25-kg-Gewichte nicht als Ihre Feinde betrachten, nur weil Sie Ihnen Schmerz zugefügt haben. Sie haben Ihnen Schmerz zugefügt, aber sie sind Ihre Freunde, denn wenn es die 25-kg-Gewichte nicht gäbe, könnten Sie die 50 kg nicht heben, und wenn es die 50 kg nicht gäbe, könnten Sie die noch schwereren Gewichte nicht heben, die Sie bewältigen müssen, um Ihr Ziel zu erreichen. Nur so werden wir als Menschen reifer.«

Sie müssen gewillt sein, viele strapaziöse Stunden zu arbeiten und beträchtliche Risiken auf sich zu nehmen, wenn es Ihr Ziel ist, zu dem erlesenen Kreis von Unternehmern zu gehören, die einen großen Erfolg mit ihrem eigenen profitablen Unternehmen haben. »Wenn ich sechzehn bis achtzehn Stunden am Tag arbeite, dann bin ich glücklich«, meint Armand Hammer, Gründer und Vorsitzender der Occidential Petroleum Company, deren Umsatz 1984 mit 15 Milliarden Dollar eine Rekordhöhe erreichte. Was das Risiko betrifft, so äußerte Walter Wriston seine Philosophie kurz vor seinem Rücktritt als Vorsitzender der Citicorp, die unter anderen auch mit seiner Hilfe zur größten Bankholding in den USA mit einem Vermögen von über 150 Milliarden Dollar wurde. »Wenn Löhne aus Arbeit entstehen, Mieten aus Grundbesitz und Zinsen aus Sparguthaben, woraus entstehen dann Gewinne? Die Gewinne entstehen aus dem Risiko. Der entscheidende Unterschied zwischen einem Bürokraten und einem Unternehmer ist die Bereitschaft, Risiken auf sich zu nehmen.«

10 Die ganz großen Erfolgsunternehmer

»Uns geht es nicht um goldene Uhren, sondern um Größe.«

JERRY SANDERS,
Vorsitzender der Advanced Micro Devices

In der unerbittlichen Welt des freien Unternehmertums gelingt es nur wenigen Spitzenunternehmern, eine Firma mit einem Jahresumsatz von 25 Millionen Dollar und mehr aufzubauen.

Viele unerfahrene Unternehmer scheitern schon frühzeitig, weil es ihnen nicht gelingt, alle acht Stufen zu erklimmen, die man bewältigen muß, um den brennenden Wunsch, sein eigener Herr zu sein, in einem eigenen gewinnbringenden Unternehmen zu realisieren. Vielleicht gelang es ihnen nicht:

1. eine gewinnbringende Idee zu entwickeln;
2. eine realistische Einschätzung der Zukunft vorzunehmen;
3. einen funktionierenden Unternehmensplan auszuarbeiten;
4. genügend Kapital zu akquirieren;
5. wichtige Helfer, wie gute Mitarbeiter und zuverlässige Lieferanten, für das Unternehmen zu gewinnen;
6. eine Erfolgsstrategie zu entwerfen, um die Firma auf dem Markt etablieren zu können;
7. das Unternehmen zu erweitern oder
8. die Mißgeschicke und Krisen zu bewältigen, die irgendwann jedes Unternehmen ereilen.

Traurige Tatsache ist, daß es neben vielen neuen gescheiterten Unternehmen auch eine beunruhigend große Anzahl Unternehmen gibt, die so vor sich hin vegetieren, es jahrelang zu nichts bringen und schließlich von der Bildfläche verschwinden, weil die Unternehmer nicht wußten, wie sie den großen Durchbruch schaffen sollten. Nur rund 15 000 amerikanische Firmen erzielen einen Jahresumsatz von mindestens 25 Millionen Dollar, und bei weniger als 500 übersteigt der Jahresumsatz die Milliardengrenze.

Bis vor kurzem wurde den Strategien, die erfolgreiche Unternehmer anwenden, um zu wachsen und zu florieren, wenig Aufmerksamkeit geschenkt. Aber dann erschien 1982 ein Buch mit folgendem Titel: *In Search of Excellence: Lessons from America's Best-Run Companies,** das schnell zum meistverkauften Wirtschaftsfachbuch wurde. Mehr als fünf Millionen Exemplare wurden an Interessenten verkauft, die die Geheimnisse des Unternehmenserfolges kennenlernen wollten, die zusammengefaßt folgendes beinhalten: Gehen Sie sicher, daß sich Ihre Firma für etwas Lohnendes einsetzt; scheuen Sie sich niemals zu handeln; weichen Sie nicht von Ihrer Grundkonzeption ab; kümmern Sie sich intensiv um Ihre Mitarbeiter und ermutigen Sie sie dazu, wie Unternehmer zu handeln; nehmen Sie die Zügel fest in die Hand, aber nicht so fest, daß Sie Innovationen behindern.

Ratschläge von Erfolgsunternehmen großer Gesellschaften

Ein Jahr nachdem *In Search of Excellence* Einzug in die Bestsellerliste der *New York Times* gehalten hatte, lieferte die Unternehmensberatungsfirma McKinsey & Company eine Studie über außerordentliche Leistungen an den Präsidenten der American Business Conference (ABC) in Washington, D. C., Jack Albertine, der die Studie zwei Jahre zuvor in Auftrag gegeben hatte. Die Studie trug den Namen *The Winning Performance of the Midsized Growth Companies*** und enthielt hauptsächlich Interviews mit führenden Firmenchefs von 60 Mitgliedsunternehmen der ABC, die jeweils Umsätze zwischen 25 Millionen Dollar und 1 Milliarde Dollar und einen jährlichen

* Tom Peters, Bob Waterman, *Auf der Suche nach Spitzenleistungen. Was man von den bestgeführten US-Unternehmen lernen kann,* Landsberg a. Lech 1984.

** Donald K. Clifford, Richard E. Caranagh, *Spitzengewinner, Strategien erfolgreicher Unternehmer,* ECON, Düsseldorf 1986.

Umsatz- oder Gewinnzuwachs von mindestens 15 Prozent über fünf Jahre zu verzeichnen hatten. Albertine ist der Meinung, daß selbst der kleinste Unternehmer von den Wachstumsstrategien der mittelgroßen Unternehmen profitieren könnte, von denen die folgenden vier besonders hervorzuheben sind:

Innovation: Der entscheidende Wettbewerbsvorsprung. Mehr als 74 Prozent der von McKinsey befragten Erfolgsunternehmer sagten, daß sie ihren ersten großen Erfolg entweder durch ein einzigartiges Produkt oder durch eine besondere Art der Unternehmensführung erzielt hätten (sie schafften diesen Durchbruch erst, nachdem sie schon viele Jahre unternehmerisch tätig waren). 61 Prozent der Unternehmer schrieben ihren momentanen Erfolg Innovationen zu (wobei zu beachten ist, daß diese mit zunehmender Unternehmensgröße immer schwieriger werden), während die Befragten insgesamt meinten, daß 25 Prozent ihres Umsatzes aus Produkten resultiere, die weniger als fünf Jahre alt seien.

Marktnischen schaffen und anführen. Diese Marktlücken sollten so strukturiert sein, daß die Firmen nicht in Konkurrenz zu Großfirmen treten müssen, für die diese Märkte wahrscheinlich nur von nebensächlicher Bedeutung sind. 66 Prozent der Befragten gaben zur Antwort, daß mehr als 50 Prozent ihres Umsatzes aus diesen Marktlücken stamme, in denen sie eine Führungsposition innehätten, und annähernd 80 Prozent meinten, daß zumindest ein Viertel ihres Umsatzes daher stamme.

Auf Stärke bauen. Firmen wachsen, indem sie auf dem Gebiet, auf dem sie gut sind, noch mehr leisten, sei es durch die Einführung hervorragender Produkte, dem Profitieren von einem guten Namen oder dem schnelle Reagieren auf die Bedürfnisse der Verbraucher. Aufgrund einer starken Position können sie auch schnell von profitablen, aber dahinschwindenden Marktlücken zu erfolgversprechenderen in ähnlichen Bereichen überwechseln. Die gleiche Strategie, auf Stärken aufzubauen, wird auch zum Aufkauf anderer Unternehmen genutzt, die meist in Branchen tätig sind, in denen sie bereits eine gewisse Position erreicht haben. Wenn diese erfolgreichen Firmen gezwungen sind, ihre Richtung zu ändern, werden sie versuchen, ihre Qualitäten hierbei einzusetzen, wie es das Beispiel einer befragten

Firma zeigt, die ihre Kenntnisse aus der Zeitungsbranche dazu nutzte, um in den verwandten, aber wesentlich komplexeren Sektor des Informationsaustausches einzutreten.

Der Wert, nicht der Preis entscheidet

81 Prozent der Befragten gaben an, daß ihre Produkte überdurchschnittlich in ihrer Branche seien, und 56 Prozent sagten, daß ihre Produkte die besten seien, die man bekommen könne. Die Studie ergab, daß die Vierjahresrendite bei mittelgroßen Unternehmen, die Spitzenprodukte herstellen, im Durchschnitt 60 Prozent höher lag als bei Firmen, die nur durchschnittliche Produkte auf den Markt bringen, und daß die Firmen, deren Produkte führend sind, oft sehr geringe Produktionskosten haben.

Erfolgreiche Mitgliedsfirmen der ABC, wie Dunkin' Donuts, Levitz Furniture und California Portland Cement, hätten noch andere Qualitäten gemeinsam, so die McKinsey-Studie. Sie teilen ein starkes Verantwortungsgefühl für Aufgaben und Werte, sie achten sehr genau auf Unternehmensgrundsätze, wie die Notwendigkeit differenzierter Finanzkontrollsysteme, sie bekämpfen die Bürokratie, sie ermutigen zu Experimenten, sie versuchen, sich in die Lage ihrer Kunden zu versetzen, und räumen der Ausbildung und Motivierung von guten Mitarbeitern höchste Priorität ein. Schnell wachsende Unternehmen sind die Meister ihrer Disziplin, wobei alle einen unterschiedlichen Weg zur Spitze beschreiten, obwohl sie vieles gemeinsam haben. Anschaulich kann das anhand von Strategien dargestellt werden, die von drei erfolgreichen Unternehmen in den drei völlig verschiedenen Branchen, dem Fernsprechverkehr, der Beratung in Verteidigungsfragen und der Gerberei, verfolgt werden.

- Die von seinem knallharten Gründer und Vorsitzenden geführte kapitalintensive MCI Communications Corporation in Washington, D. C., deren nagelneues, Milliarden Dollar teures Fernmeldenetz schon ungefähr zwei Millionen Kunden versorgt, gewann das Kopf-an-Kopf-Rennen gegen den mächtigen Konkurrenten AT & T.

- BDM International in McLean, Virginia, ist ein Know-how-Unternehmen, das sehr viele Mitarbeiter beschäftigt, von drei Physikern gegründet wurde, aber von einem professionellen Manager geleitet wird und 86 Prozent seiner Einnahmen aus Verträgen mit dem amerikanischen Verteidigungsministerium über Projekte wie das berühmte SDI-System zur Verteidigung der USA gegen sowjetische Atomraketen bezieht.
- Die Seton Company in Newark, New Jersey, ist ein Unternehmen, deren Wurzeln bis ins Jahr 1906 zurückreichen, als der Großvater des jetzigen Generaldirektors, ein Einwanderer, eine Gerberei mitbegründete, die die Basis für ein Unternehmen bildet, das heute in neue, schneller wachsende Branchen von der Herstellung von Industrieklebstoffen bis hin zum Sektor der Gesundheitsversorgung diversifiziert.

Bill McGowans MCI

MCI Communications wird von William McGowan, einem Kettenraucher und arbeitswütigen Junggesellen, geleitet, der das zweitgrößte Fernmeldenetz in den USA nach AT & T aus dem Nichts heraus aufgebaut hat. Der aus dem Kohlenrevier von Pennsylvania stammende McGowan erkämpfte sich seinen Weg nach Cambridge, Massachusetts, und nach Harvard. Mit dem Harvard-Diplom in der Tasche arbeitete McGowan zuerst für den Hollywoodimpressario Mike Todd, bis er sich selbständig machte, um mehrere kleine Firmen, darunter eine zur Herstellung von Testgeräten, zu gründen. 1967 verkaufte McGowan dieses Unternehmen und stolperte ein Jahr später während einer Geschäftsreise nach Chicago über eine Unternehmeridee, die jetzt, fünfzehn Jahre später, mehr als 30 Millionen Dollar wert ist.

McGowan wurde von John D. Goeken, dem Besitzer der Firma Microwave Communications, der fünf Jahre zuvor bei der Fernmeldebehörde der USA in Washington, D. C., die Genehmigung zur Errichtung eines Mikrowellennetzes zwischen St. Louis und Chicago beantragt hatte, zu seinem Konzept angeregt. Die Firma AT & T schritt gegen diesen Antrag mit dem Argument ein, daß Goeken außer allem anderen auch das Kapital fehle, um solch ein Netz aufzubauen, was sich schließlich als richtig erwies. Mit Goekens Einwilligung übernahm McGowan die Schulden und die Leitung von MCI und verlegte die Firma in die Hauptstadt der USA, von wo aus er der Fernmeldebehörde und allen anderen den Kampf ansagen wollte, die sich ihm bei der Umwandlung der winzigen MCI in ein Riesenunternehmen der Telekommunikation in den Weg stellen würden.

McGowans erster Schachzug war sein Entschluß, vom Aufkauf der Firma MCI Abstand zu nehmen, da jede Änderung der Besitzverhältnisse die Genehmigung einer Mikrowellenverbindung zwischen St. Louis und Chicago um weitere fünf Jahre verschoben hätte. McGowan wollte die Fernmeldebehörde schließlich austricksen, indem er siebzehn regionale Firmen aufbaute, die jede einzeln eine Genehmigung beantragen sollte, um damit einen Stützpfeiler eines inneramerikanischen Mikrowellennetzes zu bilden. Mit dieser Strategie war er erfolgreich, da die Fernmeldebehörde alle siebzehn Anträge genehmigte, worauf McGowan die nötigen 7 Millionen Dollar zur Finanzierung seiner Firmen aufbrachte, die er dann zu Microwave Communications, Inc., zusammenschloß, nachdem er die Firma zuvor von Goeken erworben hatte.

1972 hatte MCI bereits eine größere Anzahl von Sendemasten installiert, die in einer Entfernung von 35 Kilometern aufgestellt waren und Telefongespräche zwischen beliebigen Punkten eines Großteils der USA übermittelten. McGowan begann, Großabnehmern Mietleitungen zwischen zwei beliebigen Punkten innerhalb des MCI-Netzes anzubieten, und berechnete ihnen dabei monatliche Gebühren, die weitaus niedriger lagen als bei AT & T. Es dauerte nicht lange, bis AT & T gegen dieses Eindringen in ihr Fernmeldemonopol einschritt, indem sie nach McGowans Aussage einige notwendige Telefonverbindungen unterbrochen und die Preise auf einigen Sonderfernleitungen stark reduzieret habe.

Durch AT & Ts Gegenschlag und die traditionell niedrige Gewinnspanne beim Fernmeldedienst für Privatanschlüsse machte MCI Millionenverluste, so daß McGowan Mitte 1975 in eine aussichtslose Situation geriet. Er änderte deshalb seine Strategie und setzte alles auf eine Karte, indem er einen Angriff auf AT & Ts sehr profitablen, aber auch verwundbaren Bereich der Ferngespräche startete. McGowan wußte um die Tatsache – anscheinend war dies niemandem, auch nicht der Fernmeldebehörde aufgefallen –, daß die einzelnen Bundesstaaten AT & T zwar das Monopol für Ortsgespräche, aber nicht für Ferngespräche verliehen hatten.

McGowan machte sich diese Lücke zunutze und führte den äußerst knapp kalkulierten Execunet-Ferngesprächsdienst ein. Die Fernmeldebehörde wies MCI an, dem ein Ende zu setzen, worauf McGowan gegen AT & T klagte. Drei Jahre später, 1978, entschied der Oberste Gerichtshof zwar zugunsten von McGowan, währenddessen hatten jedoch die mäßigen Geschäfte und die immensen Gerichtskosten die Bilanz so zugerichtet, daß sie nach McGowans Worten »Rom glich, nachdem die Westgoten ihre Verwüstungen beendet hatten. Der Nettoverlust betrug 90 Millionen Dollar, und wir schuldeten der Bank 100 Millionen Dollar, was zuviel war, um unsere Kredite zu kündigen, da sonst das Unternehmen in Konkurs gegangen wäre.«

Vor etlichen Jahren war McGowan auch einmal als Krisenmanager tätig gewesen. In dieser Zeit hatte er immer wieder beobachten können, »daß viele Leute gar nicht verstanden, in was für einem verflixten Unternehmen sie steckten. Sie haben das, was sie hätten tun sollen nicht erkannt.« McGowan hatte dieses Problem allerdings nicht.

»Was wir tun mußten«, so McGowan, »war zu versuchen, in vielen verschiedenen Unternehmungen Erfolg zu haben. Als wir das erstemal nach Washington kamen, befaßten wir uns mit der Aufnahme von Risikokapital, darin hatten wir Erfolg. Dann wandten wir uns der nächsten Aufgabe zu und bemühten uns bei der Regierung um die Firmenzulassung. Auch das gelang uns. Danach beschafften wir uns sehr viel Kapital und traten in die Fernmeldebranche ein, in der wir meiner Absicht nach immer hätten bleiben können. Es stellte sich jedoch heraus, daß wir in dieser Branche nur zwei Jahre lang existieren konnten, da AT & T uns zwingen wollte, uns einem anderen Betätigungsfeld zuzuwenden. Somit stellten wir uns unserem nächsten Problem. Wir versuchten, vor Gericht unser Recht auf Bereitstellung des Dienstes, den wir anboten, zu erkämpfen und währenddessen überleben zu können. Auch darin waren wir erfolgreich, so daß wir schließlich in das Geschäft einstiegen, in dem wir noch immer tätig sind.« Zwei Jahre nach MCIs Erfolg vor Gericht hatten die Vertreter der Firma, die auf reiner Provisionsbasis arbeiten, 41 000 Geschäftskunden angeworben und setzten alle ihre Kraft ein, um MCIs Dienst auch an Privatkunden zu verkaufen. Dies war der entscheidende Wachstumsimpuls. Die Firma vergrößerte ihr Fernmeldenetz, warb mehr Kunden an (mit Hilfe eines computergesteuerten Telefonwerbezentrums, von dem aus monatlich über 1,5 Millionen mögliche neue Kunden angerufen wurden) und forcierten die Einführung neuer Produkte für diese neue Kundschaft.

MCIs Fernmeldenetz umfaßt gegenwärtig mehr als 30 000 Kilometer Leitungen, und es werden täglich mehr. Die ursprünglichen Sendemasten wurden um kilometerlange, haarfeine Lichtwellenleiter, die praktisch unbegrenzte Mengen Information übertragen können, und auf Transponder auf Satelliten erweitert, die es MCI ermöglichen, ihren Fernmeldeservice auf Kunden in der ganzen Welt auszudehnen. MCIs preiswerter Telefonservice wird heute von annähernd zwei Millionen Kunden allein in den USA in Anspruch genommen, wobei die Firma auch den Bedarf der Computerkunden nach Datenübertragung decken kann. MCI hat eine ganze Reihe neuer Produkte auf den Markt gebracht, so einen mobilen Telefonservice, elektronische Rufanlagen, die auf ihren kleinen Bildschirmen Mitteilungen ausdrucken können, und seit neuestem auch MCI Mail, mit dem Mitteilungen zwischen zwei Computern, die Tausende von Kilometern voneinander entfernt stehen, innerhalb von wenigen Sekunden zum Preis von einem Dollar weitergegeben werden können. »Wir sind für das Informationszeitalter das«, so McGowan, »was der Transport für das Industriezeitalter war. Wir sind das Transportsystem der Zukunft.«

MCI bildet ein wahrlich unglaubliches Beispiel für einen Durchbruch in der jüngsten Firmengeschichte. Nur wenigen Firmen ist es bisher gelungen, mit so riesigen Handicaps fertig zu werden wie der MCI, wobei der Verdienst der unternehmerischen Dynamik Bill McGowans zuzuschreiben ist, dessen strategischer Überblick für jeden anderen, der ein großes Unternehmen aufbauen will, das A und O sein sollte.

McGowan arbeitet in einem unordentlichen Büro in der MCI-Firmenzentrale in der Washingtoner Innenstadt, wo er an einem Wochenende ganz allein, in eine Rauchwolke eingehüllt, vor einem aufgeschlagenen Buch mit dem Titel *Corporate Cultures: The Rites and Rituals of Corporate Life** sitzt und sich Gedanken über die sich einschleichende Bürokratie macht, die die Lebenskraft seines Unternehmens aufzuzehren beginnt.

Hüten Sie sich vor Verschwendern

McGowan hatte mit der Bürokratie in den ersten fünf Jahren von MCIs Existenz keine Probleme, da die Firma nur über wenige Mitarbeiter verfügte und stark zentralisiert war, wobei McGowan alle Entscheidungen traf. »Ich mußte es tun«, so McGowan, »da ich Angst davor hatte, jemand würde mein Geld unüberlegt ausgeben, wenn ich nicht aufgepaßt hätte.« Dann setzte jedoch MCIs spektakuläres Wachstum ein, die Zahl der Beschäftigten stieg steil an, und selbst McGowan konnte dem keinen Riegel vorschieben, sosehr er es auch versuchte. »Als wir unsere neue Firmenzentrale bezogen, wollte ich eigentlich ein Schild mit der Aufschrift aufhängen: ›Mehr geht nicht, kein Platz mehr, stellen Sie keinen ein, den wir nicht wirklich brauchen.‹ Bevor es jedoch so weit kam, belegten wir schon vier zusätzliche Gebäude.«

McGowan gelangte schnell zur Einsicht, daß er diesem Flächenbrand ähnlichen Wachstum nur Einhalt gebieten konnte, wenn er nur noch Leute einstellte, die wie Unternehmer dachten, »die nicht die Nerven verlieren und anfangen zu klagen: ›Um Gottes willen, wie lange muß ich diese Zwölfstundentage noch aushalten?‹, und sich dann mit Dingen beschäftigen, die ihre Kreativität einschränkten wie die Einführung neuer Systeme und Verfahren, die das Unternehmen behindern, oder äußere Faktoren wie Technologie und Konkurrenz für ihre eigene Inkompetenz verantwortlich machen. Wir wollen Manager, die zupacken und immer genau wissen, was in ihrem

* *Unternehmenskultur: Bräuche und Rituale des Firmenlebens* (A. d. Ü.).

Unternehmen geschieht. Mitarbeiter, die den kritischen Punkt, das heißt die wichtigsten Dinge, die auf sie zukommen, sehen und diese Dinge dann erledigen. Nur das tue ich und sonst nichts anderes.«

McGowan traf sich gewöhnlich montags morgens um 8 Uhr mit seinen wichtigsten Managern, die in Washington arbeiteten. Sie berichteten einander, was sie momentan taten oder vorhatten zu tun, damit jeder genau Bescheid wußte, was vor sich ging. Eine Regel bei diesen Treffen sah vor, wie McGowan erzählt, »daß man jeden um eine detaillierte Ausführung bitten konnte, aber ein Für-und-wider-Diskutieren gab es nicht, da wir sonst wahrscheinlich erst am Dienstag fertig gewesen wären. Ab und zu«, fügt McGowan an, »versuchte mich einer dieser Leute für dumm zu verkaufen, indem er mich bat, etwas abzusegnen. Ich habe denen dann geantwortet: ›Sie haben da ja ein sehr interessantes Problem.‹«

Die Treffen am Montagmorgen gehören schon lange der Vergangenheit an, seit McGowan durch das Wachstum der Firma gezwungen war, sie beträchtlich umzuorganisieren, um sie mit den zu ihren schärfsten Konkurrenten zählenden sieben regionalen Bell-Firmen auf eine Linie zu bringen. Inzwischen gibt es sieben MCI-Ableger, deren Firmenleitung jeweils in der Stadt arbeitet, in der auch der Konkurrent Bell seinen Sitz hat. MCI kann dadurch in diesem Gebiet auf die Kunden stärkeren unternehmerischen Einfluß ausüben und somit mehr Dienstleistungen verkaufen. »Das ist unsere Devise«, meint McGowan, »denn je mehr Dienste unsere Kunden kaufen, desto wichtiger werden wir für sie. Das Ergebnis ist Wachstum, das sich direkt in unserer Erfolgsbilanz niederschlägt. Wachstum verläuft nicht arithmetisch, sondern geometrisch.«

Man gehe jedoch bei der Dezentralisierung auch Risiken ein, wie McGowan warnt. Das größte aller Risiken bestehe nach seinen Worten darin, »daß der verläßliche und auf schnelles Handeln ausgerichtete Führungsstil des Managements, der die Firma zu einem Erfolgsunternehmen gemacht hat, sich zu einer unflexiblen Bürokratie verwandelt, in der die Manager nur damit beschäftigt sind, Verfahren auszuarbeiten, Komitees zu bilden, an Besprechungen teilzunehmen, ihre Büros zu dekorieren, sich Machtpositionen aufzubauen und ihre wertvollen Sachen zu schützen anstatt etwas in die Wege zu leiten.«

McGowan hat eine ganze Reihe Strategien entwickelt, um MCI vor der Invasion der Bürohengste zu schützen. Eine davon ist, Managementposten mit Außenseitern zu besetzen. »Ich glaube fest an das Peter-Prinzip«*, so McGowan, »das besagt, daß leitende Angestellte dazu neigen, bis zum höchsten Punkt ihrer Inkompetenz aufzusteigen.« McGowan ist auch der Ansicht, »daß Außenseiter gute neue Ideen einbringen und sie zu uns sagen können: ›Seht mal her, ihr Dummköpfe, wir machen das schon seit zwanzig Jahren nicht mehr so.‹« McGowan stellt die besten Manager ein, die er finden kann, und legt ihnen goldene Fesseln an in Form von dicken Gehältern, Aktienbezugsrechten, Sondervergütungen und blankpolierten Firmenwagen. Alle der über 10 000 MCI-Mitarbeiter können nach einjähriger Firmenzugehörigkeit Firmenanteile zum Vorzugspreis kaufen und erhalten so ein gewisses Mitspracherecht.

MCI ist jedoch alles andere als paternalistisch. »Wir sind kein Unternehmen, das die Leute von vorne bis hinten versorgt«, meint McGowan. »Bei uns geht es nicht so zu wie in anderen großen Firmen, obwohl einige unserer neuen Mitarbeiter zu uns kommen und sagen: ›Machen wir doch auch mal das, was große Firmen tun?‹ Worauf ich antworte: ›Warum sollten wir die nachahmen, die wir gerade übertroffen haben?‹ Ich sage unseren Mitarbeitern, daß wir ihnen eine angenehme Umgebung, eine Herausforderung, Aufstiegsmöglichkeiten und hoffentlich auch Belohnungen bieten werden, aber das ist im Grunde genommen schon alles. Meiner Meinung nach sollte MCI keine Sporthallen unterhalten, sich keine Mühe geben, die Familien der Mitarbeiter kennenzulernen, oder gar Weihnachtsfeiern abhalten. Wir wollen für unsere Leute nicht alles sein. Ich glaube auch, daß man das gar nicht kann. Wenn man sich zu sehr mit dem Leben der Mitarbeiter beschäftigt, kann man einfach kein gutes Unternehmen leiten.«

* Jedes Mitglied einer Hierarchie wird so lange gefördert, bis er/sie eine Position erreicht hat, die über seine/ihre Fähigkeiten hinausgeht.

Diese Philosophie, sich außerhalb des Unternehmens nach Spitzenkräften umzuschauen, trifft auch für MCIs stetige Suche nach der besten Kommunikationstechnologie zu, mit der er die Konkurrenz überflügeln will. »Ich glaube, wir wissen, wie man Technologie erwirbt und anwendet«, so McGowan, »aber wir haben keine Ahnung, wie man sie entwickelt. Wenn man bedenkt, wie schnell sich die Technologie heutzutage in dieser Branche ändert, dann ist unser Vorgehen wahrscheinlich vernünftig. Wenn man über einen betriebseigenen Experten für technologische Entwicklungen verfügt, und dieser stellt falsche Berechnungen an, dann wird man Schwierigkeiten bekommen, denn früher oder später verrechnen sie sich alle mal. Daher beziehen wir unsere Technologie lieber von Lieferanten von außerhalb, die zuhauf hierherkommen und zu uns sagen: ›Also, wir haben vor, das zu machen, und was machen Sie?‹ Wir sagen ihnen also, was wir denken, worauf sie antworten: ›Wollen Sie sich vielleicht mal unser neues Gerät anschauen und es für mich testen?‹ Und wir sagen dann: ›Einverstanden.‹ Diese Leute sprechen mit Sicherheit nicht so mit Leuten von AT & T, weil Western Electric eine Konkurrenzfirma ist, und sie werden auch nicht so mit Vertretern von GTE reden, weil Automatic Electric ihre Konkurrenz ist. Vielleicht müssen wir auch mal selbst eine Technologie entwickeln, weil kein anderer es für uns tun wird. Wenn das der Fall ist, suchen wir jemanden, der es in Lizenz herstellt, da wir selbst ein Dienstleistungsunternehmen sind.«

Ein Grund, warum McGowan immer die beste Technologie haben will, besteht darin, daß MCI der wirtschaftlichste und somit billigste Anbieter in der Fernmeldebranche sein möchte, in der momentan eine scharfe Konkurrenz herrscht und in der die Gewinnspannen einem starken Druck unterliegen. Die Gewinne von MCI sanken 1984 nach vier Jahren enormen Wachstums rapide, da ein erheblicher Kostenzuwachs auftrat, der aus den gestiegenen Gebühren resultierte, die aus der Vernetzung mit den örtlichen Telefonfirmen in den gesamten USA entstanden. Während der Druck auf MCIs Gewinne langsam abnimmt, ist bei McGowans geradezu wildem Führungsstil nichts dergleichen zu bemerken. McGowan investiert weiterhin wöchentlich mehr als 20 Millionen Dollar in neue Betriebseinrichtungen und die Anwerbung neuer Kunden. In Bälde werden neuartige Produkte auf den Markt kommen. Mit wohlüberlegter Geschwindigkeit erweitert er seine Geschäftstätigkeit auf den schnell wachsenden Bereich des internationalen Telefondienstes.

McGowan gründete MCI, um dem Konkurrenten AT & T Geschäfte wegzuschnappen, indem er Telefonbenutzern einen preiswerten Service anbot. Es war wie der Kampf zwischen David und Goliath, und wie er letztendlich enden wird, hängt von der effektiven Einsetzung von Geräten und Mitarbeitern ab. McGowan kontrolliert die Effektivität von MCI ständig, da er mißt, wieviel die Firma investieren muß, um einen Dollar Ertrag zu erhalten, und wieviel Ertrag jeder Mitarbeiter erwirtschaftet. »Als wir anfingen«, erzählt McGowan, »mußten wir 1,5 Dollar investieren, um einen Dollar zurückzubekommen. Inzwischen hat sich das Verhältnis auf 75 Cent zu einem Dollar verschoben. Anfangs hatten wir einen Ertrag von weniger als 80 000 Dollar pro Mitarbeiter, heute sind es über 200 000 Dollar. Unsere Dienstleistungen bauen aufeinander auf, sie treiben einander in die Höhe, wobei ihnen unser Fernmeldenetz alle Mittel zur Verfügung stellt.«

In weniger als einer Stunde gelangt man mit öffentlichen Verkehrsmitteln von MCI zur hypermodernen Firmenzentrale von BDM International, deren seltsamer Name, der Mangel an Produkten, die Anwendung eines Managementstils, den die Autoren von *»In Search of Excellence«* ein »logistisches Durcheinander« nennen, und die Abhängigkeit von Rüstungsaufträgen die Firma nicht davon abhalten konnte, ihren Umsatz während der vergangenen vierzehn Jahre um jährlich annähernd 30 Prozent von 5 Millionen Dollar auf 190 Millionen Dollar zu steigern, wobei die Gewinne auch mithalten konnten.

Das Geschäft mit dem Krieg der Sterne

Ein Großteil der Umsätze und Gewinne von BDM resultiert aus der Einsetzung der speziellen Kenntnisse der Firma, Verteidigungsprojekte der USA wie folgende zu entwickeln, zu testen und auszuwerten.

- Im Weltraum stationierte, energiereiche Laser im Rahmen des SDI-Programms zur Zerstörung anfliegender sowjetischer Raketen wenige Minuten nach deren Start.
- Einschätzung der Auswirkungen einer verlängerten Ruhepause auf die Funktionsverläßlichkeit eines Verteidigungssystems.
- Entwicklung neuer Instrumente, um eine schnelle und genaue Diagnose eines Verwundeten auf dem Schlachtfeld zu erhalten.

Das übrige Aufgabengebiet von BDM umfaßt Aufträge von kommerziellen Kunden, wozu folgende gehören:

- Entwicklung und Bau einer Sonnenenergieanlage für Atlantic Richfield zur Umwandlung der Sonnenstrahlung in Kalifornien in eine Million Watt Energie.
- Hilfestellung bei der Optik, den Konstruktionen und anderen wissenschaftlichen Disziplinen zur Herstellung des Space Telescope für die NASA, das in Bälde aufgestellt wird und mit dem Wissenschaftler entfernte Galaxien sehen können, wie sie vor ungefähr fünfzehn Milliarden Jahren bei der Entstehung des Universums erschienen sein könnten.
- Eine Studie für die amerikanische Zollbehörde über mögliche Bedrohungen eines illegalen Technologietransfers an potentielle Gegner.

Der Name BDM leitet sich aus den Nachnamen von Joseph Braddock, Bernard Dunn und Daniel McDonald ab, die sich nach dem Abschluß ihres Physikstudiums an der Fordham University in New York rund 10 000 Dollar liehen und 1960 die Firma BDM in El Paso, Texas, gründeten. Da sich der Wissensstand amerikanischer Wissenschaftler und Ingenieure schnell erweitert und permanent ändert und es daher selbst für riesige Organisationen wie das amerikanische Verteidigungsministerium, das Pentagon, sinnvoller ist, nur Verträge über Dienstleistungen bei Bedarf abzuschließen, als einen Personalstamm an hochdotierten Fachleuten in vielen Bereichen von Lichtwellenleitern bis zur Warteschlangentheorie aufzubauen, setzte das Konzept der Firma an diesem Punkt an.

Die drei Physiker entschlossen sich zum Aufbau eines Unternehmens, da sie lieber selbständig sein und technische Aktivitäten betreiben wollten, die sie interessierten, als bei irgendeiner Firma angestellt zu sein, um sie zu leiten. Sie begannen sofort mit der Suche nach einem Mitarbeiter, der BDM auf einer Zeitvertragsbasis leiten könnte, wobei sie auf Earle Williams stießen, einen Ingenieur der Auburn University, der gerade an seiner Diplomarbeit in Betriebswirtschaft an der University of New Mexico arbeitete. Williams hatte zehn Jahre für die US-Armee und die Sandia Corporation an Atomprojekten gearbeitet und war bei Standard Oil Raffinerieingenieur gewesen, »ihm lag jedoch die Arbeit mit Leuten mehr als mit schwierigen Details«. Williams trat 1962 als leitender Ingenieur bei BDM ein, als die Firma siebzehn Mitarbeiter beschäftigte, wurde 1968 zum zweiten Geschäftsführer und 1972 schließlich zum Generaldirektor ernannt.

»Meine erste Frage an die drei Unternehmer lautete«, wie Williams erzählt, »›Wie groß soll Ihre Firma werden?‹, worauf sie fragten: ›Warum fragen Sie das?‹, und ich ihnen zur Antwort gab: ›Jeder von Ihnen arbeitet mit zwei oder drei Mitarbeitern an drei oder vier verschiedenen Projekten, und ich würde gerne wissen, ob Sie damit zufrieden sind?‹ In einigen Firmen kommt es nämlich vor, daß die Firmengründer keine Erweiterung des Unternehmens wollen, weil sie sich dann nicht mehr persönlich um jede Arbeit kümmern können. Die drei sahen sich also einander an, und einer von ihnen antwortete: ›Wir wollen, daß unser Unternehmen so groß wie RCA wird‹, worauf ich meinte: ›Gut, ich nehme Ihnen das ab, obwohl die Firma niemals diese Größe erreichen kann!‹ Ich wollte damit nur herausfinden, ob sie sich irgendwelche künstlichen Grenzen gesetzt hatten, und mittels dieser Frage war mir klar, daß dieses bei ihnen nicht der Fall war.

Wir brauchten zehn Jahre, um einen Umsatz von 4 Millionen Dollar zu erzielen«, erzählt Williams, »was eine schmerzliche Erfahrung war, auch wenn wir viel dabei lernten. Das wichtigste dabei war die Feststellung, daß das Sprichwort ›Bau die bessere Mausefalle, und alle Welt rennt dir die Tür ein‹ völliger Unsinn ist. Wenn man eine bessere Mausefalle baut, sie aber nicht vermarkten kann, dann wird man am Ende ein Lagerhaus voll Mausefallen haben, selbst jedoch bankrott sein. Man muß auf die Leute zugehen, sie zum Kauf überreden und auf den Bedarf der Kundschaft reagieren. Wir haben lange gebraucht, um uns das klarzumachen. Wie Sie sehen, genügt es nicht, nur gut zu sein. Man muß auch dort sein, wo der Markt ist, und nachdem unser Markt die Rüstungsaufträge sind, beschlossen wir 1970, die Firma von El Paso in den Großraum Washington, D. C., zu verlagern.«

Diese Entscheidung markiert den Anfang von BDMs spektakulärem Wachstum, da das Unternehmen ganz nah zu seinem wichtigsten Kunden, dem amerikanischen Verteidigungsministerium, zog. Um zu demonstrieren, wie nah man sich gekommen war, berief der amerikanische Verteidigungsminister 1984 den Generaldirektor von BDM, Earle Williams, ins angesehene Naval Research Advisory Committee und den Mitbegründer der Firma, Braddock, für vier Jahre zum Defense Science Board. Die hervorragende Marktpolitik von BDM verhalf der Firma zur Sicherung von so vielen Aufträgen, daß sie immer über fünfhundert Projekte mit einer Laufzeit von einem Monat bis zu fünf Jahren und einem Umfang von 1000 Dollar bis 40 Millionen Dollar bearbeitet. Die Firma erhält 50 Prozent der Aufträge, für die sie ein Angebot unterbreitet, und das Wachstum erlaubt es ihr, immer größere Aufträge anzunehmen (obwohl die Gewinnspanne aufgrund der scharfen Konkurrenz um Großaufträge darunter leidet).

BDM profitiert auch von der Komplexität moderner Waffensysteme wie zum Beispiel die F-18 Kampfflugzeuge der amerikanischen Luftwaffe, die mit einundzwanzig, zur gleichen Zeit kommunizierenden Kleincomputern an Bord ausgestattet sind, ebenso wie von der beschleunigten Einführung einer neuen Technologie, auf die sich diese Systeme stützen. »Technologien hatten früher einen Lebenszyklus von zehn Jahren«, meint Stanley E. Harrison, stellvertretender Geschäftsführer und Betriebsleiter bei BDM, »heute dagegen beträgt die durchschnittliche Lebenszeit einer neuen Technologie zwei Jahre, wobei man es heutzutage mit einer fast völlig neuen Technologie zu tun hat, mit der man zurechtkommen und die man anwenden muß.«

Risiken haften jedem Unternehmen an, und so liegt bei BDM die größte Gefahr in der plötzlichen Stornierung eines Großauftrags. Während der Regierungszeit von Präsident Carter arbeiteten zum Beispiel fünfzig BDM-Mitarbeiter an der Entwicklung eines Startsystems zur Stationierung der MX-Raketen, in dessen Rahmen die Raketen ständig auf Eisenbahnwaggons hin und her bewegt werden, um die Sowjetunion über deren exakte Position im unklaren zu lassen. »Wir bekamen an einem Freitagnachmittag einen Anruf mit der Aufforderung, mit der Arbeit aufzuhören, da das Projekt gestorben sei«, so Williams, »so daß wir zwei Wochen lang alles mögliche unternehmen mußten, um diese fünfzig Mitarbeiter in neuen Projekten unterzubringen. Da wir ständig an über fünfhundert Projekten arbeiten, ist der Wegfall eines Auftrages noch kein Drama.«

Matrix-Management

Leute mit außergewöhnlichen wissenschaftlichen Kenntnissen sind BDMs einziges »Produkt«, und die Fähigkeit, diese klugen Fachleute anzulocken, anzustellen, einzusetzen und weiterzubeschäftigen, hat das Unternehmen zur dominierenden, unabhängigen Firma der USA für Tests und Auswertungen gemacht. Investitionsexperten bei Merrill Lynch haben diese Fähigkeit »eine Art von Handelsgeheimnis« genannt, für Williams besteht jedoch das ganze Geheimnis nur im Matrix-Management, einem System, das die Autoren von *In Search of Excellence** »ein logistisches Durcheinander« nennen.

»Das letzte Kapitel von *In Search of Excellence*«, so Williams, »ist mit *Simultaneous Loose-Tight Properties* überschrieben und erläutert einen Aspekt erfolgreicher Firmen, der tatsächlich unserem Matrix-Management zugrunde liegt. Die Autoren haben jedoch eine Abneigung gegen dieses System, da sie im gesamten Buch Kritik daran üben, woraus ich nur schließen kann, daß sie wahrscheinlich nur Firmen gefunden haben, bei denen dieses System gescheitert ist.«

Bei BDM ist man so begeistert vom Matrix-Management, daß ihm ein spezieller Abschnitt im Geschäftsbericht von 1983 gewidmet wurde, um die Aktionäre über seine Funktionsweise zu informieren.

* Thomas J. Peters und Robert H. Waferman, *Auf der Suche nach Spitzenleistungen. Was man von den bestgeführten US-Unternehmen lernen kann*, Landsberg a. Lech 1984.

Der Abschnitt beginnt mit der Feststellung, daß seit der Herrschaft der Pharaonen in Ägypten alle möglichen Organisationen von hierarchisch strukturierten Systemen in Form einer Pyramide geleitet würden, wobei die Arbeiter mehreren Managementstufen bis hin zur Firmenspitze unterstellt seien. BDM lehnt diese Struktur zugunsten des Matrix-Managements ab, da es die Schreibarbeit auf ein Minimum reduziert und die wertvollen menschlichen Energien immer dort eingesetzt werden können, wo sie gebraucht werden. Die Mitarbeiter werden so auch ermutigt, sich Projekte auszusuchen, an denen sie gern arbeiten und die sie dann an Kunden zu verkaufen versuchen, wobei ihnen das Management dabei behilflich ist (diese Hilfe schließt auch einen Spezialkursus über die Erstellung von Angeboten ein). BDM-Mitarbeiter, die neue Geschäfte ankurbeln, werden dafür reichlich belohnt. »Im allgemeinen«, so Williams, »versuchen wir herauszufinden, was jeder einzelne möchte, um ihm damit zu danken. Sei es eine Beförderung oder eine bessere Bezahlung, der Aufstieg ins Management oder auch nicht, wir versuchen, ihm jeweils seinen Wunsch zu erfüllen. Bei uns gibt es fünf verschiedene Karriereleitern, wobei jeder Mitarbeiter es in der Firma sehr weit bringen kann, ohne Führungsverantwortung übernehmen zu müssen, und auch die Bezahlung, die Nebenverdienste und die Anerkennung erhält, wenn er gute Arbeit geleistet hat.

Einige Leute wollen nur Technikgurus sein«, so Williams weiter. »Andere wollen an vier oder fünf kleinen Spezialaufträgen mit einem Umfang von 100 000 Dollar arbeiten, bei denen sie etwas untersuchen müssen. Es gibt aber auch Mitarbeiter, die einen dieser kleinen Aufträge übernehmen wollen, um ihn zu einem Multimillionendollarprojekt auszubauen, das über mehrere Jahre läuft und sehr viel Mitarbeiter beschäftigt. Wenn man also der Meinung ist, diese Fachleute besäßen die Fähigkeit, solch ein Projekt zu bearbeiten, dann sollte man ihnen auch die Möglichkeit dazu geben. Sie sollten weiterhin lobenden Zuspruch, eine angemessene Bezahlung usw. erhalten. Das Matrix-Management erlaubt es uns, so viele Energien wie möglich bei unseren kreativen Mitarbeitern freizusetzen, was sehr wichtig für das Wachstum und die Rentabilität der Firma ist. Auf diese Weise wird auch der geistigen Energie unserer Mitarbeiter freier Lauf gelassen, und sie können all ihre Möglichkeiten ausschöpfen, ohne daß zur gleichen Zeit ein Stadium reinster Anarchie innerhalb der Firma eintritt.

Es gibt innerhalb des Matrix-Systems zwangsläufig viele Konflikte, wenn man von einem Schema abweicht, bei dem jeder Mitarbeiter nur eine Aufgabe und einen Chef hat. Angenommen, ein Mitarbeiter arbeitet gerade an zwei verschiedenen Projekten, und die Leiter beider Projekte wollen, daß er an einer Personalversammlung am Montagmorgen um 8 Uhr teilnimmt. Der Mann wird wahrscheinlich aus der Haut fahren: ›Wie kann ich zur gleichen Zeit an zwei verschiedenen Orten sein? Ich kann in diesem Irrenhaus nicht mehr arbeiten. Ich setze mich einfach wieder in mein Büro und warte, was passieren wird. Ich werde zu keiner der beiden Versammlungen gehen.‹ Oder er wird sagen, was ebenso schlimm ist: ›Ich mag den Leiter von Projekt A, also gehe ich zu seiner Versammlung und nicht zu der anderen.‹ Beide Lösungen sind falsch. Der Mann sollte zu beiden Projektleitern folgendes sagen: ›Sie beide wollen also, daß ich an den Versammlungen um 8 Uhr teilnehme, aber da das schlecht möglich ist, müssen Sie das wohl oder übel überdenken und mir dann Bescheid geben, zu welcher Versammlung ich gehen soll.‹ Er trägt nicht die Verantwortung für diese Entscheidung, weil er nicht über genügend Information verfügt. Er sollte jedoch klarmachen können, daß man ihn in eine Konfliktsituation gebracht habe und daß die Leute das Problem lösen, die über alle Vorgänge Bescheid wissen. Da sich viele in solch einer Umgebung nicht wohl fühlen und es ihnen an Flexibilität mangelt, raten wir ihnen davon ab, für BDM zu arbeiten.«

Bis 1980 finanzierte BDM seine Expansion ausschließlich über nichtausgeschüttete Gewinne und Bankkredite auf Forderungen der Firma gegenüber dem Staat. Aufgrund der schnellen Ausweitung der Firmenaktivitäten geriet BDM zusehends in Abhängigkeit von großen und teuren Krediten, wobei die hohen Zinsen bei Regierungsaufträgen nicht vom Auftraggeber zu tragen sind. Die Firma beschloß daher, das Betriebskapital durch Aktienemission zu erhöhen, wodurch dieses Problem zusammen mit anderen, ebenso drückenden gelöst werden sollte. Laut Williams wollte man aus den folgenden Gründen an die Börse:

»Wir wollten unabhängig sein und über unser eigenes Kapital verfügen, um damit zu arbeiten. So kann kein Finanzierungsinstitut zu uns jemals wieder sagen: ›Sie können sich für diesen Auftrag nicht bewerben, weil wir ihn nämlich nicht finanzieren werden‹, wie es einmal der Fall gewesen ist.

Wir merkten, daß die Optionsrechte, die wir Mitarbeitern in Schlüsselpositionen eingeräumt hatten, nicht den nötigen Anreiz boten. Unsere Mitarbeiter fragten immer: ›Was ist eine BDM-Aktie schon wert? Ich kann sie nicht verkaufen. Meine Kinder besuchen die Uni, und ich wäre bereit, diese wertvollen Aktien loszuwerden, aber es besteht keine Möglichkeit, für sie Geld zu bekommen. Vor zwei Jahren war ich sehr froh, als ich die Option bekam, aber plötzlich glaube ich, daß sie nicht viel wert ist.‹

Uns war klar, daß wir an einem gewissen Punkt den Nachlaß der drei Besitzer, die schon die Fünfzig überschritten hatten, liquide machen mußten.

Wir wollten schließlich auch Aktien ausgeben, um sie für Firmenübernahmen benutzen zu können. Wir sahen uns gezielt nach Dienstleistungsunternehmen um, die Qualitätsarbeiten leisteten, aber über einen anderen Kundenstamm als wir verfügten. In dieser Branche ist Marktpolitik der Schlüssel zur Diversifizierung. Da wir glauben, daß BDM über eine Technologie verfügt, die anderen Kunden von Nutzen sein könnte, ist der Aufkauf eines Unternehmens, das diesen Markt schon bedient, vielleicht der beste Weg.«

Am 3. Oktober 1980 wurde BDM mit der Emission von 400 000 Aktien zu einem Kurs von 15,50 Dollar, die einen Nettowert von annähernd 6 Millionen Dollar ergaben, eine Aktiengesellschaft (wobei die drei Gründer ihrerseits 75 000 Aktien ausgaben, womit sie ihren Anteil auf nur 40 Prozent des ausgegebenen Aktienkapitals von BDM verringerten). Um die Kontrolle der Gründer über BDM bis zu ihrem Rücktritt aufrechtzuerhalten, führte die Firma später ein Umtauschangebot durch, bei dem sie zwei Arten von Stammaktien einführte. Aktien der Klasse A werden an den amerikanischen Börsen gehandelt, auf sie wird eine Dividende ausgezahlt, die mindestens 15 Prozent über der der Klasse B liegt, sie werden für Optionen und Anschaffungen verwendet, mit ihnen kann jedoch nur ein Viertel des

Aufsichtsrats gewählt werden. Aktien der Klasse B können gegen Aktien der Klasse A im Verhältnis eins zu eins umgetauscht werden, sie können nicht öffentlich gehandelt werden und gehören zum größten Teil den drei Gründern und dem Vorstandsmitglied Williams. Sie können mit diesen Aktien drei Viertel des Aufsichtsrats wählen und behalten somit die Kontrolle über das Unternehmen bis zu ihrem Rücktritt.

Das wird wahrscheinlich nicht so schnell der Fall sein, da sich alle vier momentan offensichtlich auf dem Höhepunkt ihrer Karriere befinden. Das Unternehmen wächst und wächst, die drei Gründer gehen weiterhin ihren wissenschaftlichen Neigungen in der Position von stellvertretenden Generaldirektoren ohne Führungsverantwortung nach (obwohl sie im Aufsichtsrat sitzen), und Williams ist bester Laune. »Da jeden Tag Leute mit neuen, aufregenden Ideen hierherkommen, freue ich mich auf die Zukunft, da sie meiner Meinung nach besser sein wird als die Vergangenheit.«

Ein Grund dafür ist, daß BDMs dynamisch steigender Umsatz noch immer weniger als 0,1 Prozent der amerikanischen Verteidigungsausgaben ausmacht. Ein anderer Grund für Williams Zuversicht ist seine Überzeugung, daß die Regierungsaufträge wahrscheinlich zunehmen werden und innerhalb der nächsten zwei bis drei Jahre der Markt für Dienstleistungen aus allen Nähten platzen werde. »Die wichtigsten amerikanischen Industriezweige entdecken langsam, was die Regierung vor Jahren schon erkannte«, so Williams, »nämlich, daß es ziemlich sinnlos ist, sich durch festangestellte Spezialisten zu belasten, wenn man sie genausogut als freie Mitarbeiter beschäftigen kann und sie dann wegschickt, wenn man keine Verwendung mehr für sie hat.«

Es ist nicht verwunderlich, daß BDM ihre Strategie, um sich ein schönes Stück vom Kuchen zu sichern, auf so etwas wie eine wissenschaftliche Formel gebracht hat – $Q^2 TC^2 (Q^2 TK^2)$ –, die für die Ausführung eines Auftrags in angemessener Qualität und Quantität in der geplanten Zeit mit vernünftigen Kosten steht. Wie Sie bemerkt haben werden, steht das erste Zeichen in BDMs Formel für Qualität, auf die zu viele Firmen erst dann Wert legen, wenn es schon fast zu spät ist, obwohl sich das Bewußtsein dahingehend in letzter Zeit zu ändern scheint.

Da es amerikanischen Firmen nach dem Zweiten Weltkrieg nicht gelang, Qualitätsprodukte herzustellen, konnten die perfektionistischen Japaner die USA als führender Produzent einer großen Anzahl von Produkten von Automobilen bis hin zu Fernsehgeräten entthronen. Jetzt fangen amerikanische Firmen jedoch an, zurückzuschlagen.

- Bei der Ford Motor Company schlägt man durch den Wahlspruch »Qualität steht an erster Stelle« einen neuen, erfolgreichen Kurs ein.
- Xerox bietet seinen Lieferanten Dauerverträge als Gegenleistung für fehlerlose Teile.
- Bei Advanced Micro Devices hängen an den Türen zu den Büros der leitenden Angestellten Schilder mit der Aufschrift: »Qualität bedeutet, daß man sich niemals entschuldigen muß.«
- Die Tennant Company in Minneapolis, der größte Hersteller von Industriekehrmaschinen und -schrubbern, hat einen »Tag der Qualität« eingerichtet, an dem die Angestellten und ihre Inspektoren eine Erklärung unterschreiben, in der sie sich verpflichten, möglichst sorgfältig zu arbeiten, wodurch der Ausschuß bei Tennant bisher um 60 Prozent je Maschine verringert werden konnte.
- Die amerikanische Gesellschaft für Qualitätssicherung mit Hauptsitz in Milwaukee erklärt, daß sich ihre Mitgliederzahl von 33 000 im Jahre 1980 auf 45 000 im Jahre 1985 erhöht habe.

Qualität ist so zu einem zentralen Aspekt geworden, daß Unternehmensleiter, die sich darüber nie viele Gedanken gemacht haben, neuerdings Tausende von Dollar täglich ausgeben, um bei führenden amerikanischen Qualitätssicherungsexperten wie Philip Crosby, dem Urheber des »Ohne Mängel«-Konzepts, mehr über die Verwirklichung dieses Ziels zu lernen. Crosby, der sich schon mehr als dreißig Jahre mit Qualitätssicherung beschäftigt, ist vom Fließbandinspekteur bis zum stellvertretenden Direktor für Qualitätssicherung bei ITT aufgestiegen, bevor er zum erstenmal ein Seminar zur Qualitätssicherung veranstaltete. General Motors hat 10 Prozent an Crosbys kleinem Unternehmen erworben, um näher an dessen Gedankengut zu sein, zu dem unter anderem auch folgende Vorschläge gehören:

- Jede Firma kann die Mängelrate der eingekauften Produkte um 50 Prozent reduzieren, wenn sie mit dem Lieferanten darüber spricht. Ein Tip: Gehen Sie sicher, daß Ihre Testgeräte mit denen Ihrer Lieferanten identisch sind.
- Über 85 Prozent aller Mängel können auf der ersten Kontrollebene behoben werden und annähernd der Rest auf der zweiten.

Crosbys Glaubensbekenntnis kann mit sieben Worten zusammengefaßt werden: »Mach es gleich beim ersten Mal richtig.« »Sie müssen Ihren Mitarbeitern jedoch klarmachen«, fügt er noch an, »was dieses ›es‹ ist. Was dieses ›es‹ ist, von dem Sie wollen, daß sie es gleich beim ersten Mal richtig machen. Sie müssen klare Maßstäbe setzen und dann einen Leistungsstandard vorgeben. Genau dort setzt die Konzeption zur Qualitätssicherung an. Der Maßstab lautet: ›Was soll ich tun?‹, und der Leistungsstandard bedeutet: ›Wie oft?‹ ›Ich erwarte, daß Sie jeden Tag um 8 Uhr zur Arbeit erscheinen‹, ist der Leistungsstandard, und das ›jeden Tag‹ ist die Qualitätssicherungsdevise.

Das Problem der Qualität ist«, meint Crosby, »daß man sie mit Schönheit, Echtheit und Güte definiert, auf jeden Fall mit irgend etwas Vagem. Sie sagen: ›Bringen Sie mir das Produkt wieder, wenn es ausgezeichnet ist‹, aber wie weiß man überhaupt, was ›ausgezeichnet‹ ist? Deshalb sagen wir, daß die Qualität die Erfüllung des Maßstabs sein muß. Die meisten Firmen setzen zwar Maßstäbe, schenken ihnen aber dann wenig Aufmerksamkeit. Sie müssen sich also zu einem Vorhaben entschließen und es in die Tat umsetzen, wobei Sie sichergehen müssen, daß es auch jeder verstanden hat, und das ist im Prinzip schon das wichtigste.

Worüber wir hier sprechen«, so Crosby weiter, »ist der Preis für die Nichterfüllung gegenüber der Erfüllung. Der Preis der Nichterfüllung ist der Ausschuß, die Nachbesserung, die Garantie, alles Kosten, die Sie für die Reparatur aufbringen müssen. In den Büros landet der Ausschuß in den Papierkörben, in der Fabrikation in den Müllcontainern. Der Preis der Erfüllung ist das, was Sie für Weiterbildung und Qualitätssicherung bezahlen müssen, damit es gleich beim erstenmal funktioniert. Für diese Präventivmaßnahmen müssen Sie 4 bis 5 Prozent Ihres Umsatzes aufbringen. Wenn Sie diese

Maßnahmen durchführen, können sich die Ausgaben in der Fabrikation um rund 20 Prozent und in den Büros und Verwaltungen zwischen 35 und 40 Prozent senken.«

An Crosbys Seminaren können nur die Firmen teilnehmen, deren Generaldirektoren sich auch zur Teilnahme verpflichten. Dabei ändere sich ihre Haltung gegenüber der Qualität völlig, so Crosbys Behauptung, da sie von der »Unsicherheit« zur »Erkenntnis« gelangten, wie Crosby es nennt. »Im Stadium der ›Unsicherheit‹«, so Crosby, »haben sie keine Ahnung, daß die Qualität ein Instrument des Managements ist. Sie sind der Meinung, daß man sowieso nicht alles immer richtig machen könne, und wenn man über eine gute Abteilung für Qualitätssicherung verfüge, könne man die Fehlerquote möglichst niedrig halten. Die Beschäftigung mit der Qualität wird als notwendiges Übel angesehen. Dann ›wachen sie langsam auf‹, wenn es ihnen zu dämmern beginnt, daß ›wir vielleicht etwas unternehmen sollten, um die Qualität ein wenig zu verbessern, wenn es jedoch etwas kostet oder Zeit in Anspruch nimmt, dann will ich es doch lieber bleibenlassen‹. Als nächstes«, so Crosby, »kommt ihnen die ›Einsicht‹, wenn sie sagen: ›Wir haben all diese Probleme satt, unsere Kunden beschweren sich, wir haben dauernd irgendwelche Schwierigkeiten, vielleicht ist das ein Problem des Managements, vielleicht können wir ja sogar etwas dagegen tun.‹

Genau an diesem Punkt ändert sich die Haltung des Managements, und hier können wir mit unserer Hilfestellung ansetzen. Wir erklären den Managern, daß sie für das Durcheinander, in dem sie stecken, selbst verantwortlich sind und was sie tun können, um diese Unordnung zu beseitigen. Ihre ganze Einstellung verschiebt sich plötzlich, wenn sie ein funktionierendes System zur Qualitätssicherung in ihren Firmen eingeführt haben. Sie diskutieren oder streiten nicht mehr darüber, weil es kein Thema mehr ist. Wenn es der Maßstab ist, den Telefonhörer vor dem dritten Klingeln abzunehmen, dann stellen Sie ein System zur Durchführung auf, mehr brauchen Sie nicht zu tun.

Sobald die Manager die Phase der ›Einsicht‹ durchlaufen«, so Crosby weiter, »kommen sie mit der Qualitätssicherung schon ganz gut zurecht, und wenn sie endlich bei der ›Erkenntnis‹ angelangt sind, beginnen sie, mit ihr Geld zu verdienen. Ihre Investitionen zahlen sich allmählich durch Qualität aus, und sie merken dabei, daß sie die neuen Mitarbeiter schulen und die, die der Firma schon länger angehören, weiterbilden müssen, um den Qualitätsstandard zu erhalten. Die Direktoren müssen mit den Mitarbeitern über die Verpflichtung der Firma gegenüber der Qualität sprechen und dürfen sich niemals mehr auf einen Qualitätskompromiß einlassen, nur um ein kurzfristiges Ziel zu erreichen. Sie werden Spaß daran finden und sich mit ihr beschäftigen. Diese Erfahrung ist etwas völlig Neues, es ist so, wie wenn sie herausfinden, daß sie sich wirklich keine Sorgen mehr zu machen brauchen.«

Obwohl Crosby der Ansicht ist, daß eine Verpflichtung gegenüber der Qualität immer bestehe, sollten seiner Meinung nach Unternehmen auch über kurzfristige Verbesserungsprogramme verfügen – »Sie führen sie einfach durch.« Crosby gibt dabei dem BAD-Programm (»Buck-a-Day«)* den Vorzug, bei dem jeder Mitarbeiter seine Vorschläge niederschreiben soll, wie die Kosten für seine Arbeit pro Tag um einen Dollar gesenkt werden könnten (250 Dollar pro Jahr). Als Crosby das BAD-Programm unter seinen Mitarbeitern durchführte, erhielt er rund vierhundert Vorschläge. Darunter war auch die Anregung, die Antwortschreiben auf Anfragen möglicher Kunden um eine Seite zu verkürzen, wodurch pro Brief 50 Cent eingespart werden könnten. Die Mitarbeiter, die einen Verbesserungsvorschlag vortrugen, erhielten eine Kaffeetasse mit der Aufschrift »I Had a BAD Idea«.** »Was diese Mitarbeiter wirklich bekamen, war Beteiligung«, meint Crosby. »Wir haben alle zusammengearbeitet, denn heutzutage liegt es an uns allen, alles Menschenmögliche zu tun, um die Konkurrenzfähigkeit des Unternehmens zu gewährleisten.«

* Ein Dollar pro Tag (A. d. Ü.).

** Ich hatte eine BAD-Idee (A. d. Ü.).

Diversifizieren, um zu wachsen

Es ist sehr schwierig, ein Unternehmen zu finden, das sich so sehr von Bill McGowans kapitalintensiver MCI Communications oder Earle Williams know-how-intensiver BDM International unterscheidet wie Philip Kaltenbachers materialintensive Seton Company in Newark, New Jersey. Die Firma wurde 1906 von Kaltenbachers Großvater, einem Einwanderer, gegründet und erhielt ihren Namen nach der Mutter Elizabeth Seton, der ersten in Nordamerika geborenen Heiligen. Setons Aufstieg zu einer diversifizierten Aktiengesellschaft, deren Umsatz sich in den letzten fünf Jahren von 44 Millionen Dollar auf 100 Millionen Dollar mehr als verdoppelt hat, ist das Ergebnis eines wagemutigen Managements, dem es gelang, die Firmentätigkeit auf eine Reihe neuer Branchen auszuweiten. »Wir haben alles Kapital eingesetzt, um neue, schneller wachsende Geschäftszweige zu entwikkeln und zu finanzieren, die fast alle innerbetrieblich entstanden sind«, meint Philip Kaltenbacher, Yale-Absolvent und Aufsichtsratsvorsitzender bei Seton. »Wir sind stolz auf die Einrichtung, daß jeder Mitarbeiter mit einer guten Idee sofort zu mir oder unserem Vorstand kommen kann. Wenn der Vorschlag gut ist, geben wir sofort den Startschuß, vorausgesetzt, er sichert uns einen erheblichen Vorteil gegenüber der Konkurrenz. Das trifft natürlich nur für Bereiche zu, in denen wir schon Erfahrung haben. Es ist von Vorteil, wenn wir das neue Produkt mit den bei uns schon vorhandenen Maschinen herstellen können, wenn es sich mit der bei uns angewandten Technologie vereinbaren läßt oder wenn wir es über unser gegenwärtiges Verkaufspersonal vertreiben können. Unsere Fangarme sind nach allen Richtungen ausgestreckt, wodurch die Möglichkeiten, etwas zu schnappen, von Tag zu Tag größer werden, mit jedem Fangarm mehr.«

Seton betrieb zu Anfang ein Unternehmen, in dem die Schichten der Häute auseinandergetrennt wurden, um somit die Weiterverarbeitung zu Endprodukten wie Schuhe, Gürtel und Handtaschen zu erleichtern. 1956 kaufte die Firma eine Ganzhautgerberei auf, in der die Häute unter Beibehaltung der Gerbung als Ganzes verarbeitet wurden, die bevorzugt zur Bespannung von Autositzen und Möbelstücken dienten.

In den fünfziger Jahren, erzählt Kaltenbacher, habe ein junger

Chemiker »voller Leidenschaft und unheimlichem Wissen« bei der Firma neu angefangen, den man in der Lackiererei der Firma in Wilmington, Delaware, untergebracht habe, in der die Häute durch die Behandlung mit Leinöl und dem Aufhängen in der Sonne zum Trocknen eine Hochglanzpolitur erhielten. Da der Chemiker Paul Fertell, heute Generaldirektor bei Seton, binnen kurzer Zeit eine bessere Urethanpolitur für Glanzleder entwickelte, gelangte Kaltenbacher zur Überzeugung, daß Seton in die Chemiebranche einsteigen sollte. Zuerst wurde von der Firma Urethanpolitur für Leder hergestellt, dann wurde das Produktionsprogramm auf Imprägniermittel, Bindemittel, Appreturen für Textilien und Epoxidchemikalien für Oberflächenbeschichtungen und Klebstoffe erweitert. Eine der Firmen, die Seton mit Urethan belieferte, war das Textillaminierunternehmen Norwood Industries in Malvern, Pennsylvania, das später von Seton aufgekauft wurde.

Dann erhielt Seton eine Anfrage eines großen Arzneimittelherstellers über die Substanz Collagen, ein Protein in tierischem Bindegewebe und Nebenprodukt bei Gerbereien. Anscheinend hatte diese Firma ein im Körper lösliches Nähmaterial entwickelt und war nun auf der Suche nach anderen Verwendungszwecken für die Substanz, als sie auf die Idee kam, sie als Ersatz für Schweinedärme bei der Wurstverarbeitung zu verwenden. Nachdem Seton zu Anfang etwas Probleme gehabt habe, den Bedarf dieser Firma zu decken, meint Kaltenbacher, sei es ihr schließlich gelungen, den Großteil des Collagens für die Wurstindustrie zu liefern. »Wir haben einen neuen, äußerst profitablen Geschäftszweig aus einem alten Nebenprodukt gebildet«, so Kaltenbacher.

Seton wandte sich dann dem neuen Aufgabengebiet, der Ummantelung von Geweben mit Urethan, zu, das, wie sich bald herausstellte, gewaltige Probleme aufwarf. »Das ist ein von der Mode dominierter Bereich«, meint Kaltenbacher, »da er von Farben, Schattierungen und Mustern abhängig ist, deren Trend die Modeschöpfer bestimmen. Da dies sehr unangenehm war, fragten wir uns: ›Was könnten wir mit diesen Maschinen noch herstellen?‹ Wir stießen auf ihren Verwendungszweck zur Herstellung von Industrieprodukten, was uns aber nur mittels einer Klebstofftechnologie gelingen würde.« Seton ging dieser Idee nach, stellte einige Klebstofftechniker ein, erwarb einige Patente und verbesserte die Technologie, wodurch die Firma sehr schnell Produkte auf den Markt bringen konnte, die unter anderem auch zur Befestigung von Zierleisten an Automobilen verwendet wurden.

Setons nächste strategische Überlegung zielte auf eine möglicherweise einträgliche Zukunft im lukrativen Pharmasektor ab, sofern es der Firma gelänge, ihr »Know-how« mit Collagen, der Laminierung und der Klebstofftechnologie miteinander zu verschmelzen. »Wir probierten dies und jenes aus«, so Kaltenbacher, »und stellten schließlich einige recht verfeinerte Bestandteile der Wundverbände für die Pharmaindustrie her.« Man war bei Seton entschlossen, noch mehr Verwendungszwecke für Collagen zu finden, was jedoch laut Kaltenbacher »ein ziemliches Unterfangen sei, da man die verrücktesten Dinge mit der Substanz machen kann«. Mit dieser Entscheidung begab sich Seton in ein Abenteuer, das aus einem James-Bond-Spionagefilm hätte stammen können.

»Wir prüften alle Collagenpatente«, erzählt Kaltenbacher, »und fanden dabei heraus, daß wir mit einem in der DDR lebenden Doktor, dem wir den Namen Doktor X gaben, in Kontakt treten mußten, der ein Patent für die Anwendung von Collagen bei Verbrennungen innehatte. Es stellte sich heraus, daß Doktor X in die Bundesrepublik Deutschland übergewechselt war, wo er für eine pharmazeutische Firma arbeitete. Wir konnten Doktor X überzeugen, daß es für ihn wesentlich sicherer sei, in den USA zu leben, und einigten uns schließlich mit dem deutschen Unternehmen auf einen Jointventure. Dieses Projekt umfaßte die Herstellung von Präparaten zur lokalen Anwendung wie federleichte Gipsverbände aus feinem Gipsmörtel oder metallisierte Verbände und verbesserte Operationstücher. Wir entwickelten weiterhin eigene Produkte zur Wundbehandlung, als da seien: feuchtigkeitsdurchlässige Verbände, Wirkstoffe für Pflaster, die allmählich durch die Haut in den Blutkreislauf abgegeben werden. Damit sind wir in einen weiteren Bereich in der Medizin vorgestoßen und haben uns ein weiteres Standbein geschaffen.«

Kaltenbacher erzählt, daß Setons strategisches Planungsteam bis vor kurzem aus einigen leitenden Mitarbeitern der Firma bestanden habe, die sich trafen und beschlossen, »welche Projekte wir weiterverfolgen wollen. Sie legten dann deren Priorität fest, bestimmten, wieviel Kapital für deren Realisierung benötigt werde, und finanzierten sie dann. Heute ist das anders, weil wir, je weiter wir in den Arzneimittelsektor vordringen, feststellen, daß wir eine verlängerte Vorlaufzeit für verbesserte Geräte und Laboratorien mit sterilen Räumen und Luftreinigungsanlagen usw. benötigen. Wir verändern uns also. Unser Management denkt jedoch immer noch unternehmerisch und innovativ, wobei der Informationsaustausch mit unseren Mitarbeitern, die uns noch immer mit den meisten neuen Ideen beliefern, nach wie vor reibungslos läuft. Das war unser Wachstumsgeheimnis in der Vergangenheit, und so besteht kein Grund, es zu ändern«, meint Kaltenbacher, der wahrscheinlich das letzte Familienmitglied sein wird, das Seton geleitet hat, wenn er sich irgendwann aus dem Unternehmensgeschehen zurückgezogen haben wird.

Wenn sie diesen Punkt erreicht haben, haben Erfolgsunternehmer den richtigen Weg zur Gewinnerzielung eingeschlagen. Sie haben die Kunst, ein profitables Unternehmen aufzubauen, erlernt und besitzen jetzt die Freiheit, die Freuden der Unternehmensförderung so lange auszukosten, bis es für sie Zeit geworden ist, auszusteigen.

11 Was tun, wenn man ganz oben angelangt ist?

»Wir führen dieses Unternehmen nicht auf kurze Sicht. Wir bauen es für die kommende Generation auf.«
SAMUEL C. JOHNSON,
Vorsitzender der S. C. Johnson & Son, Inc., die 1886 von seinem Urgroßvater gegründet wurde.

Einer der zufriedensten Erfolgsunternehmer von heute ist Evander Preston. Preston fertigt einzigartige Schmuckstücke aus Platin, Gold, Silber, Diamanten, Rubinen, Korallen, Elfenbein und anderen wertvollen Materialien an, die er an Schmuckkenner in der ganzen Welt gegen viel Geld verkauft.

Preston wird niemals zu den ganz großen Unternehmern (und ihren Nachkommen) gehören, die auf der Liste der Zeitschrift *Forbes* als die »400 reichsten Leute in Amerika« aufgeführt werden. Doch schon jetzt erlaubt ihm sein kleines Unternehmen einen luxuriösen Lebensstil, den er so lange beibehalten wird, bis er sich wie jeder andere Unternehmer auch dazu entschließt, sein Unternehmen aufzugeben, es an seine Familie zu vererben oder es an sonstige Interessenten zu verkaufen.

Evander Preston verleiht allen seinen Taten ein gewisses Flair. Er läßt seine Kunden, mit denen er zuvor einen Termin vereinbart hat, von seinem Chauffeur in seinem weißen Lincoln abholen, der mit einer Cocktailbar und einem Fernseher ausgestattet ist. Die Besucher können sich dann auf der Fahrt zwischen dem Tampa International Airport und Prestons Haus, in einem Städtchen südlich von St. Petersburg nahe Mullet Key in Florida, Filme ansehen. Die Kunden werden zu Prestons Wohnsitz eingelassen, nachdem sie eine beleuchtete Klingel betätigt haben, über eine Fernsehanlage in Augenschein genommen wurden und dann Einlaß durch eine massive Doppeltür erhalten haben, deren 30 Zentimeter großen goldenen Türgriffe die Form eines E haben.

Sobald sie ins Innere gelangt sind, finden sich Prestons Kunden in einem gedämpft beleuchteten 5 Meter hohen Raum mit Veloursstoff behängten Wänden, Parkettfußboden, weißen, antiken Möbeln und Indianerteppichen wieder, in dem auch einige kunstvoll plazierte Glasvitrinen mit Schätzen stehen, zu denen eine Halskette aus Türkis und Lavagestein für 2000 Dollar und ein Güterzug ohne Preisschild gehören, dessen Miniaturautos reichlich mit Diamanten besetzt sind.

Am Ende der Galerie sind ein halbkreisförmiger Schaukasten und große Stühle aus Stahl aufgebaut, von denen aus die Besucher in aller Ruhe die Schmuckstücke und Miniaturen einschließlich einiger kopierter Stücke, die Preston und sein europäischer Goldschmied, Owen Sweet, für andere angefertigt haben, betrachten können. Dort sieht man ein fingerhutgroßes, goldenes Gefäß mit hölzernen Henkeln und abnehmbarem Deckel, das Cuisinart in großer Menge als Salzfäßchen für die Tische bestellt hat, einen goldenen Stier, der passenderweise von einem leitenden Angestellten bei Merrill Lynch in Auftrag gegeben wurde, oder einen goldenen Lamatin für den Sänger Jimmy Buffett, der eine Kampagne gestartet hat, um die selten vorkommenden Seekühe in Florida vor dem Aussterben zu bewahren.

Die Kunden werden dann an zwei schlafenden russischen Wolfshunden vorbeigeführt, deren Großeltern für Werbeanzeigen von Wolfschmidt-Wodka Modell gesessen haben, schreiten eine Bildergalerie entlang und gelangen dann in eine Küche, in der eine riesige Schlachtbank als Eßtisch den meisten Raum einnimmt und um die herum alles zu finden ist, was Preston und sein 31jähriger Küchenchef (der auch als Chauffeur und Geschäftsträger fungiert) benötigen, um den Gästen ein unvergeßliches Mittag- oder Abendessen zu bereiten. In den Regalen an der Wand steht eine ganze Reihe Kochbücher (einige davon sind von einer Bekannten, Annemarie Huste, der ehemaligen Köchin von Jackie Kennedy, verfaßt), außerdem findet man eine Entenpresse (Canardière) des Pariser Restaurants Tour d'Argent, eine Cappucinomaschine, eine italienische Eismaschine, einen Zapfhahn für Faßbier, viertausend Flaschen ausgesuchter Weine und afrikanische Masken. An der Spiegeldecke erkennt man einen Druck von Picasso.

Das Mahl, das Preston seinen Kunden bereitet, zieht sich meist über Stunden hin. Zu Beginn wird immer eine sehr aromatische, goldfarbene Sangria als Aperitif gereicht (1/5 Chablis, 30 ml Triple Sec, 30 ml französischer Brandy, mit Eiswürfeln gerührt und Orangen- und Zitronenscheiben garniert), darauf folgt eine exotische Vorspeise wie glasierte Ochsenzunge mit Wachteleiern. Zum Hauptgericht, das von Elch bis Tintenfisch reicht, wird ein Sortiment an Weinen (einige davon tragen Prestons Etikett) gereicht, und das Gelage wird schließlich mit einem Likör, regenbogenfarbenen Sobranie-Zigaretten und Montecruz oder sogar noch edleren Zigarren beendet.

Preston hat sein Leben zu einer Art Schmuckstück umgeformt, von dem seine Kunden bezaubert sind. Sie sind so verzaubert von der Atmosphäre, daß sie sich danach sehnen, bald wieder zu den Genüssen von Prestons Heim zurückkehren zu können, womit sie seinen Jahresumsatz auf annähernd 1 Million Dollar treiben.

Evander Preston genießt sein ›Dolce vita‹ in vollen Zügen. Aber irgendwann einmal wird er sich zurückziehen wollen, und dann stellt sich die Frage nach der Zukunft seines Unternehmens. Da die meisten Firmen Familienunternehmen sind, müssen sich Erfolgsunternehmer entscheiden, ob sie die Geschäfte Verwandten übertragen, das Ganze oder nur einen Teil des Unternehmens verkaufen oder bis zu ihrem Tode weiterarbeiten (wobei in einem von ihnen verfaßten Letzten Willen oder Testament festgelegt ist, was mit dem Unternehmen nach ihrem Tode geschehen soll). Preston will das Unternehmen an seine Tochter Heather, die momentan für den Verkauf zuständig ist, und an seine Mitarbeiter, die praktisch zur Familie gehören, weitergeben.

»Irgendwann«, so Dr. Leon A. Danco, Gründer des Center for Family Business in Cleveland, Ohio, »kommt der Firmeninhaber zu einem Punkt, an dem er das bewahren möchte, was er jetzt hat, und sein Unternehmen nicht weiter ausdehnen will. Er will nicht mehr so schwer arbeiten und seinen Besitz für Dinge, die er nicht braucht, aufs Spiel setzen. Es vergehen meist nur 25 bis 30 Jahre vom Beginn seines Traumes bis zu dem Punkt, wo er mit rund 55 Jahren langsam nachläßt. Für einen Unternehmer«, fügt Danco noch an, »ist das Unternehmen sein Kind. Einen Nachfolger auszusuchen ist genauso schlimm, wie ein kleines Mädchen mit einem Gorilla fortgehen zu lassen.«

Kidnapper und Killer

Viele Unternehmensgründer (und zunehmend auch -gründerinnen) weigern sich ganz einfach, sehr zur Bestürzung aller Betroffenen, einen Plan für ihre Nachfolge aufzustellen. Der frustrierte Sohn eines New Yorker Unternehmers zwang seinen Vater mit vorgehaltener Pistole, aus dem Familienunternehmen auszuscheiden. Eine Frau, die ihrem Sohn beim Kampf um die Nachfolge zur Seite stand, engagierte einen professionellen Killer, um ihren Gatten zu töten (was jedoch mißlang), und ein Mann ließ seinen Sohn entführen und als Geisel festhalten, bis dieser einwilligte, aus dem Familienbetrieb auszutreten.

In einem Familienunternehmen könnten sich die Gemüter sehr erhitzen, wobei die Wurzeln meist schon bei Unternehmensgründern zu finden sind, so zumindest die Meinung von Peter Davis, Geschäftsführer des Wharton Applied Research Center in Philadelphia, das regelmäßig Workshops für die Familienmitglieder erfolgreicher Unternehmen durchführt. Davis ist der Ansicht, daß die Gründer solcher Unternehmen trotz ihrer Sensibilität für die Bedürfnisse ihrer Familie oft sehr eigensinnig sein könnten, andere verachteten, die ihrer Meinung nach inkompetent sind (oder kompetent, aber feindlich gesinnt), und sogar unter einem Verfolgungswahn litten, daß jeder, der ihnen über den Weg läuft, schlechte Absichten hege. Diese Eigenschaften führten laut Davis zu folgenden Verhaltensmustern, die den Gründern die Übertragung der Kontrolle an die Nachkommen sehr erschwere:

- Die Gründer fassen die Kritik an ihrem Unternehmen als persönlichen Angriff auf. Die Familienmitglieder lernen schnell, schlechte Nachrichten für sich zu behalten, wodurch die Gründer von wertvollen Informationen von außen ferngehalten werden.
- Die Gründer umgeben sich gerne mit untertänigen Schmeichlern, die gerne beherrscht werden wollen. Diese schützen die Gründer

dafür vor schlechten Neuigkeiten in der Hoffnung, ihre Anerkennung zu erheischen.

- Die Ehefrau des Gründers lernt schnell, ihn bei seiner Arbeit und seinem Ehrgeiz zu unterstützen, und treibt ihn so noch weiter in die Isolation.
- Der älteste Sohn des Gründers wächst in einer Welt auf, in der der Vater der Allmächtige ist, wodurch ihm sehr schnell klar wird, daß sein Überleben von der Gunst des alten Herrn abhängig ist.
- Der zweitälteste Sohn wächst im Wettbewerb mit dem älteren Bruder um die Gunst des alten Herrn auf, und so erlernt er auf seinem Weg Überlebenstechniken und die Kunst, Familienbande zur Erreichung seines Ziels zu knüpfen.

Da diese Verhaltensmuster eine problemlose Übergabe eines Familienunternehmens an die Nachkommen behindern, ist es leicht verständlich, daß weniger als 30 Prozent der Familienunternehmen auch in der zweiten Generation und weniger als 15 Prozent in der dritten Generation fortbestehen.

Ein Unternehmensgründer, der glaubte, er habe einen todsicheren Plan zur Übergabe seines Unternehmens an seine Kinder ersonnen, ist Willie Stennis, Besitzer der Hähnchen-und-Fisch-Restaurantkette Golden Bird in Culver City, Kalifornien, die einen Jahresumsatz von 7,5 Millionen Dollar erzielt. Stennis, der fast sein halbes Leben darauf verwandt hat, sein aus zwölf Restaurants bestehendes Imperium aufzubauen, war eigentlich bereit, sich zur Ruhe zu setzen. Um die Sache zu vereinfachen, beschloß er, jedem seiner vier Söhne drei Restaurants zu überlassen.

Stennis' jüngster Sohn Michael, ein ehemaliger Footballspieler bei der University of Hawaii, machte seine Sache mit den drei Restaurants sehr gut. Da es jedoch den drei anderen an unternehmerischem Feingefühl fehlte, übernahm Stennis senior die Leitung der Restaurants wieder und organisierte das Unternehmen um. Er und seine Söhne kamen überein, daß Michael der Leiter von Golden Bird werden sollte, während die anderen drei Brüder als stellvertretende kaufmännische Leiter, zuständig für die Schulung neuer Franchisenehmer und den Aufbau neuer Restaurants, fungieren sollten. Die Geschäfte von Golden Bird laufen momentan hervorragend, und die

Sterne stehen günstig, daß sich dieses Unternehmen im Schnellimbißbereich auf die gesamten USA ausweitet. Michael sucht noch immer Rat bei seinem Vater, der sich beinahe im Ruhestand befindet und von dem Tag träumt, an dem die Stennises die erste schwarze Familie sein wird, die ein eigenes Profifootballteam unterhält.

Planung, ehrliche Gespräche und Eingeständnisse sind offensichtlich für das Überleben eines Familienunternehmens bei der Übergabe von einer Generation zur nächsten lebenswichtig. Ein erster Schritt bestehe nach Leon Dancos Meinung, der die Mitglieder von Familienunternehmen nun schon mehr als 25 Jahre berät, darin, die Söhne und Töchter ihre Karrieren außerhalb des Unternehmens beginnen zu lassen, so daß sie ihre Fehler ohne das Wissen des alten Herrn machen könnten. Nach Dancos Ansicht sollten die Kinder in das Unternehmen eingeführt werden, wenn sie um die Dreißig sind und der alte Herr um die Sechzig. Sie sollten auch eine konkrete Vorstellung darüber haben, was sie dem Unternehmen entgegenbringen können. Danco meint auch, daß eine Familie niemals zögern sollte, sich Hilfe bei Beratern oder anderen Institutionen zu holen, um das Trauma um ein sicheres Überleben der Firma über das Ausscheiden des Gründers hinaus zu überwinden. »Man muß den Fortbestand sichern«, so Danco, »oder den Laden verkaufen.«

Ein Großteil der Unternehmer entschließt sich jedoch aus den verschiedensten Gründen zum Verkauf seiner Firma. Dazu gehören folgende:

- Sie haben keine Kinder oder glauben, daß die Erben das Unternehmen nicht weiterführen können.
- Sie haben die Firma so groß gemacht, daß sie von hochbezahlten Managern geführt wird und sie so für den Betrieb nicht mehr vonnöten sind. »Sie haben den Weg von alles zum nichts durchlaufen – vom Macher zum Beobachter«, meinte Dr. William P. Murphy jr. kurz vor seinem Rücktritt als Generaldirektor der 200 Millionen Dollar schweren medizinisch-technischen Cordis Corporation in Miami, die er 1957 in einer Garage gegründet hatte.
- Sie sind einfach ausgezehrt. »Ich bin so müde, wenn ich abends nach Hause komme«, meint der 62jährige Murray Klein, einer der Teilhaber der berühmten Zabar-Delikatessen-und-Lebensmittel-

geschäfte in New York, »daß ich nach einer halben Stunde einschlafe, nachdem ich zu lesen angefangen habe.« Klein, der sechs Tage in der Woche von morgens bis abends und selbst sonntags noch mehrere Stunden arbeitet, erklärte seinen Partnern nach 35 Jahren Geschäftsleben, daß er seine Anteile an Zabar und an Grundbesitzen verkaufen wolle, deren Wert sich auf geschätzte 30 Millionen Dollar beläuft. »Ich möchte noch gern«, so Klein, »ein oder zwei Jahre meines Lebens genießen, bevor ich sterbe.«

Schätzungsweise werden jährlich annähernd 20 Prozent aller Unternehmen aus den verschiedensten Gründen zum Verkauf angeboten. Es gibt Beweise für die Vermutung, daß sich Unternehmer noch ungeschickter bei der Festsetzung des Verkaufspreises für ihr Unternehmen als bei der ihrer Produkte verhalten.

Wieviel ist Ihr Unternehmen wert?

Eine Studie der Hankamer School of Business der Baylor University in Waco, Texas, belegt zum Beispiel, daß annähernd 25 Prozent der Besitzer von 344 Kleinunternehmen im umliegenden McLennan County »keine Ahnung hatten, welchen Verkaufspreis sie für ihre Firmen ansetzen sollten«, und die Mehrheit der übrigen meinte, sie gäben der Methode den Vorzug, bei der der Preis auf der Grundlage des Vermögenswertes der Firma festgesetzt wird. Da es unzählige Möglichkeiten für Berechnung des Verkaufspreises Ihrer Firma gibt und dies zur wichtigsten Entscheidung in Ihrem Leben werden könnte, zahlt es sich aus, die Hilfe Ihres Steuerberaters, Bankiers oder von sonst jemand in Anspruch zu nehmen, die Ihnen die für Sie geeignetste Strategie unterbreiten können. Dabei unterscheidet sich die Strategie eines Möbelgeschäfts in der Innenstadt wesentlich von der eines Chipherstellers im Silicon Valley.

Bevor Sie einen Notizblock und einen Stift zur Hand nehmen und mit der Kalkulation des angenommenen Wertes Ihres Unternehmens beginnen, sollten Sie erst einmal versuchen, den Standpunkt eines möglichen Käufers einzunehmen. Jerome S. Siebert, Besitzer der Siebert Associates, einem Firmenmaklerunternehmen mit Hauptsitz in Fairfield, Connecticut, hat Fragen, die für mögliche Käufer von Unternehmen von Interesse sein könnten, in dem Informationsblatt *The President* zusammengefaßt, das von der American Management Association für leitende Angestellte veröffentlicht wird. Alle Käufer, so Siebert, seien an folgenden vier Punkten interessiert:

1. *Mitarbeiter.* Wie viele Mitarbeiter haben Sie, und welche Karriere haben sie bereits hinter sich? Sind die Mitarbeiter gewerkschaftlich organisiert oder nicht? Wie ist das Verhältnis des Managements zur Gewerkschaft oder den Arbeitern?
2. *Produkt.* Was wird von der Firma hergestellt und vertrieben? Welches sind ihre Märkte? Wie viele Quadratmeter umfaßt die Anlage, in welchem Zustand befinden sich die Maschinen, und wie hoch ist die Erweiterungskapazität der Firma?
3. *Gewinn.* Haben Sie Gewinn-und-Verlustrechnungen aufgestellt? (Diese müssen manchmal rekonstruiert werden.)
4. *Perspektiven.* Wo steht die Firma jetzt, und wohin wird sie gehen? Welches sind die verschiedenen Gründe, die für ein mögliches Wachstum verantwortlich sind?

Nachdem Sie Ihr Unternehmen mit den Augen eines möglichen Käufers betrachtet haben, stehen Ihnen drei Standardstrategien, die Ihnen bekannt sein sollten, zur Verfügung, wobei Sie Ihr Berater auf die unzähligen Varianten aufmerksam machen wird, von denen eine die beste für Ihr Unternehmen ist.

Die gebräuchlichste Art, den Verkaufspreis für ein Unternehmen festzulegen, besteht in der Substraktion der Verbindlichkeiten vom Vermögen. In den meisten Fällen wird bei dieser Buchwertmethode der tatsächliche Wert des Unternehmens erheblich unterschätzt, sie wird jedoch aufgrund ihrer Einfachheit von vielen Unternehmern angewandt.

Eine bessere Methode besteht darin, den Wert Ihres Firmenvermögens so zu wählen, daß er einer Anzahl von Marktfaktoren gerecht wird, so zum Beispiel dem Wiederbeschaffungswert oder unter schlechten Bedingungen dem Wert, den die Firma im Falle eines Zwangsverkaufs erzielen würde.

Die beste Standardstrategie ist die Festsetzung des Verkaufspreises auf der Grundlage der in der Vergangenheit erzielten Gewinne (er wird möglicherweise durch Prognosen erhöht). Erfolgreiche Unternehmen arbeiten gewinnorientiert, und ihren Preis bestimmen hauptsächlich die Gewinne, mit denen sie die Taschen der Käufer im Laufe der Jahre füllen können. Es gibt eine einfache Formel für die Bestimmung dieses Wertes, die sich wie folgt zusammensetzt:

1. die Vorausberechnung der zukünftigen Jahresgewinne;
2. das Werten dieser Prognose, um mögliche Unternehmensrisiken wiederzugeben;
3. die von Ihnen prognostizierte Lebenserwartung der Firma und
4. das Multiplizieren der von Ihnen vorweggenommenen Jahresgewinne mit der vermuteten Anzahl der Jahre, die das Unternehmen noch tätig sein wird.

Da der unverkennbare Nachteil bei dieser Methode die Subjektivität ist, werden sich nur wenige Käufer mit diesen Zahlen ohne großes Feilschen zufriedengeben. Eine gebräuchliche Methode zur Bewältigung dieses Problems ist der Abschluß eines »Leistungshandels«, bei dem der Käufer zwar Ihre Kalkulation akzeptiert, aber dann den Verkaufspreis niedriger ansetzt, wenn das Unternehmen nicht den von Ihnen prognostizierten Gewinn abwirft.

Wenn Sie schließlich soweit sind, einen bestimmten Preis für Ihr Unternehmen verlangen zu können, müssen Sie sich auf die Suche nach einem potentiellen Käufer machen, vorausgesetzt, Sie haben noch keinen Aspiranten oder einen konkreten Interessenten. Liquide Firmen einschließlich Konzerne wie Esso und General Motors investieren ständig in kleine innovative Unternehmen, um bequemer in schnell wachsende, neue Märkte von Lebensmitteln bis zur Telekommunikation einsteigen zu können. Laut der Chicagoer Fusionsberatungsfirma W. T. Grimm & Co. verzeichnete man 1984 ein Rekordjahr für diese Investitionen, wobei sie sich auf insgesamt 122 Milliarden Dollar beliefen und 2543 Firmen, darunter 1351 in privater Hand, daran beteiligt waren.

Wenn Ihre Firma über einen guten Ruf verfügt, könnten Sie Angebote von potentiellen Käufern ohne große Anstrengungen bekommen, oder Ihnen ist daran gelegen, selbst an sie heranzutreten. Sie könnten ebenso die Hilfe von Vermittlungsfirmen wie der Anlagebank A. G. Edwards & Sons in St. Louis in Anspruch nehmen, die eine Liste von 8000 potentiellen Käufern zusammengestellt hat, oder der New Yorker Firma Bear, Stearns & Co., die den drei Partnern von Zabar bei der Suche nach einem Käufer für deren Unternehmen behilflich ist. Es besteht auch die Möglichkeit, Ihren Steuerberater oder Bankier zu konsultieren, die oft Käufer kennen, die sich nach attraktiven Neuerwerbungen umsehen.

Während einige Käufer gewillt sind, Ihnen das Geld für den Kauf ohne weitere Ansprüche zu geben, könnten andere darauf bestehen, daß Sie noch so lange im Unternehmen bleiben, bis die neuen Eigentümer die Unternehmensführung im Griff haben. Das trifft besonders in Fällen zu, in denen der Käufer mit Ihrer Branche noch nicht vertraut ist und Sie ihm bei der Einarbeitung behilflich sein müssen. Das trifft aber auch bei einer von Ihnen geplanten Unternehmenserweiterung zu, zu der Ihnen jedoch das Kapital fehlt, so daß Sie die Firma an einen finanzkräftigen Käufer verkaufen müssen, der Ihren Traum finanzieren kann. In diesem Fall werden Sie noch weiterhin im Unternehmen tätig sein wollen, um dieses Wachstum zu bewerkstelligen, wofür Ihnen der Käufer einen Gewinnanteil auszahlen wird.

Eine andere Möglichkeit liegt im Verkauf eines Teils Ihres Unternehmens an öffentliche Investoren, wobei Sie die Kontrolle behalten, wie es 1980 der Fall bei den Gründungsmitgliedern von BDM International gewesen ist. Experten auf diesem Gebiet sind Anlagebanken, die über viel Erfahrung bei der Beschaffung von Milliarden von Dollar bei Anlegern verfügen, denen es aber meist an Einfühlungsvermögen für Unternehmer fehlt, die ihre Werte zu Geld machen wollen.

Ein Mann, der über die Probleme beim Aufbau eines Unternehmens ebenso Bescheid weiß wie über die bei der Beschaffung von Kapital im Falle eines Verkaufs eines Unternehmens, ist James D. Dunning, der fünf Jahre Generaldirektor der Straight Arrow Publishers war, dem Herausgeber der Musikzeitschrift *Rolling Stone*. 1982 verließ Dunning den Verlag, um sich der Thomson McKinnon Securities, Inc., als stellvertretender Vorsitzender der Abteilung für Firmenfinanzierung anzuschließen. Im Februar 1985 trat er zurück, um den Posten des Vorstandsvorsitzenden der New Yorker Ziff

Corporation, einem großen Verlagshaus, zu übernehmen. Dort bestand seine erste Aufgabe darin, lukrative Objekte zur Investition von 715 Millionen Dollar zu finden, die Ziff 1984 durch den Verkauf ihrer Verbraucherinformations- und Fachzeitschriften erhalten hatte.

Ich sprach mit Dunning über die Probleme bei der Umwandlung einer Firma in eine Aktiengesellschaft, kurz bevor er Thomson McKinnon Securities verließ. Die Spuren dieser Firma reichen bis zu einem Unternehmer namens Sandy Thomson zurück, der 1885 in Indianapolis eine Einmanngetreidehandelsfirma gegründet hatte, die sich seitdem zu einer internationalen Finanzierungsgesellschaft mit einem Vermögen von über 2 Milliarden Dollar verwandelt hat.

Das Trauma – der Gang an die Börse

»Als allererstes untersuchen wir bei einem Unternehmer, der an die Börse gehen will«, so Dunning, »ob er unserer Meinung nach das Trauma eines Gangs zur Börse überstehen kann. Ob er mit der Unberechenbarkeit des Marktes, dem wirtschaftlichen Umfeld, den Leuten unter dem Anlagepublikum, angefangen von den Wertpapierberatern bis zu den Geschäftsbanken und ganz zu schweigen von uns als Anlagebanken, zurechtkommt, die denken, wir hätten auf jede Frage eine Antwort, und deren Instinkt darüber entscheiden wird, ob der Unternehmer einen erfolgreichen Gang zur Börse durchstehen kann. Glauben Sie mir, daß es trotz vieler Erfolge andererseits auch eine erhebliche Anzahl von Unternehmern gibt, die zwar gerade noch in der Lage sind, alle für die Börsenzulassung erforderlichen Bilanzen aufzustellen, diese aber niemals an der Börse vorzulegen wagen. Es gibt auch so manchen Unternehmer, der bis vor den Altar tritt, das Wort ›Ja‹ aber niemals über die Lippen bringt.

Wir haben einen Waschzettel, bei dem wir alle Punkte nennen, die zu berücksichtigen sind, wenn ein Unternehmen an die Börse gehen will:

1. Die Größe der Firma ist das allerwichtigste: Das Unternehmen sollte ein bestimmtes Umsatz- und Gewinnvolumen haben. Wir wollen die Bilanzen mit einem Umsatz von 10 Millionen Dollar

und einem Gewinn von 1 Million Dollar nach Steuern zumindest von einem Jahr sehen.

2. Wir wollen die geprüften Gewinn-und-Verlust-Rechnungen zumindest der letzten drei Jahre sehen, vorausgesetzt, das Unternehmen besteht schon so lange.
3. Wir sehen uns die Finanzkraft der Firma an, um sicherzugehen, daß sie im Trend liegt.
4. Wir versuchen, die relative Position der Firma und ihrer Produkte in der Branche zu untersuchen. Ist sie ein Branchenführer oder eine Firma wie jede andere, und wo hält sie eine Einzelstellung in ihrer Branche?
5. Wir sehen uns die Fähigkeiten des Managements an. Wenn es ein Einmannunternehmen ist, ist es für die Börse nicht besonders interessant. Vielleicht verfügen Sie über eine herausragende Persönlichkeit, jemand, der Dreh- und Angelpunkt im Unternehmen ist. Sie brauchen jedoch ein wirkliches Team, um in der öffentlichen Arena überleben zu können. Sie brauchen einen erstklassigen kaufmännischen Leiter und einen Betriebsleiter, weshalb wir uns sowohl mit dem Unternehmer als auch mit seinen Mitarbeitern und ihrer Kooperation befassen. Wir untersuchen auch, wie der Unternehmer gegenüber anderen auftritt, so zum Beispiel die Art, wie er spricht, da er ja als Verkäufer fungieren und somit die Fähigkeit besitzen muß, sein Unternehmen an das Anlagepublikum zu verkaufen, das wiederum seine Aktien an der Börse anbieten muß.
6. Wir prüfen das Wachstumspotential der Firma. Sie muß einen Wachstumstrend in der Vergangenheit aufweisen können und das Potential besitzen, diesen Trend beizubehalten oder noch zu steigern.
7. Bei Technologiefirmen prüfen wir, ob die Technologie noch aktuell ist.
8. Wir untersuchen die Konkurrenzfähigkeit der Firma und unterhalten uns eingehendst mit ihrer Konkurrenz.
9. Wir befassen uns mit der Gewinnspanne und darüber hinaus, womit die Firma wirklich Kapital erwirtschaftet. Viele Unternehmer erteilen diese Auskünfte nicht, wenn sie es jedoch tun,

müssen wir trotzdem noch eine ganze Reihe eigener Untersuchungen anstellen.

10. Wir bewerten das Unternehmen. Es gibt viele Unternehmer, die zu uns kommen und sagen: ›Mein Unternehmen ist 50 Millionen Dollar wert, Sie sind doch auch dieser Ansicht, oder?‹ Vielleicht, vielleicht aber auch nicht. Der Versuch, den tatsächlichen Wert eines Unternehmens festzulegen, ist ein ständiges Tauziehen. Es ist weder Wissenschaft noch Kunst. Es ist ein Zwischending aus beidem. Wir prüfen alles, vom angemessenen Marktwert bis zum gegenwärtigen Wert. Wir berechnen auch den Liquiditätswert und den Wiederbeschaffungswert, wenn der Unternehmer nur einen Teil des Unternehmens verkaufen will. Wir stellen einen Verteilungsbogen auf, in dem wir die Firma, die an die Börse will, mit ähnlichen Firmen vergleichen, die bereits an der Börse sind. Wir vergleichen dabei das Verhältnis zwischen Preisen und Gewinnen, das zwischen Schulden und Eigenkapital. Wir prüfen Aktiva, Umsatz, Umsatzertrag, Aussichten auf eine Dividendenerhöhung, die Anzahl der ausgegebenen Aktien vor und nach dem Gang zur Börse und alle lehrbuchmäßigen Fakten, die eine Art Rahmen für die Wertbestimmung liefern. Die Art, wie die Transaktion zustande kommt, hat ebenfalls Einfluß auf die Wertbestimmung. Wie gut schneiden der Unternehmer und sein Team ab, wenn sie sich selbst und ihre Produkte an das Anlagepublikum verkaufen, das letztendlich die Öffentlichkeit vom Kauf der Firmenaktien überzeugen muß? Obwohl bei der Bewertung eines Unternehmens die Zahlen immer von größter Bedeutung sind, geben jedoch der Mut, der Elan, das Wissen und das Gefühl für geschäftliche Dinge eines Unternehmers den Ausschlag beim Abschluß der Transaktion. Das hiermit beauftragte Bankenkonsortium versucht, einen Firmenwert anzusetzen, der auch angesichts der Kosten der Transaktion haltbar ist und den die Anleger auch später akzeptieren werden.

Die ganze Prozedur kann drei oder vier Monate dauern. Da dem Unternehmer Zeit zur Unternehmensführung verlorengeht, weil er unsere Fragen beantworten und seine Firma an das Anlagepublikum verkaufen muß, könnte sein Unternehmen

Schaden erleiden. Daher muß der Unternehmer aufpassen, daß er seine Firma nicht vernachlässigt, so daß sie eventuell Verluste macht, ihren Wert verändert und das Antragsverfahren sogar ausgesetzt wird. Der Unternehmer läßt sich auch auf immense Kosten für Steuerberater, Anwälte, Druckereien, Vertrieb und dergleichen ein, für die er im Falle eines Scheiterns der Transaktion aufkommen muß und die sich bei einem Aktienwert von 8 bis 10 Millionen Dollar leicht auf 450 000 Dollar belaufen können. Die Konsortien gehen dabei meist ein geringes Risiko ein, da der Vertrag erst in der Nacht, bevor die Transaktion zustande kommt, unterschrieben wird. Für den Unternehmer bedeutet dies, daß er das Risiko so lange trägt, bis ihm das Konsortium einen Scheck über die verkauften Aktien minus einer Gebühr gibt, die durchschnittlich 6 bis 8 Prozent des Gesamtwerts beträgt.

11. Schließlich sehen wir uns an, wie der Unternehmer den Erlös aus dem Aktienverkauf weiterverwendet. Das Kapital fließt dabei hauptsächlich in folgende drei Kanäle:
    - Entschuldung der Firma,
    - Aufkauf anderer Firmen oder Expansion,
    - Privatvermögen des Unternehmers.

Es steht sehr viel Geld für Investitionen zur Verfügung«, meint Jim Dunning, »aber generell gibt es nicht genug gute Leute, die es auch sinnvoll verwenden. Leute, die jede Einzelheit über ihr Unternehmen kennen, haben auch die Zahlen, es zu beweisen, verfügen über ein gutes Stehvermögen und können das interessierte Anlagepublikum auch damit beeindrucken. Nur diese Leute gelangen ins Paradies der Börsenneulinge, wo die Früchte des materiellen Erfolgs auf sie warten.«

Wenn Sie ein gewinnbringendes Unternehmen aufgebaut haben und 1. einen Teil zu Geld durch die Ausgabe von Aktien oder 2. alles zu Geld durch den Verkauf des gesamten Unternehmens gemacht haben oder 3. das Unternehmen zu einem Punkt gebracht haben, an dem es erhebliche Gewinne abwirft, dann können Sie die Belohnung einstecken, die den Erfolgreichen beim Unternehmerabenteuer zusteht.

12 Das Leben auf dem Gipfel des Erfolgs

»Das ist der größte Spaß, den ich je in meinem Leben hatte. Es ist einfach phantastisch.«

STEVEN JOBS,
Mitbegründer und Vorsitzender bei Apple Computer

Nur wenige Unternehmer sind so schnell so reich geworden wie Xavier Roberts, der Schöpfer der Cabbage Patch Kids. Als er noch keine dreißig Jahre alt war, hatte sich Roberts von einem immer in Geldschwierigkeiten steckenden Sohn eines Gelegenheitsarbeiters aus Georgia, der sich seinen Lebensunterhalt mühsam mit Zimmermannsarbeiten verdiente, zu einem Kleinindustriemagnaten emporgearbeitet, der mit berühmten Leuten wie der Hollywoodschauspielerin Bette Midler oder dem ehemaligen britischen Premierminister Sir Harold Wilson verkehrt. Das Wohnmobil, in dem Roberts jahrelang lebte, wurde durch eine von ihm selbst entworfene Villa mit 90 Räumen ersetzt, in der eine elegant geschwungene Wendeltreppe sein Schlafzimmer mit dem riesigen, bläulich schimmernden Swimmingpool verbindet. Statt eines zerbeulten alten Volkswagens besitzt Roberts jetzt einen MG, einen alten silbergrauen Jaguar, zwei Mercedes und eine Cadillac-Seville-Limousine mit Schiebedach, Stereoanlage, Getränkebar und Chauffeur.

Xavier Roberts gehört zu den ganz großen Unternehmern. Obwohl es sehr viele Gründe für seinen Erfolg gibt, war der ausschlaggebende jedoch sein Stolpern über ein absolut sensationelles Konzept. Dies ist die erste von acht Hürden, die angehende Unternehmer überwinden müssen, bevor sie ein angenehmes Leben auf dem Gipfel des Erfolgs genießen können.

Roberts glänzende Idee war es, sich der allgemeinen Vernarrtheit in menschenähnliche Puppen, die gehen, sprechen, singen, Küßchen geben, krabbeln und in die Hose machen, anzunehmen und es mit diesen Spielereien zum äußersten zu treiben. Roberts Puppen sind überhaupt keine Puppen, sondern »kleine Leute«, die in einem Kohlfeld geboren werden, Namen und Geburtsurkunden erhalten, man muß sie adoptieren und sich um sie wie um alle anderen verwahrlosten Kinder kümmern.

Wie wir gesehen haben, kann man mit einem sensationellen Konzept allein noch kein erfolgreiches Unternehmen aufbauen, und so ließ Roberts dazu auch keinen Trick aus. Er begann mit der Unterstützung von vier Schulfreunden, denen jedem ein Anteil von 5 Prozent an dem Unternehmen, das den Namen Original Appalachian Artworks erhielt, versprochen wurde. Seine ersten Kinder ließ er von örtlichen Handwerkern herstellen und stellte sie dann auf Handwerksschauen in den gesamten USA aus, bei denen er seine Kinder in auffallend lebensechte Posituren brachte. Später erweiterte er sein Produktionsprogramm durch ständig neue »Varianten« seiner Puppen (»orientalisch«, »indianisch«, »hispanoamerikanisch«). Er benutzte seine Visa-Kreditkarte zur kostenlosen, kurzfristigen Finanzierung und ging Tauschgeschäfte ein, um das zu erreichen, was heute sein Babyland General Hospital ist.

Roberts war auch schlau genug, zu erkennen, wie wenig er wußte. Wenn ihn mögliche Käufer auf einer Handwerksmesse etwa mit folgender Frage verblüfften: »Ab wieviel Stück geben Sie Rabatt?«, gab er ihnen zur Antwort: »Ich werde mich später darüber mit Ihnen unterhalten.« Er erkannte auch, wann er Hilfe benötigte, und beauftragte so eine Werbeagentur in Atlanta exklusiv mit der Werbung für seine Cabbage Patch Kids, die er schon von Anfang an gesetzlich geschützt hatte. Als Roberts entdeckte, daß er seine Puppen massenhaft vermarkten mußte, sah er sich nach einer großen Spielwarenfirma für die Herstellung und den Vertrieb um und schloß schließlich einen Vertrag mit Coleco Industries, in dem vorgesehen war, daß die Firma Roberts für jede Puppe, die irgendwo auf der Welt verkauft wird, einen Gewinnanteil ausbezahlt.

Roberts Glanzstück war vielleicht die Herstellung eines Produkts, das eine kostenlose Publizität im Wert von vielen Millionen Dollar in Zeitungen, Magazinen und im Fernsehen an sich reißen konnte.

Nancy Reagan übergab unter laufenden Kameras zwei südkoreanischen Kindern, die das Weiße Haus besuchten, Cabbage Patch Kids. Bob Hope widmete sich ihnen mit witzigen Bemerkungen zehn Minuten lang während seiner Christmas Special Show. Die Fernsehsendung »Real People« schickte ein Fernsehteam zum Babyland General Hospital in Cleveland, Georgia, und als der Showmaster Skip Stephenson versehentlich vor laufenden Kameras sagte, daß »die Puppen 1000 Dollar pro Stück kosten«, ließ Roberts sofort eine lebensgroße Version seiner Puppen herstellen, die dann jeweils 1000 Dollar kostete.

Der junge Xavier Roberts hatte bereits genug Geld durch seine Cabbage Patch Kids verdient, um in Glanz und Prunk bis zum Ende seiner Tage zu leben. Aber wie fast alle anderen Erfolgsunternehmer kann auch er seine Finger nicht von einem weiteren Abenteuer lassen. »Es macht mir Spaß, etwas zu erschaffen«, meint Roberts, und so ist das neueste Produkt seines ideenreichen Kopfes eine Sammlung von »süßen, weichen Bären aus Pelz«, die in ihrer Arbeitskleidung und ihren Stiefeln wie Landarbeiter aussehen. Laut Roberts seien die Bären im vergangenen Frühjahr in Moody Hollow aus dem Winterschlaf erwacht, einer Gegend, die etwas nördlich von dem Kohlfeld liegt, in dem die Cabbage Patch Kids geboren werden. Nach dem warmen Empfang zu urteilen, der ihnen auf der '85er Spielwarenmesse zuteil wurde, hat Xavier Roberts einen weiteren Kassenschlager an der Angel.

Heutzutage gibt es sehr viel Männer und Frauen, die dazu bestimmt sind, ein erfolgreiches Unternehmen zu führen. Die Visionen der Unternehmer sind vielfältig, und die Hilfsmittel, die jedem zur Verfügung stehen, der sich selbst einmal als Unternehmer versuchen will, sind besser denn je. »Es gibt heute mehr Unternehmertum, und die Verhältnisse sind auch etwas anders als früher«, meint Alfred D. Chandler jr., Professor für Wirtschaftsgeschichte im Fachbereich Betriebswirtschaft der Harvard Universität. »Die Gesellschaft ist schneller, mobiler, größer und städtischer. Dieses Wachstum zusammen mit neuen Technologien bietet dem Unternehmer ganz neue Möglichkeiten, die vor dem Zweiten Weltkrieg noch nicht existierten.«

Die Spielwiese der Unternehmer ist buchstäblich die ganze Erde, wobei Unternehmenskonzepte, Kapital, Arbeitskräfte, Kunden und vieles mehr überall erhältlich sind. Der belgische Karikaturist Peyo ist der Schöpfer der schelmenhaften Schlümpfe, die von der Wallace Berrie & Company in Van Nuys, Kalifornien, aufgekauft werden, die Lizenzen an amerikanische Firmen wie die Hersteller von Schulheften oder den Produzenten der Comic-Shows für Kinder am Samstagmorgen im Fernsehen vergibt. Aus allen Teilen der Welt fließt Risikokapital in die Vereinigten Staaten, wozu auch das der unglaublich reichen Familie Tata aus Indien zählt, mit dem der Hersteller von Superkleincomputern, Elxsi, im Silicon Valley mitfinanziert wurde, der vor kurzem mit der Trilogy, Ltd., des Computergurus Gene Amdahl fusionierte. Coleco Industries verfügt über Arbeitskräfte in Hongkong, die die Cabbage Patch Kids von Roberts herstellen. Nach einem Dauerschlaf scheinen amerikanische Unternehmer endlich die Geschäfte zu bemerken, die im Ausland auf sie warten. Als Ruth Cohen nach dem Tode ihres Mannes Schwierigkeiten hatte, das kleine Familienunternehmen am Leben zu erhalten, merkte sie plötzlich, »wie töricht es ist, alles auf eine Karte zu setzen und nur im Inland zu bleiben«. Heute erhält Frau Cohens Airport Corporation in Norwalk, Connecticut, die Präzisionsstoßdämpfer herstellt, über 25 Prozent ihrer Aufträge von ausländischen, meist japanischen Kunden.

Die neuen Technologien belebten nach Ansicht des Harvardprofessors Chandler ebenso die Spielwiese der Unternehmer. Technologiedurchbrüche vom Kopierer bis zum Computer haben die Art des Unternehmerspiels seit langem verändert. Darüber hinaus erhalten so auch einige erfolgreiche Spieler die Mittel, um praktisch über Nacht neue Unternehmen aufzubauen, womit sie sich in *Forbes* Liste der »400 reichsten Leute Amerikas« einreihen, zu denen unter anderem auch folgende Unternehmer gehören: Ted Turner, John Hanson von Winnebago Industries, William Hewlett und David Packard von Hewlett-Packard, George Kozmetsky und Henry Singleton von Teledyne, William Millard von ComputerLand, Gordon Moore von Intel, H. Ross Perot von Electronic Data Systems, Fred Smith von Federal Express, An Wang von Wang Laboratories, Steve Jobs von Apple Computer und der Investor Armas »Mike« Markkula.

Die Elektronikintelligenzbestie Stephen Wozniak, der mit Steve Jobs Apple Computer gründete und das erste Gerät der Firma konzipierte, das sie an Bastler zum Preis von 666,66 Dollar verkauften, konnte sich nicht in *Forbes* Liste der reichsten Leute einreihen, da sein Vermögen durch die Scheidung, ein Leben auf großem Fuß (er übernahm die Bürgschaft für zwei Multimillionendollarrockkonzerte) und weitere Anschläge auf seine Brieftasche aufgezehrt wurde, so daß ihm am Ende nur noch 100 Millionen Dollar blieben. Er hatte jedoch immer noch das nötige Kleingeld, um Apple Computer zu verlassen und die CL9 Inc., eine Firma für Freizeitartikel, zu gründen. In dieser Firma stehen ihm zwei brillante Techniker zur Seite, die die Computer Apple IIc und Apple III entwickelt hatten. Stephen Wozniak wollte sein Glück in einer anderen Branche versuchen, wobei die Fernsehtechnologie diesmal sein Zugpferd war. »Ich bin nun schon seit zehn Jahren im Computergeschäft«, erzählt Wozniak einem Reporter der *New York Times*, »und das ist eine ganz schön lange Zeit. Ich weiß nicht, wie viele Leute so lange bei einer Sache bleiben.«

Die neuen Millionäre

Die beispiellosen Möglichkeiten für Unternehmer bringen heute neue Selfmadeunternehmer in jedem Winkel der USA hervor. Das Magazin *Money* schätzt, daß es in den USA annähernd 600 000 Millionäre gibt, wobei sich zu dieser exklusiven Gesellschaft jährlich 60 000 neue Mitglieder gesellen. »Eine bemerkenswert hohe Zahl dieser Neureichen«, so das Magazin, »erreicht die Millionengrenze nicht durch eine Erbschaft, sondern durch ihre eigenen Anstrengungen.«

Unternehmer profitieren von ihrem langsam steigenden Einfluß in den Parlamenten der Bundesstaaten und im Kongreß, abgesehen von der zunehmenden Anerkennung ihres Einflusses unter neuen Politikern, religiösen Gruppen und Ländern, die lange Zeit sozialistisch geprägt waren.

In Washington, D. C., fördern Organisationen wie die 500 000 Mitglieder starke National Federation of Independent Business, die Small Business und (ein Zusammenschluß von fünfzehn Kleinunternehmergruppen der USA) die amerikanische Handelskammer und die 2000 Mitglieder starke National Association of Women Business Owners in Chicago die Interessen amerikanischer Unternehmer, wie zum Beispiel unternehmerfreundliche Politiker, darunter als bekanntester der Präsidentschaftsanwärter Jack Kemp. »Die Unternehmer fangen an, sich zusammenzufinden«, meint Dr. Joseph R. Mancuso, Generaldirektor des New Yorker Center for Entrepreneurial Management. »Sie werden wirklich zu einer politischen Kraft. Bisher haben sie auf der politischen Ebene nicht viel unternommen, aber sie sind jetzt im Kommen. Man kann es richtig spüren.«

Die wachsende Anerkennung der Unternehmer wurde auch in einem 1984 veröffentlichten Bericht der Lay Commission über die katholische Soziallehre und die amerikanische Wirtschaft mit folgendem Titel deutlich: *Towards the Future: Catholic Social Thought and the U. S. Economy.** Die Kommission unter dem Vorsitz des früheren amerikanischen Finanzministers William E. Simon stellte fest, daß das Unternehmersein »eine von den Theologen ziemlich vernachlässigte Tugend ist« und daß die Kirche zuwenig Gewicht »auf die praktischen Erkenntnisse des Unternehmers« gelegt habe. Dieser Bericht war auf der ersten Seite der Zeitungen zu finden, einen Tag, nachdem der äußerst unternehmerfreundliche Ronald Reagan zum zweitenmal zum Präsidenten der USA bis Januar 1989 gewählt worden war. Dieser Bericht folgte aber auch der sensationellen Ankündigung von Plänen Chinas, grundlegende Veränderungen der wirtschaftlichen Entwicklung vorzunehmen, indem das Land kapitalistische Marktmechanismen einführe, die Kontrolle der Regierung vermindere und die Massen zum Unternehmertum ermutige, unter denen folgender Slogan kursiert, wie behauptet wird: »Reich zu sein ist ruhmvoll.«

Die Führungskräfte bei IBM, Consolidated Foods und anderen amerikanischen Konzernen werden langsam auf die außerordentlich produktiven Kräfte aufmerksam, die durch die Mitwirkung von Mitarbeitern bei Entscheidungen freigesetzt werden. Deshalb überrascht

* *Der Zukunft entgegen: Die katholische Soziallehre und die amerikanische Wirtschaft* (A. d. Ü.).

es nicht, daß Unternehmer wie Gifford Pinchot III., ein ehemaliger Schmied in einer Gemeinde nahe Albany, New York, Firmen gründen, um die Nachfrage nach dem »gemeinsamen Unternehmerdasein«, wie Pinchot es nennt, zu decken, das heißt der Förderung innerbetrieblicher unternehmerischer Verhaltensweisen.

Obwohl sich das unternehmerische Umfeld seit Jahrzehnten zweifellos verbessert hat und materielle Hilfsmittel von Kapital bis zur Fortschrittstechnologie in allen möglichen Formen zur Verfügung stehen, braucht man trotzdem Köpfchen und Ausdauer, um im eigenen Unternehmen erfolgreich zu sein.

Auf diesem Gebiet hat sich seit dem Zeitpunkt nichts geändert, als der junge Charles Revson den Revlon-Lippenstift und Nagellack auftrug, bevor er zu Bett ging, und sich dann von jemandem um 2 Uhr, 4 Uhr und 6 Uhr wecken ließ, um zu kontrollieren, ob sie verschmierten.* Oder als der junge Calvin Klein eigenhändig einen Ständer mit Musterkleidungsstücken über 23 Querstraßen in New York von seinem Laden zum Bonwit-Teller-Geschäft schob, um sicherzugehen, daß er die Kleidungsstücke unverknittert dem Direktor von Bonwit Teller vorführen konnte. Oder als sich die noch wenig bekannte Lucille Ball der Tradition widersetzte, indem sie drei Filmkameras zur Aufzeichnung ihrer Show »I Love Lucy« vor einem Life-Publikum nahe ihrem Heim in Hollywood einsetzte, anstatt sie in einem schäbigen New Yorker Studio mit einer einzelnen Kamera aufzunehmen, wie es in den frühen Tagen des Fernsehens üblich war. Mit dieser Methode konnte Lucy eine Serie in Spielfilmqualität produzieren, die sie später für 6 Millionen Dollar an CBS verkaufte.**

»Alles in allem läuft es auf eine gute Idee hinaus und dem Willen, hart an ihr zu arbeiten«, meint Ron Rice, ein stattlicher Mittvierziger, ehemaliger Leibwächter und Gründer der Tanning Research Laboratories in Honolulu und Daytona Beach, in denen die Sonnenschutzlotion Hawaiian Tropic hergestellt wird. Rice, der vor kurzem eine neue

* Andrew Tobias, *Fire and Ice*, New York 1983, S. 63.

** Toni Velocci, *The Real Lucy Ball*, »Nation's Business«, Oktober 1981, S. 75–78.

Schwimmbekleidung auf den Markt gebracht hat, erzielt einen weltweiten Jahresumsatz von 100 Millionen Dollar.

»Ich kann mich noch an Zeiten erinnern«, so Rice, »als ich das Gefühl hatte, keinen vollen Tag gearbeitet zu haben, wenn ich das Produkt nicht gemischt, es per Hand in Hunderte von Flaschen gefüllt, die LKWs beladen, die Schreibarbeit erledigt und selbst das Licht ausgemacht hatte. Ich mußte mich physisch und psychisch selbst fertigmachen, anders hätte ich nicht das Gefühl bekommen, einen vollen Tag gearbeitet zu haben. Meine Kollegen von damals gingen zu Partys oder in die Kneipe, während ich zu Hause saß und arbeitete. Ich hatte niemals Verabredungen. Ich hatte einfach keine sozialen Kontakte. Jahrelang aß, schlief und arbeitete ich nur. Jetzt arbeiten alle meine Kollegen, während ich ausgehe und es mir gutgehen lasse.«

Bikinis und Burt Reynolds

Die Wände von Rices Büro sind mit Bildern strahlender Menschen übersät, von denen die meisten Werbefotos für Hawaiian Tropic sind. Autorennfahrern, prominente Skirennläufer und Schönheitsköniginnen, die sich um Burt Reynolds scharen, dessen Filme er sponsort, und andere Hollywoodpersönlichkeiten, außerdem arbeitet er mit wunderschönen Fotomodellen teils in und teils ohne aufreizende Bikinis. Die einzigen Erinnerungsstücke, die es nach Rices Meinung wert seien, auf einem spotlichtangestrahlten Sockelpodest außerhalb seines Büros aufbewahrt zu werden, sind eine authentische Mülltonne und ein Besenstiel, mit dem er zum erstenmal seine Hawaiian Tropic verrührte.

Obwohl die Belohnungen, die Sie erwarten, wenn Sie ein Erfolgsunternehmer geworden sind, unzählig sind, ist der größte Schatz für Unternehmer die Erreichung des Ziels, das sie sich selbst gesteckt haben. Nichts kommt diesem persönlichen Triumph gleich, auch nicht das Füllhorn voller Ehrungen und Schätze, nach denen Sie auf einmal greifen können.

Wenn Unternehmer sich durchsetzen können, werden sie lange

vorher geehrt, bevor sie den Besitz ihrer Firma zu Geld machen. Ted Turner mußte seine Mehrheitsbeteiligung an Turner Broadcasting verkaufen, obwohl wohlklingende Ehrungen wie »Mann des Jahres« und Ehrentitel (einschließlich eines in »Unternehmerwissenschaft« vom Central New England College of Technology) sein Büro überschwemmten, seit er das Konzept seiner »Super Station« am 16. Dezember 1976 ins Leben gerufen hatte.

Danach kommen ausländische Wagen, Luxusvillen, Diener, Jachten und andere wertvolle Dinge mit »De-rigueur«-Attributen eines guten Lebens, wobei der Phantasie freier Lauf gelassen werden kann. George Abhah zum Beispiel, ein Geschäftsmann aus Wichita, Kansas, der Geschäftsanteile an vielen Unternehmen wie Ölfirmen oder Grundstücksgesellschaften besitzt, ist gezwungen, monatlich mindestens vierzig Stunden im Flugzeug zu verbringen. Da Abhah außerdem Kunstsammler ist, scheint es vernünftig, 9 Millionen Dollar für ein privates Gulfstream-Flugzeug auszugeben, in dem drei Leute schlafen können, dessen Badezimmerarmaturen vergoldet sind, in dem der Steward Küchenchef und Barmixer zugleich ist und in dem Skulpturen von Rodin, Brancusi, Arp, Botero, Marini, Giacometti und Henry Moore im Wert von 3 Millionen Dollar mitfliegen.*

Ebenso vernünftig scheint auch Gilbert Kaplans Entscheidung, einen kleinen privaten Speisesaal in luftiger Höhe mit französischem Küchenchef in der Firmenzentrale seines Wirtschaftsverlages einzurichten, der eine schöne Aussicht auf die St.-Patrick's-Kathedrale in der New Yorker Fifth Avenue bietet. Da sich Kaplan wegen seiner Neigung, in überfüllten Restaurants in Manhattan zuviel zu essen, Sorgen machte, entschied er sich für ruhige Geschäftsessen gleich neben seinem Schreibtisch, bei denen kalorienarme Delikatessen wie kleine frittierte Lachse in Remouladensauce oder Wachteln mit frischen dunklen Weintrauben gereicht werden. Es überrascht nicht, daß phantasievolle Unternehmer all ihren Taten ein gewisses Flair verleihen. Gil Kaplan, der seine Firma kürzlich für geschätzte 72 Millionen Dollar verkaufte, ist zu einer Art Berühmtheit geworden,

* Leslie Bennetts, *Airborne Gallery with Berths for 3*, The New York Times, 26. Juli 1984, S. 17.

weil er Orchester wie das amerikanische Symphonieorchester und das japanische Philharmonische Orchester bei Gustav Mahlers flammender ›Auferstehungssymphonie‹ dirigierte.

Erfolgsunternehmer können es sich finanziell leisten, gönnerhaft aufzutreten, so H. Ross Perot, Gründer der in Dallas ansässigen Electronic Data Systems, der Anfang 1985 auf die Bitte der Treuhänder des finanziell angeschlagenen Museum of the American Indian in New York einging, ein für die Sammlung angemessenes Gebäude in Dallas einschließlich einer neuen Anlage zu bauen, die so geräumig sein mußte, um darin ein ganzes Indianerdorf wiederaufzubauen. Für diese Großzügigkeit blätterte Perot insgesamt rund 70 Millionen Dollar auf den Tisch. Kurz vor diesem Geschenk hatte Perot schon 1,5 Millionen Dollar für eine 687 Jahre alte Kopie der Magna Charta von Großbritannien ausgegeben, die in lateinisch auf Tierhaut mit pflanzlicher Farbe geschrieben war. Das Original dieses außergewöhnlichen Dokuments, das King John unter dem Druck der Barone unterzeichnen mußte, begrenzte die Macht des Monarchen und bestätigte, daß das Gesetz noch über dem König steht. Perot plant, seine Magna Charta in der Rundhalle der National Archives in Washington, D. C., auszustellen und sie danach auf eine Reise durch die gesamten USA zu schicken. Perot ist ein wahrer Meister großartiger Gesten. 1979 schickte er eine Spezialeinheit unter Führung des ehemaligen Armeekommandanten Arthur Simons in den Iran, um zwei im Teheraner Gasre-Gefängnis festgehaltene Mitarbeiter seiner Firma zu befreien. Simons gelang die Befreiung der beiden Mitarbeiter zusammen mit 13 000 Iranern. Im Dezember 1969 war Perot weniger erfolgreich, als er keine Erlaubnis für den Flug zweier Transportflugzeuge nach Hanoi erhielt, die mit 28 t Weihnachtsgeschenken beladen waren, die für von Nordvietnamesen gefangengehaltene amerikanische Soldaten bestimmt waren. Perot ist jedoch der Ansicht, daß seine Anstrengungen die Vietnamesen in Verlegenheit gebracht hätten, so daß sie die amerikanischen Gefangenen besser behandelt hätten.

Diese großzügigen Gesten finden ihre sinnvollste Zweckerfüllung in karitativen Stiftungen, an die Erfolgsunternehmer und später ihre Nachkommen Milliarden von Dollar jährlich vergeben, um die ihrer Meinung nach wichtigsten Dinge im Leben zu fördern. Eine Studie über die »großzügigsten lebenden Amerikaner«, die in der Zeitschrift *Town & Country* veröffentlicht wurde, veranschaulicht diese verschwenderische Großzügigkeit mancher Unternehmer.

Der Gründer des *TV Guide*, Walter Annenberg, überreichte zum Beispiel Israel 1969 1 Million Dollar, um einen Teil der Kosten für den Sechstagekrieg zu decken. Opernliebhaber J. William Fisher, Gründer der Fisher Control Company in Marshalltown, Iowa, übernahm die Kosten von mehr als fünfzehn Produktionen der Metropolitan Opera, die sich zusammen auf mehr als 2 Millionen Dollar beliefen. Draufgänger C. B. Pennington aus Louisiana stiftete mehr als 125 Millionen Dollar aus seinem Anteil an der Pennington Oil Company an die Louisiana State University zur Errichtung des »größten und besten Ernährungs- und medizinischen Vorsorgezentrums der USA«, wie er es nennt. Der Besitzer einer Anlagebank und ehemalige Alkoholiker R. Brinkley Smithers stellte dem New Yorker Roosevelt Hospital 10 Millionen Dollar zur Errichtung des Smithers Alcoholism Center zur Verfügung.

Unternehmer waren schon immer von Staatsangelegenheiten fasziniert, wobei das Interesse so weit geht, daß die Millionen eines Erfolgsunternehmers in den USA den Weg zu fast allem ebnen können, was die amerikanische Regierung anzubieten hat. Rockefeller, Mellon, DuPont, Harriman, Dillon, Heinz und andere alteingesessene reiche Unternehmer haben fast alle Posten bis auf den des Präsidenten besetzt, während Neureiche wie Watson (IBM), Packard (Hewlett-Packard) und Lautenberg (Automatic Data Processing) auch erfolgreich beim Einzug ins Kapitol waren (John F. Kennedy, Sohn des Börsenspekulanten Joseph P. Kennedy, der selbst einmal Botschafter in England war).

Man sollte jedoch nicht glauben, daß jeder Unternehmer ein Kunstpatron wird oder ein Verlangen nach dem Kapitol hegt, sobald sein Gewinn eine acht- oder neunstellige Zahl erreicht hat. Viele, so auch Ed Lowe, erfreuen sich mehr an gewöhnlichen Beschäftigungen wie dem Verfassen von Gedichten. Die Gedichte von Ed Lowe werden von seiner Frau Darlene mit entzückenden Illustrationen versehen. Die beiden leben in einer alten Scheune, die sie auf ihrem knapp 1000 Hektar großen Grundstück in der Nähe von Cassopolis, Michigan, restauriert haben. Dann und wann kauft Ed auch 200 riesige Gurkenfässer und verwendet achtzehn von ihnen als »Löcher« auf einem Golfplatz, auf dem alljährlich Eds Pickle Barrel Invitational Golf Classic stattfindet, an dem rund 150 Gäste gegeneinander wetteifern bei dem Versuch, den Ball mit möglichst wenigen Schlägen in ein Faß zu treffen.

Einmal meinte Ed Lowe, daß es im guten alten Amerika einige Menschen gäbe, die eine Heimatstadt bräuchten, und so kaufte er die Stadt Jones in Michigan »mitsamt Wirtshaus, Lebensmittelladen, Bank, Sägewerk, einfach die ganze Stadt, und ich selbst habe noch ein Theater dazugebaut. Jeder, der Jones für sich als Heimatstadt beanspruchte, konnte sich im Rathaus registrieren lassen«, erzählt Lowe, »aber nach einer Weile entschlossen wir uns, sie stillzulegen, und verkauften sie daher auf einer Auktion für 500 000 Dollar.« Während dieser Auktion war Lowe sehr von dem Auktionator fasziniert, »der alles gegen Geld verkaufte und abends mein Geld eimerweise mit nach Hause nahm. Ich mußte ganz schön arbeiten, um dieses Geld zu verdienen«, meinte Lowe, »und deshalb dachte ich, es sei eine gute Sache, beim Auktionsgeschäft mitzumischen.« Also gingen er und seine Frau zu einer Auktionsschule, machten ihren Abschluß und eröffneten ihr eigenes Auktionshaus. »Es hat uns sehr viel Spaß gemacht«, so Lowe, »aber dann wurde es uns zu teuer.«

»Ich bin während der Weltwirtschaftskrise aufgewachsen«, erzählt Lowe. »Wir hatten überhaupt kein Geld, und soweit ich mich erinnere, verbrannten wir Maiskolben, um es ein bißchen warm zu haben, außerdem hatten wir keine warme Jacke und ständig kalte Füße, weil ich Papier zum Stopfen der Löcher in meinen Schuhen benutzen mußte. Heute sammle ich Jacken, Schuhe und Hüte, ich habe Hunderte davon. Es ist ein schönes Gefühl, Geld zu haben, und da ich über kompetente Leute in meinem Unternehmen verfüge, wird mir wahrscheinlich der Erfolg treu bleiben. Mein Wohlstand kam nicht über Nacht, was wahrscheinlich auch erklärt, warum Darlene und ich immer noch die einfachen Freuden des Lebens genießen, wie in eine der allerfinstersten Kneipen zu gehen, wenn wir im Urlaub sind. Dort trinken wir dann Bier und essen Schinkenbrote oder erzählen uns einander, wenn wir abends zu Bett gehen, was das

Schönste an diesem Tag für uns war. Das kann ein Kind auf der Veranda oder ein netter Blick von einer Kellnerin sein, es braucht gar keine großartige Sache zu sein. So genießen wir unser Leben. Wir haben sehr viel Spaß dabei.«

Aufhören bedeutet Sterben

Die Prämien liegen überall herum und sind zum Vergnügen der Erfolgreichen bestimmt, deren langjähriges Streben sich endlich ausgezahlt hat. So kommt es aber auch oft vor, daß Erfolgsunternehmer eine Sache mehr als alles andere wollen, nämlich am Unternehmerabenteuer so lange teilzunehmen, bis sie sterben. Dr. Armand Hammer, 87, der 1957 10 Prozent der winzigen Occidential Petroleum für 500 000 Dollar erworben hatte und sie zu einem Unternehmen mit einem Jahresumsatz von 15 Milliarden Dollar aufgebaut hat, führt seine Firma mit eiserner Hand, trifft sich mit Persönlichkeiten wie dem sowjetischen Generalsekretär Michail Gorbatschow und dem chinesischen Parteivorsitzenden Deng Xiaoping und will so lange nicht aufhören, bis sein Schöpfer ihn zu sich ruft. »Der Tag, an dem ich aufhöre«, soll er gesagt haben, »werde ich nicht mehr auf Erden weilen.«

In seinem Buch *Newspaperman** erzählt Richard Meeker die Geschichte eines Treffens zwischen zwei leitenden Mitarbeitern der Syracuse University und dem größten lebenden Wohltäter der Universität, dem 84jährigen Milliardär und Zeitungsverleger S. I. Newhouse. Das Treffen fand in Newhouses prächtigem Apartment in der Park Avenue statt, und in dessen Verlauf wurde es den Gästen sehr schnell klar, daß der Mann, den sie besucht hatten, todkrank war (er starb wenige Wochen später). Newhouse schenkte seinen vornehmen Gästen kaum Beachtung, sondern interessierte sich vielmehr für den Inhalt einer Pralinenschachtel, die direkt vor ihm stand. Um die Spannung ein bißchen zu lösen, holte seine Frau einige Fotografien von einem Haus in Florida, das sie sich vor kurzem angesehen hatten

* Der Zeitungsmann (A. d. Ü.).

und eventuell kaufen wollten. Seine Frau fragte die Gäste nach ihrer Meinung über das Haus, wobei irgend etwas von ihrer Frage zu Sam vorgedrungen sein muß. »Er setzte sich kerzengerade auf und nahm noch einmal seine ganze Kraft zusammen. ›Mitzi, laß es bleiben‹, sagte er, ›ich kaufe lieber noch eine Zeitung auf.‹«

Adressenverzeichnis*

Auf den folgenden Seiten werden wichtige Adressen für Existenzgründer aufgeführt.

Viele dieser Adressen können nur erste Anlauf- bzw. Informationsstelle sein.

Nützlich beim Aufspüren wichtiger Adressen sind ferner: Albert Oeckl (Hrsg.), Taschenbuch des öffentlichen Lebens, Bonn.

Verbände, Behörden, Organisationen der Wirtschaft, Darmstadt.

Beraterverbände

1. Verbände der Unternehmensberater

IBWF – Institut f. Betriebsberatung, Wirtschaftsförderung und -forschung
Adenauerallee 13 b–c
5300 Bonn 1
Tel.: (02 28) 21 83 38

RKW e.V. – Rationalisierungskuratorium der deutschen Wirtschaft e.V.
Düsseldorfer Str. 40
6236 Eschborn
Tel.: (0 61 96) 49 51

Bundesverband der Wirtschaftsberater
Theodor-Hauloser-Str. 7
7700 Singen-Hohentwiel
Tel.: (0 77 31) 4 76 44

Bundesverband deutscher Unternehmensberater – BDU
Gotenstr. 161
5300 Bonn 2
Tel.: (02 28) 37 90 01–03

* Entnommen aus: Edgar Forster, *Sich selbständig machen – gewußt wie*, ECON Praxis, Düsseldorf 1984

Vereinigung beratender Betriebs- und Volkswirte e.V.
Dammerstr. 47
4050 Mönchengladbach 1
Tel.: (0 21 61) 66 20 01

Bundesverband deutscher Patentanwälte e.V.
Hohentwielerstr. 41
7000 Stuttgart 1
Tel.: (07 11) 69 24 36

Bundesverband öffentlich bestellter und vereidigter Sachverständiger e.V.
Godesberger Allee 54
5300 Bonn 2
Tel.: (02 28) 37 87 06

Bundesverband der Steuerberater e.V.
Gereonstr. 13
5000 Köln 1
Tel.: (02 21) 13 46 26

Bundesverband unabhängiger Betriebs- und REFA-Berater e.V. (BUR)
Uhlbacher Str. 114
7000 Stuttgart 61
Tel.: (07 11) 32 30 86

Deutscher Steuerberaterverband e.V.
Bertha-von-Suttner-Platz 1–7
5300 Bonn 1
Tel.: (02 28) 65 37 73

HLBS Hauptverband der landwirtschaftlichen Buchstellen und Sachverständigen e. V.
Oxfordstr. 2
5300 Bonn 1
Tel.: (02 28) 65 38 41–43

Verband beratender Ingenieure e.V. (VBI)
Zweigerstr. 37–41
4300 Essen 1
Tel.: (02 01) 79 20 44

Verband selbständiger Ingenieure VSI e. V.
Geschäftsstelle: Godesberger Allee 54
5300 Bonn 2
Tel.: (02 28) 37 87 06

Verband unabhängiger beratender Ingenieurfirmen e.V. (VUBI)
Winston-Churchill-Straße
5300 Bonn 1
Tel.: (02 28) 21 70 64–65

Verein deutscher Ingenieure (VDI)
Graf-Recke-Str. 84
4000 Düsseldorf 1
Tel.: (02 11) 62 14–1

Aktion Rentner helfen jungen Unternehmern
Brinkmannstr. 12
3000 Hannover
Tel.: (05 11) 69 14 62

Existenzgründungsbörse
Deutscher Industrie- und Handelstag
Herr Dr. Neumann
Adenauerallee 148
5300 Bonn 1
Tel.: (02 28) 10 40

2. Zuwendungsleitstellen

Handwerk
Zentralverband des Deutschen Handwerks
Johanniterstr. 1
5300 Bonn 1
Tel.: (02 28) 5 45–1

Industrie
Bundesverband der Deutschen Industrie e. V.
Gustav-Heinemann-Ufer 84–88
5000 Köln 51
Tel.: (02 21) 3 70 81

Deutscher Industrie- und Handelstag (DIHT)
Adenauerallee 148
5300 Bonn 1
Tel.: (02 28) 10 41

Bundesverband der Selbständigen e. V.
– Deutscher Gewerbeverband –
(BDS)
Coburger Str. 1 a
5300 Bonn 1
Tel.: (02 28) 23 20 26–28

Groß-/Außenhandel
BBG – Bundesbetriebsberatungsstelle für den Deutschen Groß- und Außenhandel GmbH
Kaiser-Friedrich-Str. 13
Postfach 12 28
5300 Bonn 1
Tel.: (02 28) 21 39 58 und 22 55 50

Einzelhandel
Leitstelle für die Gewerbeförderungsmittel des Bundes im Einzelhandel
Sachsenring 89
5000 Köln 1
Tel.: (02 21) 32 82 10

BDS (s. Anschrift unter »Industrie«)
Handelsvertreter, Handelsmakler
Unternehmensberatung für die Wirtschaft GmbH (UbW)
Landgrafenstr. 16
1000 Berlin 30
Tel.: (0 30) 2 61 18 26

Verkehr
Zentralarbeitsgemeinschaft des Straßenverkehrsgewerbes (ZAV)
Breitenbachstr. 1
6000 Frankfurt a. M.
Tel.: (0 69) 77 57 19

BDS (s. Anschrift unter »Industrie«)
Gastgewerbe
Interhoga
Kronprinzenstr. 46
Postfach 20 02 10
5300 Bonn 2
Tel.: (02 28) 36 20 16–19

Reisebürogewerbe
Deutscher Reisebüroverband e. V.
Gärtnerweg 3
6000 Frankfurt a. M. 1
Tel.: (0 69) 55 08 06/07

Sonstige Dienstleistungsgewerbe
DIHT (s. Anschrift unter »Industrie«)
BDS (s. Anschrift unter »Industrie«)

3. Wirtschaftsministerien u. Ämter (Bund, Länder)

Bundesministerium für Wirtschaft
Postfach
Villemombler Str. 76
5300 Bonn 1
Tel.: (02 28) 61 51

Bundesamt für gewerbliche Wirtschaft
Postfach 51 71
6236 Eschborn/Ts. 1
Tel.: (0 61 96) 40 41

Baden-Württemberg
Minister für Wirtschaft, Mittelstand und Verkehr
Theodor-Heuss-Str. 4
7000 Stuttgart 1
Tel.: (07 11) 20 20–4 48

Bayern
Staatsminister für Wirtschaft und Verkehr
Prinzregentenstr. 28
8000 München 22
Tel.: (0 89) 2 16 21

Berlin
Der Senator für Wirtschaft und Verkehr
Martin-Luther-Str. 105
1000 Berlin 62
Tel.: (0 30) 78 31

Bremen
Senator für Wirtschaft und Außenhandel
Bahnhofsplatz 29
2800 Bremen
Tel.: (04 21) 36 11

Hamburg
Behörde für Wirtschaft, Verkehr und Landwirtschaft
Alter Steinweg 4
2000 Hamburg 11
Tel.: (0 40) 34 91 21

Hessen
Minister für Wirtschaft und Technik
Kaiser-Friedrich-Ring 75
6200 Wiesbaden
Tel.: (0 61 21) 81 51

Niedersachsen
Minister für Wirtschaft und Verkehr
Friedrichswall 1
3000 Hannover
Tel.: (05 11) 12 01

Nordrhein-Westfalen
Minister für Wirtschaft, Mittelstand und Verkehr
Haroldstr. 4
4000 Düsseldorf
Tel.: (02 11) 8 37 02

Rheinland-Pfalz
Minister für Wirtschaft und Verkehr
Bauhofstr. 4
6500 Mainz
Tel.: (0 61 31) 1 61

Saarland
Minister für Wirtschaft, Verkehr und Landwirtschaft
Hardenbergstr. 8

6600 Saarbrücken 1
Tel.: (06 81) 50 1–1

Schleswig-Holstein
Minister für Wirtsch. u. Verkehr
Düstenbrookerweg 94–100
2300 Kiel
Tel.: (04 31) 59 61

4. Kammern des Bundes

DIHT – Deutscher Industrie- und Handelstag (Zentralstelle der Industrie- und Handelskammern)
Adenauerallee 148
5300 Bonn 1
Tel.: (02 28) 10 40

Bundessteuerberaterkammer
Dechenstr. 14
5300 Bonn 1
Tel.: (02 28) 63 85 58

Wirtschaftsprüferkammer
Cecilienallee 36
4000 Düsseldorf 30
Tel.: (02 11) 43 43 91

Bundesärztekammer
Haedenkampstr. 1
5000 Köln 41
Tel.: (02 21) 4 00 41

Bundesrechtsanwaltskammer
Joachimstr. 1
5300 Bonn 1
Tel.: (02 28) 21 80 69

Bundeszahnärztekammer
Universitätsstr. 73
5000 Köln 41
Tel.: (02 21) 40 10 41

Die Handwerkskammern sind regional verteilt.

Die jeweils zuständige Kammer können Sie beim Zentralverband des Deutschen Handwerks erfragen. (Adr. siehe Zuwendungsleitstellen)

5. Finanzinstitutionen des Bundes und der Länder

LAB – Lastenausgleichsbank
Wielandstr. 4
5300 Bonn 1
Tel.: (02 28) 83 31

KfW – Kreditanstalt für Wiederaufbau
Palmengarten 5–9
6000 Frankfurt a. M. 11
Tel.: (0 69) 7 43 10

Gemeinschaftsausschuß der Bundeskreditgarantiegemeinschaften
Johanniterstr. 1
5300 Bonn 1
Telefonangaben fehlen

Zentrale für Wirtschaftsförderung beim Landesgewerbeamt Baden-Württemberg

Kanzleistr. 19
7000 Stuttgart 1
Tel.: (07 11) 20 20–22 22

Landeskreditbank Baden Württemberg
Schloßplatz 12
7500 Karlsruhe (auch Niederlassung in Stuttgart)
Tel.: (07 21) 1 50–1

LfA – Bayerische Landesanstalt für Aufbaufinanzierung
Königinstr. 15
8000 München 22
Tel.: (0 89) 21 24–1

Berliner Industriebank AG
Landecker Str. 3
1000 Berlin 33
Tel.: (0 30) 82 30 11

Industriebank AG – Deutsche Industriebank
Bismarckstr. 105
1000 Berlin 12
Tel.: (0 30) 31 05 21

Wirtschaftsförderungsgesellschaft Bremen – Weser Jade mbH
Osterdeich 19
2800 Bremen
Tel.: (04 21) 70 00 06

Hessische Landesentwicklungs- und Treuhandgesellschaft mbH – HLT
Abraham-Lincoln-Str. 38–42
6200 Wiesbaden
Tel.: (0 61 21) 7 74–1

Landestreuhandstelle für Wirtschaftsförderung Niedersachsen
Breite Str. 10
3000 Hannover
Tel.: (05 11) 10 31

Westdeutsche Landesbank Girozentrale
Friedrichstr. 1
4400 Münster
Tel.: (02 51) 41 21

Kreditinstitut Finag (Finanzierungs-AG)
Karmeliterplatz 4
6500 Mainz
Tel.: (0 61 31) 2 00 74

Rheinland-Pfälzische Gesellschaft für Wirtschaftsförderung
Erthalstr. 1
6500 Mainz 1
Tel.: (0 61 31) 6 20 66

Gesellschaft für Wirtschaftsförderung Saar mbH
An der Römerbrücke 22
6600 Saarbrücken 1
Tel.: (06 81) 5 49 95

SIKB – Saarländische Investitionskreditbank AG
Johannisstr. 2
6600 Saarbrücken
Tel.: (06 81) 3 60 61

Wirtschaftsaufbaukasse Schleswig-Holstein AG
Lorentzendamm 21
2300 Kiel 1
Tel.: (04 31) 5 15 91

Wirtschaftsförderungsgesellschaft
– Schleswig-Holstein mbH
Sophienblattstr. 60
2300 Kiel 1
Tel.: (04 31) 6 30 91

6. Technologieförderung

BMFT
Bundesministerium für Forschung und Technologie
Heinemannstr. 2
5300 Bonn 2
Tel.: (02 28) 59–1

Ostbayerisches Technologie-Transfer-Institut (OTTI) e.V.
Dr.-Martin-Luther-Str. 12
8400 Regensburg 11
Tel.: (09 41) 56 10 94 od. 93

Arbeitsgemeinschaft Industrieller Forschungsvereinigungen e.V.
(AIF)
Bayenthalgürtel 23
5000 Köln 51
Tel.: (02 21) 38 00 31

VDI-Technologiezentrum
Budapester Str. 40
1000 Berlin 30
Tel.: (0 30) 26 09–0

Fraunhofer-Gesellschaft e.V.
Zentralverw.
Leonrodstr. 54
8000 München 19
Tel.: (0 89) 12 05–0

7. Berufsverbände

Bundesverband mittelständische Wirtschaft e.V. – BVMW
Adenauerallee 13 b–13 c
5300 Bonn 1
Tel.: (02 28) 21 83 38 od. 39

Bundesverband der Selbständigen e.V.
Coburger Str. 1 a
5300 Bonn 1
Tel.: (02 28) 23 20 26–28

Bundesverband der freien Berufe
Godesberger Allee 54
5300 Bonn 2
Tel.: (02 28) 37 43 69 und 37 44 79

Arbeitsgemeinschaft selbständiger Unternehmer – ASU
Mainzer Str. 238
Postfach 20 07 84
5300 Bonn 2
Tel.: (02 28) 34 30 44–47

Aktionsgemeinschaft wirtschaftlicher Mittelstand – AWM
Adenauerallee 11 a
5300 Bonn 1
Tel.: (02 28) 21 90 77

8. Verbände der Parteien

AGS – SPD
Arbeitsgemeinschaft der Selbständigen in der SPD
Erich-Ollenhauer-Str. 1
5300 Bonn 1
Tel.: (02 28) 53 21

Mittelstandsvereinigung der CDU/CSU
Heussallee 40
5300 Bonn 1
Tel.: (02 28) 21 10 41 od. 42

Vereinigung liberaler Mittelstand
Agnesstr. 47
8000 München 40
Tel.: (0 89) 1 29 20 68

9. Soziale Sicherung

Gesamtverband der deutschen Versicherungswirtschaft e. V.
Ebertplatz 1
5000 Köln 1
Tel.: (02 21) 77 64–0

Hauptverband der gewerblichen Berufsgenossenschaften
Langwarthweg 103
Postfach 15 01 40
5300 Bonn 1
Tel.: (02 28) 54 91

Rentenversicherung
Bundesversicherungsanstalt für Angestellte BfA
Postfach
1000 Berlin 88
Tel.: (0 30) 86 51

LVA – Landesversicherungsanstalten
Zuständige Stelle zu erfragen beim Verband deutscher Rentenversicherungsträger
Eyssenecksstr. 55
6000 Frankfurt a. M. 1
Tel.: (0 69) 15 22–1

Krankenversicherung
Verband der privaten Krankenversicherungen e. V.
Bayenthalgürtel 26
Postfach 51 10 40
5000 Köln 51
Tel.: (02 21) 3 76 10 61

Verband der Angestelltenkrankenkassen e. V. VdAK
Frankfurter Str. 84
Postfach 241
5200 Siegburg
Tel.: (0 22 41) 1 08–1

Verband der Arbeiterersatzkassen (AEV)
Frankfurter Str. 84
Postfach 241
5200 Siegburg
Tel.: (0 22 41) 1 08–1

Bundesverband der Innungskrankenkassen
Eugen-Langen-Str. 12

5000 Köln 52
Tel.: (02 21) 37 20 81

Bundesverband der Ortskrankenkassen
Kortrijker Str. 1
5300 Bonn 2
Tel.: (02 28) 84 30

Lebensversicherung
Verband der Lebensversicherungsunternehmen
Eduard-Pflüger-Str. 55
5300 Bonn 1
Tel.: (02 28) 23 90 51

Personen- und Sachregister